U0039380

盛慶琜◎著

效用主義精解
Unified Utilitarian Theory

統合效用主義理論之深層發展

臺灣商務印書館發行

詠統合效用主義

誠正修齊是要端，
聖賢中道更須鑽。
利人效用^①眞成善，^②
計量權衡^③準克難。
天下爲公方理得，
行高率性自心安。
大同世界和諧處，
萬物眾生適份看。^④

① 效用原則求社會效用之最大化，乃說明如何適當考慮利人之道。

② 「真」指「實然」，「善」即「好的」，根據效用主義，「好的」就是「對的」，故即指「應然」。道德哲學中有「實然」／「應然」鴻溝之說，意指邏輯上無法從事實之真偽推導出行動之是否為對的。但效用原則將具有最大效用之行動認為是對的，是將真的變成善的了，在某種意義上可說是跨越了突然／應然間的鴻溝。

③ 統合效用主義採用決策理論的科學方法去研究道德哲學，並量化效用以權衡輕重。

④ 效用主義中有利益的平等考量之說（equal consideration of interest），主張平等考量萬物眾生之利益，但並不將它們與人類等量齊觀。統合效用主義同意此種看法，認為道德社群之成員應限於人類。「適份看」意即指此。

自 序

本書是我在1991年所出版的《功利主義新論》（*A New approach to Utilitarianism*）中所建議的統合效用主義理論（Unified Utilitarian Theory, UUT）之進一步研究和深層發展。我承認1991年那本書有若干缺點。第一，那書既包含作為道德哲學的統合效用主義理論，又包含作為經濟哲學的統合效用主義在公平分配上的應用。哲學家們也許對第一部分有興趣，但對二部分卻並無興趣；經濟學家們也許對第二部分有興趣，但對第一部分卻並無興趣。第二，在那本書中，我引述了太多別的哲學家的話以支持我的學說，而自己的論據卻嫌不足。或可以說我自己的論證不夠強烈到足以說服別人的程度。第三，那本書包羅很廣泛，但並未針對過去數十年中關於效用主義的主要論戰。第四，因為我自己對統合效用主義有一個一貫而週延的看法，我不自覺地假定讀者們也會有這樣的看法。但是，在統合效用主義的各部分間，可能仍舊存在著若干間隙或不連貫處，以致讀者在讀完以後仍難以獲得一個一貫而週延的印象。

本書旨在完全避免上述四種缺點並進一步闡揚我的統合效用主義理論。第一，本書是純粹的道德哲學，並不涉及及公平分配理論。因此，第一個缺點是完全避免了。

第二，我儘量避免冗長的引文。至於我自己的論據，我儘可能使我的推理具有說服力並在邏輯上一致。但是，哲學論據的推理並不完全相當於數學定理的證明。我無法保證我的推理足以說服每一位讀者，不過我相信我已經盡了最大的努力。

第三，我主要致力於有關效用主義的最熱門和重要的課題之討論而替效用主義辯護，並非志在提出一套完整的理論。最重要的課題無疑的是究竟效用原則是否係與正義原則衝突。其他的重要問題包含：⑴懲罰無辜者問題（這問題包含一類問題，諸如電車問題，內臟移植問題，原子彈轉向問題，以及許多性質相類似的其他問題。）⑵個人中心的特權問題，⑶突然／應然間鴻溝問題⑷「對的」是否先於「好的」之問題。⑸正義是否為絕對的並且是否可用效用來量度之問題，⑹道德規則應該是嚴格的或非嚴格的之問題，和⑺效用主義是否為一可以存活的倫理學理論之問題。這些問題均多少是由效用原則與正義原則間究竟有無衝突這主要問題所引起或與這主要問題有關。它們都圍繞在這作為核心的主要問題的周圍。因此，本書的處理方式自然而然地將我前書的第三個缺點避免了。

至於第四個缺點，因為我應用決策理論方法於道德決策的研究，我建議了若干在別的倫理學中所未見到的獨特的新概念。它們包含：⑴效用作為一個普遍的量度，⑵道德滿足感價值，⑶增量社會價值，⑷道德之靈活性，⑸社會環境條件對道德行動之不相干，⑹將某些慈善行動，例如捐款，視為非義務的，和⑺採用非嚴格的規則。這些概念都係相互關聯並且與我對效用原則之詮釋密切相關。因此它們不再是分開的孤立研究，而是一個有機一貫的整體理論之各部分。所以我想在各部分之間應該不再有間隙或不連貫的情況了。

本書的原稿係用中英文同時寫成。我以前撰寫有關哲學的論文和書籍時，因身在加拿大，故均用英文寫，自 1985 返台到淡江大學任教以後，才開始也用中文寫論文和書籍，而本書嘗試同時用

中英寫。現中文本由於台灣商務印書館江斌玉先生的大力協助，得先在台灣出版，我對江先生真是非常的感謝。（英文本稍後也將在美國出版）

　　國立台灣大學哲學系的林照田教授，雖然他的主要研究領域是邏輯，但他對我的統合效用主義理論卻深感興趣。關於效用主義中許多關鍵性的問題，我都和他討論，向他請教，他並表示了很多的意見。他又曾將本書的英文原稿詳讀一遍，並指出若干邏輯上的、文法上的、和打字的錯誤。所以我對林教授，要在此表示最誠摯的謝意。

　　在過去幾年中，我曾將我的統合效用主義向台灣和大陸若干大學哲學系所和經濟系所的教授和研究生們作了很多次的報告或座談，這些大學包含台灣大學、新竹交通大學、新竹清華大學、北京清華大學、北京大學、中國人民大學、中國社會科學院、浙江大學、上海交通大學、上海財經大學、上海社會科學院、西安交通大學、陝西社會科學院、武漢大學、湖北大學、華中科技大學、湖南師範大學、湖南大學、華南師範大學、和中山大學等。對於曾參加座談，提出問題，或表示意見的教授和同學們，我在此表示由衷的感謝。

　　七、八年前，我曾作〈詠統合效用主義〉七律一首，原擬刊登於 1996 年出版的《功利主義新論》（即 *A New Approach to Utilitarianism* 之中譯本）之卷首，後以排版時疏漏而未列入。現事隔多年，但覺該詩仍可以約略道出統合效用主義之主旨，故將其刊登刊於本書之前，以供讀者一粲。

盛　慶　琭

2003 年 7 月台北淡江大學

目　錄

第 一 章
引　言

第一節　近代效用主義之發展

　　效用主義，①作為一種倫理學理論，乃植根於古代希臘哲學。例如柏拉圖（Plato）曾討論將福利視為快樂減去痛苦之最大餘額這一種看法。亞里斯多德（Aristotle）聲言幸福〔亞氏稱之為尤台莫尼亞（eudaimonia）〕是可由行動達成的最高之善，並將好的生活和好的行動等同於幸福。但現代的效用主義則可說是從傑雷米·邊沁（Jeremy Bentham）和約翰·史都亞脫·米爾（John Stuart Mill）二位英國哲家開始的，雖然在他們同時或稍早還另有若干位英國哲學家之哲學思想也頗為接近於效用主義。

　　例如法蘭西斯·郝取生（Francis Hutcheson）為第一個講過這句效用主義格言——「對最多數人的最大幸福」——的人，雖然他同時相信「道德感」。②大衛·休謨（David Hume）相信並不具知識論角色的道德感，但對道德情操的贊同或排斥，讚美或譴責，卻是效用主義的。③威廉·高德溫（William Godwin）主張「道德是由對最大的一般性的善之考量所決定的」，和「快樂與痛苦，幸福與悲慘，組成道德的全部終極主題」。④和邊沁一樣，高德溫既是政治家，又是哲學家。

　　傑雷米·邊沁和約翰·史都亞脫·米爾為二位英國早期的近代

效用主義者，其中邊沁更稍早一些。邊沁的中心思想也就是「最大多數人的最大幸福爲是非之量度」這句格言。所有行動都應該根據視它們是否趨於促進或減少對它的影響所及的人們之效用，作爲贊同或是排斥的唯一依據。邊沁並且特別因他用以量度快樂和痛苦的快樂計算法（hedonistic calculus）而出名，雖然這快樂計算法極爲難以運作而早就被廢棄了。⑤

約翰‧史都亞脫‧米爾可說是效用主義的作者中之最偉大者，他的主要效用主義著作即以《效用主義》爲名。⑥米爾將快樂區分爲高級的和低級的，並引進快樂的品質概念。他又提出一個「效用的證明」，並界定內在價值和工具價值。雖然這些迄今仍具有爭議性，但它們仍流傳而成爲效用主義之核心和爭辯之熱門問題。

此後效用主義爲亨利‧薛奇威克（Henry Sidgwick）所發揚，他的《倫理學的方法》涵蓋了倫理學理論中所有的重要問題，可稱爲十九世紀英文道德哲學著作中之最重要者。⑦薛氏之道德哲學特別研究自我利益與利他主義間之關係，並據以找出若干解釋不利己的行爲之合理論據。薛氏認爲這樣一個基本倫理直覺是必要的：個人爲了他人較大的好處而犧牲自己的幸福是對的。因此薛奇威克的理論常被稱爲「直覺效用主義」（intuitional utilitarianism）。

在薛奇威克之後又有黑斯汀‧拉雪但爾（Hastings Rashdall）和G.E.摩爾（G. E. Moore）之理想效用主義（ideal utilitarianism）。拉雪但爾將倫理學必須爲目的論的這一效用原則與倫理目的之非快樂主義的看法相結合。故拉氏有一種反快樂主義的本質。他說：「行動是對的或錯的，乃依據它們是否趨於對整個人類產生一個理想的目標或善，這目標或善包含快樂，但並不限於此。」⑧摩爾

主張善不限於快樂或人類的品質，並推展到宇宙的某些客觀特性。
摩爾又因他界定善爲不可界定之事物以及他對「自然主義的謬誤」
（naturalistic fallacy）之強烈反對而馳名。⑨

　　由於對傳統效用主義或行動效用主義（act utilitarianism，簡稱
爲AU）的若干強烈反對，二十世紀中葉有些哲學家開始創立一種
改良的效用主義，稱爲規則效用主義（rule utilitarianism，簡稱爲
RU）。規則效用主義之概念係由 S.E.杜爾明（S. E. Toulmin）⑩和
J.O.安姆森（J. O. Urmson）⑪等所提出。安姆森視規則效用主義導
源於米爾。他引述了若干米爾說過的有類於從規則效用主義觀點
的話。他建立了一組原則，稱之爲米爾的看法，並且將其充實。⑫
約奈存·哈里森（Jonathan Harrison）發展出了一種理論贊成「義務
必須公平」，並用若干複雜的例子證明他的理論乃優於若干道義
論，例如大衛·勞斯（David Ross）的自明義務（prima facie duty）
理論。⑬哈里森似乎站在規則效用主義的立場辯論，但他在另一篇
稍後的論文中卻說他上一篇論文並非規則效用主義。⑭約翰·勞爾
斯（John Rawls）早期也曾澄清概括規則（summary rule）和慣例規
則（practice rule）之概念而爲規則效用主義辯護。⑮

　　在規則效用主義者中，理查·B·勃朗特（Richard B. Brandt）
建議一種規則效用主義，稱爲「理想道德典理論」（ideal-moral-code
theory）。⑯它在衰微一段時期後，似乎又開始復活了。近年來，
不但勃朗特自己，⑰還有勃拉特·胡克爾（Brad Hooker），⑱都強
烈爲這一規則效用主義辯護。在這一規則效用主義之外，約翰·
C·哈桑伊（John C. Harsanyi）建議一種偏好規則效用主義（prefer-
ence rule utilitarianism）。⑲哈桑伊特別強調規則之「期望效應」
（expectation effect），並將顯示的偏好（manifest preference）與真

正的偏好（true preference）予以區別。哈桑伊之規則效用主義也流傳迄今，而它的決策理論方法也為許多經濟學家和決策理論家們所接受。

目前並沒有很多行動效用主義者。其中 J.J.C.司麥脫（J. J. C. Smart）和 T.L.S.司不列格（T. L. S. Sprigge）最為著稱。R.M.海爾（R. M. Hare）也是一位著名的效用主義者，也許特別由於他的雙重水平思維（two levels of thinking）的緣故。這雙重水平是將道德思維的水平分類為直覺的道德思維和批判的道德思維。⑳但是他所主張的效用主義之形式則並不十分明顯。

規則效用主義之發展乃行動效用主義之改良。它雖然能解答若干對行動效用主義之反對，但如H.J.麥克司基（H. J. McClosky）所言，對規則效用主義卻興起了若干新的反對。㉑ R.G.佛雷（R. G. Frey）指出規則效用主義和效用主義概括化（utilitarianism generalization）盛行於二十世紀的六〇年代和七〇年代，但這些新理論並未證明其能令人滿意，以致沒有多久那些對它們持續的攻擊結束了它們在效用主義理論討論中短暫的主導地位。目前批評者心目中的效用主義幾乎依然總是指古典效用主義。㉒

但是，近年來似乎出現了效用主義研究的興趣逐漸增加的現象。除了對傑雷米·邊沁和約翰·史都亞脫·米爾的歷史研究之外，還出版了不少關於效用主義的新詮釋或修改的書籍和論文，雖然這些研究大部分為對若干特殊問題的零碎研究而並非效用主義的周延理論。舉例說，萊姆·B·愛德華（Rem B. Edwards）出版了一本《一種定性分析的快樂說》。㉓ D.H.雷根（D. H. Regan）建議了一種合作效用主義。㉔丹尼爾·霍爾布洛克（Daniel Holbrock）發表了一種定性的效用主義（qualitative utilitarianism）。㉕佛萊特·

費爾門（Fred Feldman）將快樂主義和功過都包含在他的效用主義看法中。㉖最近提姆‧墨爾根（Tim Mulgan）建議一種併合的後果主義（combined consequentialism）。㉗羅伯‧伊利渥脫（Robert Illiot）和戴爾‧錢米森（Dale Jamieson）建議一種進行性後果主義（progressive consequentialism）。㉘

　　鑒於規則效用主義之缺點而又對道義論並不感到滿意，我以前曾建議了一種效用主義，稱爲統合效用主義理論（unitied utilitarian theory，簡稱 UUT）。㉙我曾意欲將其設計爲一種行動效用主義與規則效用主義間的折衷或統合。本章第三節中將對這理論作一簡單描述。但本書並非爲統合效用主義之重述或簡化。它主要係致力於克服效用主義之困難，並企圖用據於統合效用主義特色的論據，解決效用主義中的許多嚴重問題。

第二節　效用主義之困難

　　現有的各種效用主義無疑的仍有若干困難。以前我曾提出五種重大困難，並曾申言這些困難可用統合效用主義理論的論證來克服。㉚我在發現這些困難中之二種，即(2)價值和效用之決定，和(3)個人與社會觀點之歧異，已經被解決或無需再視爲最重的了。至於(4)分配問題，我建議一套效用主義的公平分配理論，故我認爲這個困難也已被解決了。㉛故本書中我將不再討論困難中之(2)，(3)和(4)，而將致力於困難(1)效用原則之詮釋及(5)原則或規則間之衝突，並希望對所有相關的問題提出滿意答案。這五種困難現在簡單描述於下。

(1)效用原則（principle of utility）之詮釋

　　效用主義中第一個困難是效用原則之詮釋，這原則我在統合效

用主義中稱之爲道德判斷原則（principle of moral judgment）。由於米爾原著中之若干模糊陳述，即使他原初的效用原則之詮釋仍存有爭議性。再者，現有各種形式之效用主義其實不僅是不同的詮釋，而且是對米爾的效用主義的某種程度的修改，因而自然會顯示出效用原則稍有不同之版本。

一個主要問題是：「道德之靈活性」（the flexible nature of morality），這將於第三章中予以討論。此外尚有若干與效用原則相關的其他問題，諸如我們應考慮對誰的效用，什麼價值必須包含在內，以及哪些價值相對的比較重要等。第六章：道德價值之計算，第七章：建議一種「增量社會價值」，第八章：個人中心的特權，和第九章：對效用主義之反對及對這些反對之駁斥，均係處理這些問題。它們是本書之主體。

⑵價值和效用之決定

效用主義之第二個困難是價值和效用之決定。當某人要對一道德行動作一決定時，他需要知道要用以比較和加權的各種因素的價值或效用。但是價值和效用，除了是主觀的之外，一般而論都是難以決定的。在實際的決策中，價值和效用可以，且有時必須，以主觀決定。在本書中將說明此一困難事實上並非一真正的問題或作爲反對效用主義的理由。

⑶個人觀點與社會觀點的歧異

效用主義之另一個困難是如何調和個人的觀點和社會的觀點這一問題，也就是一邊是利己主義（egoism）另一邊是利他主義（altruism），這兩個相互對立觀點的問題。在統合效用主義中，重點係置於如何以道德滿足感作爲決策中的一個因素來解釋這一事實或現象。這個因素成爲個人觀點與社會觀點間之聯繫，並跨越了

利己主義和利他主義間的鴻溝。當一個人將對道德行動作出決定時，這個人自然不單從個人的觀點，並且也從社會的觀點考量這問題。從個人觀點言，當然將選取對自己的價值為最高的行動。從社會觀點言，則也將考量其行動對他人及社會的效應。但有時從個人觀點的選擇和從社會觀點的選擇會發生衝突。在這種情況下道德滿足感即可發生作用。選擇一個對他人或社會較對自己更為有利的行動表示了崇高的道德，道德滿足感乃成為道德水平之客觀說明。它加一些重量於所選擇的行動，使其在所有的可能行動中具有最高的價值。因此在統合效用主義中，這困難係認為已經克服了。

(4)分配問題

效用主義中另一困難為分配問題。此點米爾曾加以說明並導致對他的效用之「證明」的模糊性之責難。㉜米爾辯稱社會的和分配的公平「已包含在效用之意義內，亦即是最大幸福原則。……一個人的幸福，假定為在程度上的相等（對種類予以適當的彈性），是與別人完全一樣計算的。在給予這些條件後，邊沁的名言，「一個人只計算一份，沒有人可多於一份」，可寫於效用原則下作為註釋。㉝

「每個人只計算一份」事實上是和人格尊嚴的平等，基本人權自由，以及選舉的政治權利等具有相同的基本概念。但是它並不適宜於作為公平分配的準則。

在分配問題的研究中一個具有爭議性之關鍵點是，效用之最大化和分配之最佳化究竟是兩個分開的相互獨立的問題，還是相互關聯並依賴的問題。羊・那扶生（Jan Narveson）曾對二個分開原則的獨立性表示懷疑。他說：「佛蘭克那・開列脫，和其他評論

者認為二個獨立因素，即是效用之量和其分配的品質並非如他們設想的那樣獨立的。」㉞在另一方面，D.H.孟羅（D. H. Munro）則主張「有二個基本的不可化約的效用原則而並非只有一個：即是幸福（對理想效用主義言即福利）之均勻分配和它的最大化。」㉟

作為一個效用主義者，我有一個一元論的看法而相信分配原則實為正義原則之一部分，而後者乃可由效用原則導出的。這樣就發生了如何在效用原則與分配原則之間建立一個關係的新問題。福利經濟學家認為一個適當選擇的社會福利函數可以同時作為效用最大化和分配最適化的目標函數，於是將後者問題併入於前者問題之間。㊱這似乎是一個可行的辦法，也就是統合效用主義中所接受的解答。

在我的統合效用主義公平分配理論中，我建議依照貢獻的所得分配，將一功過理論併入於效用主義中，並提出一種獨特的社會福利函數形式，於是成功地將社會效用最大化問題和所得分配最適化問題兩者結合成一個問題。因此，就我而言，這個問題，或至少是這問題的主要部分，是已經獲得答案了，故不再於本書中加以討論。

⑸原則或規則間之衝突

最後一個困難是原則或規則間之衝突。這是重要的困難，因為大多數對效用主義的反對係根據衝突的例子。一個衝突可以是原則間的，德目間的，道德規則間的，或是兩個依照同一原則、德目或規則而採取的行動間的。

衝突中之最為嚴重者是效用原則與正義原則（principle of justice）間的衝突。這乃非效用主義者所用以表現效用主義與正義原則間之不相容性的依據。奴隸制度和懲罰無辜者問題㊲為這類衝突的顯

著例子。荒島問題㊳和對垂死者的承諾問題㊴係效用與遵守承諾間
衝突之例子。

這個問題並未徹底解決。依照統合效用主義，這個困難是並非
不可克服的，但在我以前的著作中並未充分說明清楚。所以這本
書的另一主要部分或目的是對這個困難提出一個更新、更清楚、
更徹底的解釋並說明如何克服這個困難的方法。這個困難係與困
難(1)，效用原則之詮釋，密切相關，將於第三、六、七、八、九
及十一章中與困難(1)一起討論。

第三節　統合效用主義簡介

我用決策理論方法研究效用主義。這是將道德行動作爲據於價
值和效用之計量分析的決策結果之研究。易言之，這是將決策理
論之應用自非道德性的行動推展至道德性的行動。

我曾發展出一套效用主義，稱爲統合效用主義理論（UUT）。㊵
這套理論包含一套倫理學理論以及它在公平分配上的應用。這裡
我將統合效用主義作爲道德哲學作一簡介，不涉及經濟哲學或公
平分配問題。

決策理論方法之成功有賴於一稱爲道德滿足感（feeling of moral
satisfaction）之心理現象。對於一個有可能採取某種道德行動之情
景，決策者自然而然有一種道德滿足感〔在不道德行動時爲道德
失落感（feeling of moral dissatisfaction）〕，這道德滿足感主導這決
策者究竟是否採取這道德行動，而如果採取，則到何種程度。因
此，道德滿足感成爲解釋我們爲什麼會採取道德行動的關鍵點。
道德決策將於第五章中討論，此處不贅述。

效用主義之核心自然是效用原則。故效用之概念乃十分重要，

但其確切意義卻隨效用主義者而有所不同。我詮釋效用為任何事物的有用性之普遍量度。這與效用主義作為後果主義的目的論性質相吻合。我在別處曾提出一套效用主義的價值通論，以作為效用主義的堅實基礎。[41]我將哲學家、經濟學家和決策理論家們對效用的概念予以統合，並用效用來界定價值，又用偏好來界定效用。我又主張效用和價值是主觀的並具有統計性，但卻可以主觀地加以比較。

我將馮諾曼─摩根斯坦（von Neumann-Morgenstern）期望效用理論（expected utility theory）加以修改並將其包含於我的價值論之內。但在本書中，除了第二章第二節的效用和幸福的定義以外，我並不再討論價值論。

我視社會效用（social utility）為人類的終極目標，這終極目標自然導致效用原則，即是效用主義的核心。我將效用原則分為三個次原則。次原則之一，稱為道德判斷原則，即相當於平常所謂的效用原則。再者，由於道德的靈活性，我將道德判斷原則稍加修改，使它成為相似於，但仍稍不同於，古典效用主義的效用原則。[42]

與效用原則一起，我另建立了二個基本原則，稱為自然原則（principle of nature）和共存原則（principle of coexistence）。但效用原則仍被視為唯一的終極原則。

我的道德原則（包括德目和道德規則）為非嚴格原則。它們係從基本原則中導出或與基本原則相容。

除了效用原則，所有其他原則都為概括的。故道德原則間的衝突可以解除，而原則亦容許有例外。

基本原則我以前曾詳細討論，故本書中不再討論它們。

　　社會效用係用一函數來表示，稱爲社會福利函數（social welfare function）。社會福利函數之形式及是否合理爲一具有爭議性的題目。我曾提出一個社會福利函數的特殊形式。如我將於第七章中說明的，對個人道德行爲之道德判斷，效用計算可以被簡化到無需社會福利函數。故我的社會福利函數係只用於公平分配之研究，那裡經濟哲學多於道德哲學。所以在本書中社會福利函數也將不加以討論。

　　統合效用主義有一點與行動效用主義相同，即價值之比較係在行動之層次而非規則的層次。但是統合效用主義在二個關鍵點上與行動效用主義不同。第一，德目和道德原則之靈活性和若干積極義務之難以設置一最高限度被充分認定以後，統合效用主義對最大效用這終極準則有一特殊的詮釋。第二，道德行動對社會之影響係用設定一個「增量社會價值」來計算，這個增量社會價值係代表道德行動對作爲社會系統，制度或慣例的一部分的道德原則，德目或道德規則之示範或違犯。㊸

　　在另一方面，統合效用主義與規則效用主義也有相似之處。統合效用主義有不嚴格的道德原則或經驗規則以指導人類行爲。但它在處理衝突和例外情景時與規則效用主義不同，因爲比較乃基於行動層次的效用之比較。

　　這樣，行動效用主義和規則效用主義之觀點被放在一起，藉價值和效用之媒介而被統合。再者，道德滿足感的概念跨越了個人觀點與社會觀點間的鴻溝，並說明了我們之所以會有道德是因爲道德滿足感對決策者自然產生一種價值。這是我採用統合效用主義理論這名稱的原因。

第四節　本書之目的和範圍

在歷史上，效用主義曾經流行過相當長一段時期。約翰·勞爾斯指出，「在近代哲學中，主導的有系統的理論曾經是效用主義的某種形式。」[44]

我不知效用主義衰落的主要原因是什麼。一般趨於相信效用主義作為一種倫理學理論在其說明能力上有所限制，[45]以及有些道德和社會經濟現象非效用主義所能說明。[46]我認為效用主義作為一種倫理學理論是可以予以辯護的，而本書之目的就是要替它辯護。作為一種社會或政治理論，據我看來，效用主義也許在深度和廣度方面未有足夠的發展。在另一方面，人權理論（rights theory）和自由主義（liberalism）在過去數十年中發展得非常迅速。最近勞爾夫·薩多利斯（Rolf Sartorious）指出：「許多當代哲學家曾在誰有什麼權利中尋求了解迫切的實際道德和政治問題，而近年來社會哲學家中三位最有野心者都具有基於人權的立場，這立場置他們於反效用主義的戲劇性地位。」[47]從人權理論的觀點言，對效用主義的主要反對似乎是人權理論是個人相關的（person-relative），而效用主義則是個人中立的（person-neutral）。但是我曾藉否認效用主義是個人中立的而替效用主義辯護，並反對人權主義者對效用主義的攻擊。[48]

阿馬替亞·森（Amartya Sen）似也並不滿意於純粹的道義論理論。他寫道：「效用主義數世紀來曾經考慮到公共政策，這是一個有力的掌握。勞爾斯集中力量於資訊集合的另一半，是可以理解的，也是在許多情況下完全受歡迎的。但是一個更為完備的理論尚有待其誕生。」[49]

　　因此，坦白地講，我企圖證立我的統合效用主義成爲一種更爲完備的理論。所以本書之目的是替效用主義辯護，特別是我十餘年前建議的統合效用主義。我的若干論據也可應用於古典效用主義或任何形式的效用主義。

　　但另外有些論據則限於我的統合效用主義。統合效用主義具有若干與傳統效用主義截然不同的關鍵性特色。我之能替效用主義辯護是特別根據這些特色的。

　　規則效用主義興起於二十世紀的五〇年代。在繁榮和爭論了二十多年後，在七〇年代衰落了。但近年來又顯現若干關於效用主義的爭論，看來對效用主義的興趣似乎在逐漸增加。再者，近來又隱然出現一種發展出若干效用主義新形式的趨勢，雖然大多數新形式都嫌粗糙而不夠周延。

　　在關懷效用主義的主要問題中，一個是行動效用主義和規則效用主義的辯論，這辯論似乎持久而固執。第二個問題是非效用主義者對效用主義的攻擊認爲效用主義無法證立個人中心的特權，因而使當事者處於效用最大化的長期壓力下。第三個問題是對效用主義的基本反對，即效用原則係與正義原則間有衝突。

　　若干與效用主義有關，曾在我以前的書中佔據很多篇幅的題目將不再包含在本書中。例如，本書既然是限於辯護作爲倫理學理論的效用主義，將統合效用主義應用於公平分配問題就不再提及。我曾提出自然原則和共存原則作爲與效用原則平行的基本原則，本書中也不再討論。

　　所以本書致力於統合效用主義之特色，並且根據這些特色組成一套替效用主義辯護的理論，尤其是針對上面所提的三個問題，反對非效用主義者對效用主義的攻擊和反對。在效用主義的各種

形式中，我替我的統合效用主義辯護而反對規則效用主義，雖然後者現在仍有理查·B·勃朗特，勃拉特·胡克爾，和約翰·C·哈桑伊等強力主張，並且是現存效用主義中之最流行形式。

可是為了使讀者能無需參考我以前的著作而仍易於了解本書，除了與這三個問題有關的材料外，我還加了若干章補充材料，諸如效用和價值的概念、對效用主義的決策理論方法、道德價值之計算，以及增量社會價值的詳細討論等。即使這些舊材料，也並非將以前所提出的加以重述。它們的討論比較簡明，並且或加以修改，或增加新材料或新論據，或予以較深的洞察。

茲將其餘各章的範圍簡述如下。

第二章澄清與效用有關之各種概念，包括效用和幸福之定義。這章又對效用主義的價值通論作一簡單描述。㊿它又強調並證立效用作為一種對任何事物的重要性的普遍量度。

第三章說明效用原則是基本原則之一，又是效用主義的唯一終極原則，並指出此原則所遭遇之問題。此章又根據道德行動情景之分類討論道德之靈活性，於是導向將效用原則改造成一條道德判斷原則。道德之靈活性乃辯護效用主義能將個人中心的特權予以考量的論據之一。

第四章表達我的價值多元論的看法。並不根據常被採用的後悔論據（argument from regret），我的價值多元論係根據我的替代定律（law of replaceability），㊿這定律可據以反證若干價值不可能由其他價值所替代。雖然我相信價值多元論，我又相信目的一元論和原則一元論。目的一元論係指每個人都有一個人生計劃，不論其是否清楚或模糊，而追求任何價值的每一個行動都是直接或間接地導向這個人生計劃。原則一元論則指在作為道德哲學的效用

主義中，這終極的效用原則是獨一無二的。

　　第五章提出一個研究效用主義的決策理論方法，這方法係據於採用道德滿足感的價值作爲一個對決策者的價值，因而形成了道德決策的模式。此章又提出了我對理性，遠慮，和道德以及它們間的關係之看法。

　　第六章處理道德價值之計算，包括道德行動後果的價值、道德滿足感的價值和道德行動的價值。此章又說明爲什麼計算一個人的價值和一條道德原則、一個德目，或一條道德規則的價值是不實際的。此外，此章同時指出對大多數個人的道德性行動而言效用計算可大爲簡化，甚至連社會福利函數都不必用到。

　　第七章建議增量社會價值（incremental societal value）作爲一個有限的非確定的價值以替代道德規則的期望效應。它給出採用增量社會價值的理由，並舉例說明增量社會價值在道德指示和道德決策中的應用。此章又說明如何設定增量社會價值。

　　第八章詳細討論個人中心的特權（person-centered prerogative）。它指出道德行動中三個重要的區別：⑴個人行動與公共行動間之區別，⑵義務與慈善行動間的區別，和⑶積極義務與消極義務間的區別。此章又指出許多環境情況對於一個道德行動是不相干的。這稱爲道德不相干（moral irrelevance），和道德的靈活性一樣，都是證立個人中心的特權之論據。此章也建議一種參考狀態（reference state），在此狀態中當事者有不做任何事情的自由而並無效用最大化的負擔，因此這當事者可以保有自主而致力於其人生計劃。此外並討論影響效用計算的各種因素間之關係。

　　第九章舉出若干以反例子來攻擊效用主義的嚴重反對，以及我根據統合效用主義特色而對這些反對之駁斥。大多數這種反對有

一套根據於道義論看法的說詞,即是對的乃不同於好的,以及正義是不用效用來衡量的。我給出駁斥這種看法的理由。此章又給出對道德價值判斷的若干指導原則。

第十章處理實然/應然間鴻溝的問題,或即所謂的自然主義者的謬誤。由於人類的目的論天性,我爭辯理性的選擇意味著規範化。這裡「實然」是指人類自己對其目的之肯定。我們可以這樣說,對的行動之「對」是一種定義,我們特地稱那些達成我們的目的之行動為對的行動。再者,對效用主義的決策理論方法使將非道德性行動的決策推展至道德性行動成為可能。故我下結論認為這實然/應然間的鴻溝能夠被對效用主義的決策理論方法所跨越,而且效用主義可以和自然主義相容。此章又討論好的與對的間之關係。效用主義者主張好的就是對的,而道義論者則否定這個命題並主張對的乃先於好的。這個題目與實然/應然間鴻溝這問題密切相關,故置於此章之尾。

最後,第十一章處理本書之主題——替效用主義,尤其是我的統合效用主義,辯護。我先用討論和駁斥道義論(deontology)的絕對主義來將效用主義區別於道義論。然後我將統合效用主義區別於理查·B·勃朗特,勃拉特·胡克爾,和約翰·C·哈桑伊之幾種規則效用主義。我認為丹尼爾·派滿(Daniel Palmer)對規則效用主義的批評是對規則效用主義的最新的也是最強烈的反對。⑫這批評已足以成為一個致命的攻擊。此外,我爭辯認為規則間的衝突不可能用規則間的優先次序來解決,因此嚴格的規則不能運作。至於哈桑伊的堅定但並不絕對嚴格的法則,則我認為雖然大多數人對於大多數道德規則有一個共識,但關於規則例外的意見則相差極大。道德哲學家並無理由為大家制定規則的例外。因此,

道德規則的認定以及其後的解決衝突的決策應該由當事者在行動的層次自行決定。

　　此章又討論統合效用主義與哈桑伊的偏好規則效用主義間的主要區別。這些區別恰恰就是統合效用主義所獨有的特色，它們是設計來用以駁斥對效用主義的反對以及辯護統合效用主義是一種可以生存的倫理學理論的。

註　釋

① 英文 Utilitarianism, 原被譯為功利主義，此譯名具有貶意，故改譯為效用主義，曾於拙著 *A New Approach to Utilitarianism* 之中譯本《功利主義新論：統合效用主義理論及其在公平分配上的應用》（上海交通大學出版社：1996）的中譯本序中詳細說明。

② Francis Hutcheson, (1755) *A System of Moral Philosophy*, in *Collected Works*, Vol. 5-6, (Hildesheim: Georg Olms, 1969), pp. 106-7.

③ David Hume, (1739) *A Treatise of Human Nature*, ed. L. A. Selby-Bigge (Oxford: Clarendon Press, 1888), pp. 465-9.

④ William Godwin, (1793) *Enquiry Concerning Political Justice*, ed. K. Codell Carter, (Oxford: Clarendon Press, 1971), p. 106.

⑤ Jeremy, Bentham (1789) "An Introduction to the Principles of Morals and Legislation," *Ethical Theories: A Book of Readings*, ed. A. I. Melden (Englewood Cliffs, New Jersey: Prentice-Hall, 1955), pp. 341-364.

⑥ John Stuart Mill, (1861) "Utilitarianism," in Mill: *Utilitarianism*, ed. Samuel Gorovitz (Indianapolis, Indiana: The Bobbs-Merrill Company, 1971), pp. 13-57.

⑦　Henry Sidgwick, (1874) *The Methods of Ethics* (Indianapolis: Hackett, 1981).

⑧　Hastings Rashdall, (1907) *The Theory of Good and Evil* (Oxford: Clarendon Press), Vol. 1, p. 184.

⑨　G. E. Moore, (1903) *Principia Ethica* (Cambridge University Press, 1981).

⑩　S. E. Toulmin, *An Examination of the Place of Reason in Ethics* (Cambridge University Press, 1950), pp. 145-146, 157.

⑪　J. O. Urmson, "The Interpretation of the Moral Philosophy of J. S. Mill," *The Philosophical Quarterly*, Vol. 3 (1953), pp. 33-39.

⑫　同上。

⑬　Jonathan Harrison,"Utilitarianism, Universalization, and Our Duty to Be Just," *Proceedings of the Aristotle Society*, Vol. 53 (1952-53), pp. 105-134.

⑭　Jonathan Harrison, "Rule Utilitarianism and Cumulative-Effect Utilitarianism," *Canadian Journal of Philosophy*, Vol. 5 (1979), pp. 21-45.

⑮　John Rawls, "Two Concepts of Rules," *The Philosophical Review*, Vol. 64 (1955), pp. 3-32.

⑯　Richard B. Brandt, "Some Merits of One Form of Rule Utilitarianism," in Mill: *Utilitarianism*, ed. Samuel Gorovitz (Indianapolis, Indiana: the Bobbs-Merrill Company, 1971), pp. 324-344.

Richard B. Brandt, "Toward a Credible Form of Utilitarianism," in *Contemporary Utilitarianism*, ed. Michael D. Bayles (Gloucester, Massachusetts: Peter Smith, 1978), pp. 143-186.

Richard B. Brandt, *A Theory of the Good and the Right* (Oxford: Clarendon Press, 1979).

⑰　Richard B. Brandt, "Problems of Contemporary: Red and Alleged," in *Ethical Theory in the Last Quarter of the Twentieth Century*, ed. N. Bowie (Indianapolis: Hackett, 1983), pp. 81-105.

Richard B. Brandt, "Pairness to Indirect Optimistic Theories in Ethics," *Ethics*,

Vol. 92, No. 2 (January 1988), pp. 341-360.

Richard B. Brandt, "Morality and Its Critics," *American Philosophical Quarterly*, Vol. 26, No. 2 (April 1989), pp. 89-100.

Richard B. Brandt, *Morality, Utilitarianism, and Rights* (New York: Cambridge University Press, 1992).

⑱ Brad Hooker, "Rule-Consequentialism," *Mind*, Vol. 99, No. 393 (1990), pp. 67-77.

Brad Hooker, "Rule-Consequentialism and Demandingness: A Reply to Carson," *Mind*, Vol. 100, Issue 2 (April 1991), pp. 269-276.

Brad Hooker, "Is Rule-Consequentialism a Rubber Duck?" *Analysis*, Vol. 54, No. 2 (April 1994), pp. 92-97.

Brad Hooker, "Rule-Consequentialism, incoherence, Fairness," *Proceedings of the Meeting of the Aristotle Society*, London, October 31, 1994, pp. 19-35. Brad Hoooker, "Ross-style Pluralism Versus Rule-Consequentialism," *Mind*, Vol. 105 (October 1996), pp. 531-552.

⑲ John Harsanyi, "Morality and the Theory of Rational Behaviour," *Social Research*, Vol. 44, No. 4 (winter 1977).

⑳ R. M. Hare, *Moral Thinking* (Oxford: Oxford University Press, 1981).

㉑ H. J. McCloskey, "An Examination of Restricted Utilitarianism," *The Philosophical Review*, Vol. 66 (1957), pp. 466-485.

㉒ R. G. Frey, "Introduction: Utilitarianism and Persons," in *Utility and Rights*, ed. R. G. Frey (Minneapolis, Minnesota: The University of Minnesota Press, 1984), pp. 3-19.

㉓ Rem B. Edwards, *Pleasures and Pains: A Theory of Qualitative Hedonism* (Cornell University Press, 1979).

㉔ Donald H. Regan, *Utilitarianism and Cooperation* (Oxford: Clarendon Press, 1980).

㉕ Daniel Holbrock, *Qualitative Utilitarianism* (Lanham, MD: University Press of America, 1988).

㉖ Fred Feldman, *Utilitarianism, Hedonism, and Desert: Essays in Moral Philosophy* (1996).

㉗ Tim Mulgan, "Combined Consequentialism," presented at *The International Society for Utilitarian Studies 2000 Conference*, Winston-Selam, NC, USA, March 24-26, 2000.

㉘ Robert Elliot and Dale Jamieson, "Progressive Consequentialism," presented at *The International Society for Utilitarian Studies 2000 Conference*, Winston-Selam, NC, USA, March 24-26, 2000.

㉙ 盛慶琜著，顧建光譯，《功利主義新論：統合效用主義理論及其在公平分配上的應用》（上海交通大學出版社，1996）。

㉚ 同上，第18-20頁。

㉛ 同上，第二篇：一種效用主義的公平分配理論。

㉜ See, for instance, Fred Feldman, *Introductory Ethics* (Englewood Cliffs, New Jersey: Prentice-Hall, 1978), pp. 41-46.

㉝ 參見註⑥，第55-56頁。

㉞ Jan Narveson, *Morality and Utility* (Baltimore, Maryland: The John Hopkins Press, 1967), p. 218.

㉟ D. H. Munro, "Utilitarianism and the Individual," in *New Essays on John Stuart Mill and Utilitarianism*, ed. Wesley E. Cooper, Kai Nielsen, and Steven C. Patten (Guelph, Outario: Canadian Association for Publishing in Philosophy, 1979), pp. 47-62.

㊱ See, for instance, A. Bergson, *Wefare, Planning and Employment: Selected Essays in Economic Theory* (Cambridge, Massachusetts: The MIT Press, 1982), pp. 3-27, and K. J. Arrow, *Social Choice and Individual Values* (New York: John Wiley and Sons, 1963), pp. 22-23.

㊲ 參見註㉜，第 58-59 頁。

㊳ Jan Narveson, "The Desert Island Problem," *Analysis*, vol. 23, No. 3 (January 1963), pp. 63-67.

㊴ 參見註㉜，第 53-55 頁。

㊵ 參見註㉙。

㊶ C. L. Sheng, *A Utilitarian General Theory of Value* (Amsterdam and Atlanta: Rodopi International Publisher, 1998).

㊷ 參見註㉙，第 57-62 頁。

㊸ 參見註㉙，第 232-332 頁。

㊹ John Rawls, *A Theory of Justice* (Cambridge, Massachusetts: Harvard University Press, 1971), p.7.

㊺ See, for instance, Harlan B. Miller and William H. Williams, ed. *The Limits of Utilitarianism* (Minneapolis, Minnesota: The University of Minnesota Press, 1982).

㊻ See, for instance, Amertya Sen and Bernard Williams, ed. *Utilitarianism and Beyond* (Cambridge University Press, 1982).

㊼ Rolf Sartorious, "Utilitarianism, Rights, and Duties to Self," *American Philosophical Quarterly*, vol.22, No. 3 (July 1985), pp. 241-249.

㊽ C. L. Sheng, "A Defense of Utilitarianism Against Rights-Theory," in *The American Constitutional Experiment*, ed. David M. Speak and Creighton Pedan (Lewiston, New York: The Edwin Mellen Press, 1991), pp. 269-299.

㊾ Amartya K. Sen, "Rawls versus Bentham: An Axiomatic Examination of the Pure Distribution Problem," in *Reading Rawls: Critical Studies of A Theory of Justice*, ed. N. Daniels (Oxford: Basil Blackwell, 1978), p. 292.

㊿ 參見註㊶。

(51) 同上，第 83 頁。

(52) Daniel E Palmer, "On the Viability of a Rule Utilitarianism," *The Journal of*

Value Inquiry, Vol.33 (1999), pp.31-42.

Daniel E. Palmer, "Rule Utilitarianism and Decision Procedure," presented at *The International Society of Utilitarian Studies Conference*, Winston-Salem, North Carolina, U.S.A, March 24-26, 2000.

第 二 章
關於效用之概念

第一節　效用概念之澄清和統合

在本節中我將從統合哲學家、經濟學家和決策理論家所持的三種效用概念開始，然後澄清「效用」和「價值」這兩個名詞的意義和用法。

道德哲學家對效用的概念頗為模糊。非功利主義者並不對效用作量化處理，更不會用到效用函數。即使是效用主義者也不一定有一個十分清晰的概念，並且他們的概念也因人而異。效用的概念雖然模糊，但是應用則甚為廣泛，因為它可以應用於任何人的任何情景。在哲學家的價值研究中，「效用」一詞並不限於物質價值，而涉及了所有各種價值。

經濟學家對效用所持的概念似乎比道德哲學家的較為清晰，因為邊際效用遞減律（law of diminishing marginal utility）顯示了一種量化的關係。任何人對任何商品，都可繪出一條曲線以表示效用與商品數量間之關係。這曲線是向下內凹的而有一逐漸遞減的斜率。對於一種可用重量或體積來作連續性量度的商品，例如米、牛肉或汽油等，這曲線的斜率表示商品每個增量單位的重量或體積對某人的增量效用。對於一種以數量來計的商品，例如西裝、襯衫、手錶等，則邊際效用表示商品的一個增量對某人的增量效用。

經濟學家對效用的概念也相當模糊，因為他們未將效用性質詳細表明。經濟學家以「由他爾」作為效用的單位。但是「由他爾」究竟是什麼呢？據我看來，效用就代表金錢。商品有一價格。當某人 P 買了一件商品 C，例如以 40 元買了一件襯衫，這意味著這襯衫對 P 的效用至少為 40 元。如果 P 只買了一件襯衫，那表示第二件同樣的襯衫對 P 的效用不到 40 元了。在正常情況下，如果 P 不買任何物品，這表示對 P 而言，不論這商品是一件 P 從未用過的物品，或是一件替代 P 所已消耗掉的物品，這商品對 P 的效用都是在它的價格之下。某一商品對 P 的邊際效用遞減律曲線的斜率可解釋為這商品每一增加單位對 P 的效用，這效用隨 P 所擁有該商品數量的增加而遞減。商品和其效用的維度其實都可以用金錢來表示。當曲線的斜率或效用函數的一次微商大於 1 時，這人將購買這商品，而當曲線的斜率或效用函數的一次微商降至 1 以下時，他就停止再購買了。

經濟學家的效用概念也可應用於所有的人們，但其所處理的價值或效用則只限於經濟價值，因為所有商品都可用金錢來購買的緣故。

管理和決策科學家對效用的概念，所謂的馮諾門－摩根斯坦效用，則甚為清楚，即是效用被明確界定為價值之某種函數。一個人的效用函數可用彩券方式的選擇測驗來決定，並且可將效用與價值間的關係繪成一條效用曲線。在正常情況下，大多數人都是避風險的（risk-averse），其效用曲線係向下內凹的。即是說，效用一直隨價值之增加而增加，但曲線之斜率或效用之一次微商則一直隨價值之增加而減少。

雖然馮諾曼－摩根斯坦期望效用理論相當清楚，而且效用也被

明確界定，但其理論中仍有若干模糊之處。效用之維度和單位究竟是什麼呢？通常效用被正常化而並無維度，其值被固定於0與1之間。我曾爲文說明這種正常化不合理，並導致人際效用比較之困難。①由於這種效用係用一個具機率分佈的彩券方式來決定，而經濟學家的邊際效用遞減律中之效用則並不牽涉機率，一般馮諾曼－摩根斯坦效用理論家認爲這兩種效用概念是完全不同的。②但是我相信馮諾曼－摩根斯坦效用是經濟學家效用的一個特例，即是它是金錢而非商品的效用。③商品的效用可以賴其與金錢相比較而決定，但金錢則不可能與金錢本身比較，因此機率與彩券方式乃被用爲顯示效用的概念之工具。

有人或爭辯效用概念之用於哲學、福利經濟學和決策理論係爲了不同的目的，因此，它們間的不同是可以證立的。我對此完全同意。但是，我相信爲了清楚和有一整個輪廓起見，一個作爲基礎的統合看法還是有其必要的。

迄今爲止，效用之三種概念多少是各自獨立發展的。我已討論經濟學家的效用與管理／決策科學家者之間的關係，而相信這兩種不同的效用概念能夠而且應該併合成爲一種。再者，哲學家應該採用這同樣的概念，因爲哲學家原先只有一個模糊的概念，並非一個清楚而確實不同的概念。各種效用理論應該置於一起而形成一個統合的一般性理論，爲哲學家、經濟學家和管理／決策學家所共用。尤有進者，商品和金錢的效用概念應該從經濟價值延伸至其他各種價值，因爲在決策中各種不同性質的價值仍可以而且實際上在被主觀地比較。

我曾建議一套據於效用的統合概念之效用主義的價值通論。④本章第三節中將把這理論予以簡單描述。

　　與「效用」這個名詞平行的有「價值」這個名詞。這二個名詞之意義十分接近。價值和效用各有若干不同的字義。在若干情況下，價值之意義與效用者相同，因而這兩個名詞有時被認為同義詞而交互通用。

　　關於價值與效用間之關係，我將對金錢和商品這兩種情形分開考慮。金錢之情形較為簡單而將先予討論。

　　某種數量的金錢之價值係理解為這些金錢的交換價值或購買力。根據我對客觀性的定義，這價值是客觀的，並且是我的理論中的唯一的客觀價值。某種數量的金錢對某人之效用則是這份金錢對這人的主觀有用性，效用 U 與金錢 V 的價值間之關係乃用馮諾曼－摩根斯坦效用函數 $U = F(V)$ 來表達。

　　這是一種將金錢對人的效用與金錢的價值間之關係的過於簡化的描述。事實上在馮諾曼－摩根斯坦效用理論中存在著許多詭譎而有爭議性之處。我曾建議過若干修正。但是它們與本書之主旨無關，故將不在本書中討論。至於一件商品對某人的效用，則是這商品對這人的用處，也常稱為商品對這人的價值。在這種情況下，效用和價值指同一件事物。

　　經濟學中，某種數量的商品對某人的效用與商品的數量間之關係乃用邊際效用遞減律來表達。表示這定律的曲線之縱座標代表 S，這人的滿意度，即理解為效用。曲線之橫座標代表 C，商品的數量。既然任何商品有一單價，這在某一時刻為固定的並假定為一給出的量，橫座標可以解釋為商品之總價，而縱座標可以解釋為這人願意為這商品付出的總價。若橫座標和縱座標這二個維度俱詮釋為金錢，那麼邊際效用遞減律可以解釋為這人願意付出這麼多的金錢以購買這麼多的商品，即是願意購買這商品直到這商

品對這人的邊際效用降到這商品的單價時爲止。

當我們在經濟學和決策理論中處理金錢時，我們永遠計量處理。既然金錢的增量（邊際）效用視當事者所擁有的金錢總數量而定，我們確切地必然要區分價值和效用。當我們在哲學中處理任何非金錢的客體時，我們很少提及客體的數量。因此，在大多數情況下，我們無需區別價值和效用，但是我們有一慣例，即在某些詞句中用價值這詞而在某些別的詞句中用效用這詞，例如當我們比較一個道德行動的幾個選擇對當事者的效用時，我們卻說後果之價值，社會讚美或譴責的價值，道德滿足感的價值，增量社會價值，行動之價值等等。事實上，這些都是效用。但是在甚多情況下，我們將價值和效用二詞認爲可相互替代使用。

但是，當處理金錢時，即使在哲學中我們仍必須區別價值和效用。假如你給一個乞丐一些錢，這是由於你對乞丐的同情心，但理論上的理由是同樣的錢對乞丐有一遠較對你爲大的效用。非效用主義者攻擊效用主義認爲它有對分配冷漠之弱點。在別處我曾說明這個攻擊之錯誤。⑤據我所了解，這個錯誤也許是由於將價值和效用相混淆，如果效用係與價值相同，那麼，對於一給出的總價值，任何分配都將引致相同的匯總或社會效用。但是，如果對社會成員採用了適當的效用函數。像我在效用主義的公平分配理論中那樣，那麼不同的分配就會導致不同的社會效用了。⑥

雖然價值和效用二詞在某些情況下有互換性，另有一個混淆點值得注義。一個客體的價值，不論物質的或精神的，都有延伸的意義。主體可以是一群人而並非一個人；客體也可以是一類客體而並非一個客體。再者，在價值判斷的情況中，判斷者也不一定是客體對其有價值之主體。社會之每一個成員都可以是判斷者，

或是一群人民的所有成員都是判斷者。主體 S，客體 O，以及判斷者 J 都有統計性，因而興起了準客觀（quasi-objective）的概念。在這種情況下客體之價值或價值判斷成為一大群具有一個、二個或三個維度的價值統計平均數或正常數。

茲用一例子予以說明。假如我們視「書」為一個客體。「書」可以指一本特定的書，也可以指所有的書。假如我的朋友 S 讀一本書 O 而說：「書 O 對我有益。」書 O 是特定的書，而主體我的朋友 S 也是一個特定的個人。但是如果書 O 被別人所讀，也會對他們有益。所以主體可以是一群人，或整個社會。於是我們可以有至少四種不同的情況並因此而有四種不同的說法：

(1)書 O 對 S 有益。

　　在這個情況下客體和主體都是特定的。

(2)書 O 是有益的（對每個讀它的人）。

　　這裡書 O 是特定的，但主體則是一般的（每個人或整個社會）。

(3)書對 S 有益。

　　這裡客體「書」指所有的書或是一個抽象的概念，而主體則是一特定的人 S。

(4)書是有益的。

　　這裡客體和主體都是一般的。

這情景可由誰是判斷者 J 這事實弄得更為複雜。說這句話的 J 可以是主體本人，也可以是社會的任何其他成員。

注意，當主體是一般的時，這說詞是一個價值判斷，即意指社會效用。但是我們從不稱它為效用判斷。

當主體是一特定的人 S 時，這說詞可以由主體自己說，也可以

由別人說。即是說，判斷者J並不一定是主體，而這說詞也是一個價值判斷。

當這說詞係由主體S自己說時，即是判斷者J與主體S是同一個人時，這說詞說出了S的感知，但也同時是一個價值判斷。

嚴格而論，效用特別指主體所感知者，而價值則特別指客體O的某些使得主體S感知的性質。粗略地說，效用似乎比價值更為主觀些。但是，實際上我們常依照普通的習慣來使用這二詞。例如我們用社會效用來表示個人效用的匯總，而社會價值則有一與社會效用完全不同的意義。

第二節　效用和幸福之定義

在統合效用主義理論中，效用（utility）之定義係制訂如下：

一客體O對一主體S具有效用U，若且唯若O有一種或多種特殊性質，能使S樂於佔有、使用、享受或體驗O。S對O具有興趣I，若且唯若O對於S具有效用U。[7]

客體O_1比另一客體O_2對於主體S具有較大的效用，若且唯若S必須從O_1和O_2取其一時，S將取O_1。客體O_1和客體O_2對主體有同等的效用，若且唯若S必須從O_1和O_2中取其一時，S對於兩者均無特別的偏好。

如果S實際上佔有、享用或體驗了O，那麼O對於S的效用和S對於O的興趣就稱為「實際的」，否則就稱為「假設的」。如果主體S在客體O中具有假設的興趣，並不必定意味著S欲求通過行為來獲得O，因為行為的決定還有賴於其他一些相關因素。

在統合效用主義理論中，幸福（happiness）之定義係制訂如下：

一主體S有一片增量的幸福，若且唯若S對一客體O具有實際

的興趣。⑧

　　幸福是一個富有爭議的詞，並且像善這個詞一樣有許多不同的解釋。如同道格拉斯‧登‧尤伊（Douglas Den Uyl）和蒂博‧R‧馬錢（Tibor R. Machan）所報告的，幸福概念在目前正是熱門的題目。⑨關於幸福的最為令人迷惑不解之點也正是米爾所關注的問題。當時他所考慮的是有些事情既是達到目的之手段又是幸福這個僅有目的之一部分這樣一個問題。⑩在上面給出的定義中，幸福與實際利益有一一對應的關係。也就是說，我們是有意識地把幸福定義為唯一的目的。這一邏輯推理過程可作如下的簡述。

　　⑴客體 O 具有某些性質或特徵，於是

　　⑵客體 O 對主體 S 具有假設的效用；S 對 O 具有假設的興趣。

　　⑶假如 S 實際上佔有、使用、享受或體驗到了 O，那麼 O 對於

　　　　S 就具有了實際上的效用，而 S 則對 O 具有了實際的興趣。

　　⑷S 得到一些增量的幸福，若且惟若 S 對 O 發生實際興趣。⑪

這些關係可用圖形表達，如圖 1 所示。

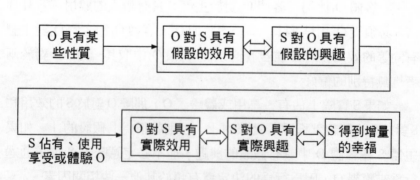

圖 1　導致幸福的邏輯推理過程圖

現在我們可以看到，客體 O 只是手段，而幸福則是僅有的目

的。由於「幸福」是個名詞，在語言學的意義上，我們可以說S具有一定量的幸福。這樣，幸福就被當成是客體，它可以具有某種價值，我們也可以對其發生興趣。但這成爲一種循環！

這就是爲什麼在統合效用主義的理論中對幸福作如上方式的定義之理由所在。爲了避免混淆，幸福作爲一種人們欲求的最後的心理狀態，被看作是僅有的目的而不是一種手段。在另一方面，即使是具有知識價值的知識以及具有美學價值的藝術品，都是一些客體，因而是手段。甚至對於行動者來說具有道德價值的道德滿足感也是手段，因爲它有助於達到幸福這一唯一的目的。

除了興趣指的是主體與客體間的一種關係，而幸福指的是主體心靈的一種一般狀態以外，幸福看來幾乎是興趣的同義詞。

當效用被正式界定而價值之概念被澄清以後，價值之若干一般特性可求得。我現在將價值之若干一般特性列出如下：

(1)價值是主觀的。

(2)價值可以主觀地予以比較。

(3)價值有大小和數字的符號「正」或「負」。

(4)價值可以主觀地予以測度。

(5)價值具有統計性。

這些特性我已在別處予以詳細討論，故本書中不再提及。⑫

第三節　一種效用主義的價值通論

我曾在別處從效用主義的觀點發展出一套價值通論（general theory of value）。⑬所謂效用主義的觀點我指的是我的統合效用主義的觀點。所謂價值通論是意指它處理所有各種價值的共同的一般性性質，而不限於一種特殊的價值。除了價值通論以外，還有

各種價值的專論。例如美學處理審美價值；經濟學處理經濟價值；道德哲學處理道德價值等。

但是，在所有各種價值中，道德價值是哲學家所最深入而廣泛研究的價值。道德價值與其他價值，諸如知識價值、審美價值和經濟價值等有所不同，在它們對別人和社會的影響上，也在研究價值的技術細節上。由於這兩點不同之處，價值通論無法與倫理學理論完全隔離。我這價值通論也是如此。在這理論之發展中，道德價值經常被討論，道德哲學中的例子經常被用到，而倫理學理論中的論據和結論也經常被依賴。

我的理論始於「善」（good）的意義。我認爲「善」是用以描述一個客體具有價值的形容詞。一個客體稱爲善的，若且唯若它具有一正價值，而稱爲惡的，若且唯若它具有一負價值。

倫理學和價值論相互密切關聯並有時會重疊。特別是效用主義，因爲效用原則斷言道德的終極準則爲最大效用，效用主義之主旨最後化約爲匯總或社會效用之最大化，而這是價值之函數。價值論事實上被視爲我的統合效用主義的一部分或是其基礎。

這效用主義的價值通論有若干獨有的特色，使它與傳統的價值理論之間有顯著的不同。

第一，主張價值在本質上是主觀的，因爲價值只對於主體而存在。這種看法其實像是大多數心理學家和決策理論家的看法。於是，我從將效用界定爲個人的偏好開始。此外，我有一非常獨特的對客觀性的概念，根據這個概念，所有價值，除了金錢的交換價值，都被視爲主觀的。那些看起來像是客觀的價值我稱之爲準客觀的。

第二，我將統計的概念引入我的價值論並聲言價值具有統計

性，因為主體可以是一群人、社會的所有成員或世界上所有的人類，而任何客體對任何人群的成員之價值在成員間大有變化。價值之統計性不僅顯示在主體的維度，且也顯示在客體和判斷者的維度。一個客體可以是一類客體的抽象概念而並非某一特定的客體，而判斷者也可以是社會的任何一個成員而並非一特定的人。於是，價值或價值判斷可以在一個、二個或三個維度上具有統計性，這三個維度是客體、主體和判斷者。

第三，把效用理論併入我的價值論作為其整體的一部分，並將效用作為我的效用主義的價值通論之起點。為了反駁歐洲學派對美國學派或馮諾曼－摩根斯坦期望效用理論之反對，我將馮諾曼－摩根斯坦期望效用理論稍加修改。再者，我統合了經濟學家、決策科學家和哲學家的三種效用概念，這些概念習慣上是假定為相互不同的。於是我的理論跨越了這三種看法間的鴻溝。

第四，不採用將價值分為內在的（intrinsic）和工具的（instrumental）這種分類。將一個集合的成員分類為若干次集合是任意的。任何分類都是可行的，只要這分類將整個集合分為不相重疊的次集合並包含所有的成員。但是將價值分類為內在的和工具的，雖然在理論上並無什麼不對，但卻是很模糊，以致可以引起混淆、誤解及循環。因此，用這種分類並無充分的理由。我採用了另外一種據於某些人生美好事物間的不可替代性定律之分類。

第五，於效用主義是後果論的（consequentialistic）和目的論的（teleological），我採取了一種決策理論方法去研究人生中的行動。依照我的方法，非道德性的行動係據於理性（rationality）和遠慮（prudence）的指示，而道德行動則據於理性、遠慮，再加上道德的指示。人一生中所有的行動都係為了追求價值，而所有價值均

多少與人生計劃有關。我提出一種人生終極目標的動態詮釋，這與最終價值的習慣上的詮釋稍有不同。我強調人生之目的性並主張一個人所追求和獲得的價值主要地都是相互關聯，並交織而形成一個以人生計劃為核心的價值結構，這些價值並都是直接地或間接地，緊密地或疏鬆地，指向人生的終極目標。我說「主要地」是意指這些交織的價值並非指全部的，或是說它們並不一定包含某人所獲得的所有價值，因為人生中有許多隨機因素存在，這些隨機因素是人所無法控制和預測的。這效用主義的價值通論最後導向一種人生哲學，它是目的論的、後果主義的，和效用主義的。

雖然我的價值通論是和大多數傳統的價值論大相逕庭，但是我相信它是自相一致的和自足的。它不僅與我的統合效用主義理論相貫通，並且是作為道德和社會哲學的統合效用主義理論之基礎。

第四節　作為普遍量度的效用

在本節中我將討論在統合效用主義理論中關於善或價值的關鍵性看法，這是與大多數哲學家（不論其是否為效用主義者）的看法有些劇烈的差異的。在效用主義者中，G.E.摩爾對善有一確定而清楚的看法。摩爾聲稱善是一種像黃色一樣的簡單性質，它不可用別的性質來予以界定。[14]摩爾的看法意味著兩點：(1)客觀性和(2)終極性。我不同意其第一點善是客觀性的。對於第二點善是終極性的，我同意，但方式上略異。我現在分別討論這兩點。

摩爾認為善是任何事物的客觀性質。在我的效用主義的價值通論中，我卻認為效用或價值是主體對客體之反應，而一個客體的性質則是與任何主體無關的，也就是獨立於任何主體的。舉例說，「黃色」作為一種顏色是一個具體客體的一種客觀性質。[15]這客體

具有黃色的性質，不論有無主體存在，一個盲者不見黃色的客體，
但這黃色依然存在，不管這個人的因盲而看不見。

　　除了具體的客體之外，還有抽象的客體。一個抽象的客體並無
物理的性質。例如「效用主義」這概念並不具有顏色。即使具體
的客體間，一個性質並不一定為所有客體所共有。例如黏度這性
質係限於液體，而硬度這性質則限於固體。善或價值這性質則是
任何事物所共有的。⑯一個客體或是好、或是壞、或是既不好又不
壞。這裡所謂客體是指一件事物、一種情景，或是人的一種佔有、
使用、享受、經歷或採取等的行動。我用「客體」作為一個一般
性的名詞以代表所有這些事物，並用「獲得」作為一個一般性的
動詞以代表所有這些佔有、使用、享受、經歷、採取等行動。

　　於是，我們可見一個客體對一主體的價值是主觀的，因為它是
視它對主體的有用程度而定的。故客體之價值因不同的主體而有
異。再者，今天一客體對一主體的價值或有異於昨天者。

　　在一群人間，某一客體之價值可以有一共識（consensus）。即
是說，對這群人各個成員的價值可能相互接近。在這種情況下這
價值就有一個規範或正常值，而這價值乃成為準客觀的了。但是，
即使是共識或規範仍可以對不同社會或不同文化而有異。

　　任何事物的善或惡之普遍性植根於人類的目的論天性。如我前
述，人類之目的性達到最高的程度，即人類是意識到他們是目的
性的。於是，就個人的非道德性行動而言，他們企圖求後果對他
們自己的效用之最大化。就個人的道德行動和公共行動而言，效
用主義告訴他們求後果對所有人們或整個社會的效用之最大化。

　　至於「終極」這形容詞，它有雙重意義。其一是它表達人生之
終極目標。其二是我用偏好來界定效用，而偏好是經驗的也是終

極的。在這個意義上我同意摩爾的說法善或價值是終極的。

客體有許多性質，這些性質我們稱之為在不同的維度，因為客體間只能依照某一特定的維度而予以比較，卻不能作整體的比較。舉例說，物理的客體有這些性質諸如重量、長度、面積、體積、彈性、可塑性、黏度、硬度、亮度、顏色等。我們可以比較兩塊石頭的重量；我們可以比較鑽石和玻璃的硬度；我們也可以憑計算兩本小說的頁數而比較它們的長度。但是我們不能將一塊石頭的重量和一張紙的厚度比較，我們也不能未指出比較的性質或維度而將整塊石頭和整張紙作比較。

但是，有一個唯一的例外，即是效用。效用是用以表達所有事物對個人以及對全體人民或整個社會的有用性之普遍量度（universal measure）。效用是以顯示一件事物如何就這一般性的和終極的生存、進步和繁榮之目標而適合於個人及整個社會的有用程度的一個維度。再者，這維度是獨一無二的。除了效用之外沒有其他的維度可以將任何事物向它投射。

除了效用之外，還有很多其他的名詞曾被用以表示我們所要的事物，諸如「快樂」、「幸福」、「興趣」、「福祉」、「福利」、「慾望滿足」等，林肯・愛列生（Lincoln Allison）注意到這點而表示，「效用」和「福利」具有令人不滿的工具性。他又說：

> 沒有一個字足以描述人們的有意義、滿意而豐富的生活之程度，並在對人類情況或對他們增加享受容量為必要的之限度內體驗受苦。但缺少這樣一個字以代表這個善並不能阻止對尋求其最大化的效用主義之說述和辯護。⑰

雖然要找一個適當的字是困難的，愛列生仍是對效用主義表示樂觀。他並沒有給這個問題一個完滿的解答，但是我的用偏好來

界定效用和將幸福界定爲隨當事者獲得一對其具有效用的事物而達到的一種心理狀態卻澄清了這個情景。再者，在我的統合效用主義理論中，效用和價值原初是主觀的。當在社會所有成員間有了共識以後，它們才被稱爲準客觀的。這又符合於愛列生的看法：效用主義「是感覺的，與情緒有關。」[18]

薩謬爾‧不列登（Samuel Briton）強調一般性的評價原則而聲言效用主義是一個評價系統。他寫道：

> 若沒有一般性的評價原則，要對公共政策或在任何人類事務範圍中作出決策是不可能的事。我們不可能完全根據「優點」或「事實」而作出決策，因為若沒有評價原則，我們就不知道什麼是它們的優點和事實指向何處。……雖然具有爭議性，效用主義還是我所建議的評價系統中最堅強建立的之一種。[19]

在這看法上我完全與不列登同意。我聲言「效用作爲一個普遍的量度」就是確切地爲了評價這目標。優點和事實乃分散於各種不同的維度，但是就它們的有用性而論，它們乃都被投射到效用這唯一的維度。再者，不論計量如何粗糙，計量的測度總是論序的測度之精鍊或改良。這是我爲什麼要用一包含效用的計量分析之決策理論方法於效用主義的研究之原因。

因此，我敢言效用乃一普遍的量度，並且一定又是終極的和獨一的。

註 釋

① C. L. Sheng, "A Note on Interpersonal Comparisons of utility," *Theory and Decision*, Vol. 21, No. 1 (January 1987), pp. 1-12.

② See, for instance, Ralph L. Keeney and Howard Raiffa, *Decisions with Multiple Objectives: Preferences and Value Trade-offs* (New York: John Wiley and Sons, 1976), p. 150.

③ 盛慶琜著，顧建光譯，《功利主義新論：統合效用主義理論及其在公平分配上的應用》（上海交通大學出版社，1996），第 416-418 頁。

④ C. L. Sheng, *A Utilitarian General Theory of Value* (Amsterdam and Atlanta: Rodopi International Publisher, 1998).

⑤ C. L. Sheng "Utilitarianism Is Not Indifferent to Distribution," in *Rights, Justice, and Community*, ed. Creighton Peden and John Ross (Lewiston, New York: The Edwin Mellen Press, 1992), pp. 363-377.

⑥ 同上。又參見註③，第二篇：一種效用主義的公平分配理論。

⑦ 參見註④，第 21-27 頁。

⑧ 同上。

⑨ Douglas Den Uyl and Tibor R. Machan, "Recent Work on the Concept of Happiness," *American Philosophical Quarterly*, Vol. 20 (April 1983), pp. 115-134.

⑩ John Stuart Mill, *Utilitarianism, with Critical Essays*, ed. Samuel Gorovitz (Indianapolis, Indiana: The Bobbs-Merrill Company, 1971), pp. 13-57.

⑪ 參見註③。

⑫ 參見註④。

⑬ 同上。

⑭ G. E. Moore, *Principia Ethica* (London: Cambridge University Press, 1966), pp. 6-17.

⑮ 嚴格而論，黃色是正常的人對一種特殊頻率的光波之感知。因此，「黃」

作為一種顏色，也可以被稱為準客觀的。那顯現為黃色的光波自身才是依照我的定義之真正客觀的。

⑯ 在我的術語中，「好」或「善」意指有一價值。這價值可以是負的或是零。如果某件事物有一負價值，這是相當於說這事物是壞的。如果一件事物有一零價值，這是相當於說這事物是既非好的也非壞的。既然「價值」這一詞包括「負的」和「零的」情景，「好」這一詞也用於包括「壞的」和「既非好的也非壞的」這種情景。

⑰ Lincoln Allison, "Utilitarianism: What Is It and Why Should It Respond?" in *The Utilitarian Response: The Contemporary Viability of Utilitarian Political Philosophy*, ed. Lincoln Allison, (London:Sage Publications, 1990), pp.1-8.

⑱ 同上。

⑲ Samuel Britten, "Choice and Utility," in, *The Utilitarian Response: The Contemporary Viability of Utilitarian Political Philosophy*, ed. Lincoln Allison (London, Sage Publications, 1990), pp. 74-97.

第 三 章
效用原則和道德之靈活性

第一節　效用原則和其他基本原則

　　在本章中我將澄清效用原則之意義並討論若干與此原則相關之問題。效用原則，據我所了解，是效用主義中唯一的終極原則（ultimate principle），它在任何情景下指示何者爲應該採取的對的行動，或對任何一個已經採取的行動是否爲對的作一道德判斷（moral judgment）。

　　然而，目前這個基本看法並未被普遍接受爲米爾之原初看法。例如D.G.勃朗（D.G. Brown）主張：「不論米爾的效用原則之主題是什麼，它決不是行動的對或錯。……在我看來，效用原則應該的確是作爲幸福是唯一可欲的目標這原則而建構的」①。但這點關於基本原則的爭議並不對本書有所影響，因爲我所要爲其辯護的並不是米爾之傳統效用主義，而是我的統合效用主義。就統合效用主義而論，我主要接受上述的視效用原則爲道德判斷或指示原則之詮釋，雖然在細節上還稍有不同之處。

　　在統合效用主義中，我建議三個基本原則。在效用原則之外，還有自然原則和共存原則。這後面的兩個原則也是基本而重要的，但它們可說是從效用原則中導出的。因此它們不是終極的——只有效用原則才被認爲是唯一的終極原則。

　　既然人類不能沒有自然和幾乎不能沒有共存而生活，自然原則和共存原則雖係從效用原則中導出，對於人類仍屬非常重要的。

　　在統合效用主義理論中，除了終極原則以外，所有其原則，包括基本原則和它們的次原則、道德原則、道德規則，以及道德義務都認為具有「自明的」（prima facie）性質而並非絕對的。

　　傳統效用主義或行動效用主義之效用原則可簡述如下：

　　一個道德行動是對的，若且唯若在所有實際可行之選擇中，它產生最大的社會效用。

　　既然規則效用主義有數種不同的形式，就很難對規則效用主義制定一個有代表性的效用原則。所以我並不把規則效用主義的效用原則列在此處。

　　我將效用原則的涵蓋略加擴大而將其分裂為三個次原則，使得原來的效用原則現在相當於次原則之一，即是道德判斷原則。②

　　我的擴大的效用原則有如下述。

效用原則：

　　效用是所有人類利益的普遍量度，而人的終極目標可用匯總或社會效用來表示，它的最大化乃用為判斷所有行動的理性和是非之唯一準則。

　　效用原則表述人的終極目標是求匯總的善或效用之最大化，先聲言一對生命的積極態度，再建立一求最大化的準則。既然所有物質價值都來自自然，效用原則係與自然原則相關。物理的環境自然供應生產人類為生活而所需的各種事物的資源。人類自己，作為自然之一部分，供應勞力和勞心的工作將資源轉變成有用的產品。除了物質價值以外，還有非物質價值，諸如健康價值、知識價值、審美價值、感情價值、社會價值，和信仰價值等，它們

主要來自人類自己，大部分來自人間的關係和交互作用，即是「共存」。

為了把效用原則表述得更明確更具體，我們把它分為三條次原則。次原則(1)，亦即基本樂觀主義原則，可以被看作是澄清人類生活的目的論性質的初步原則；次原則(2)，即道德判斷原則，即通常所謂的效用原則；次原則(3)，即最佳化原則，可以被看作是對效用原則的一般補充說明，即說明要發揮的最大效用是什麼。這種分析說明在效用原則與自然原則以及共存原則之間有著緊密的聯繫。以下我們順序討論這三條從屬原則。

(1)基本樂觀主義原則（Principle of Basic Optimism）

作為個體的人，他樂於生而不是死、樂於較好的生活而非較差的生活；作為社會群體人，他們樂於生存、進步與繁榮，而非無生存、無進步及無繁榮。

基本樂觀主義原則只是意味著，就一般人類生活來說總有一種淨正價值。所以，雖然有極少數人持悲觀主義的觀點，他們認為生活是沒有意義的，終於想自殺，但大多數人還是認為生活是有意義的，活著總是好的，因此他們實際上總是選擇生活。而人們一旦決定活下去，自然的結論就是求生命的最佳化，也就是說求效用或價值之最大化，它們來自對生命有益的事物。

個體生命的自然延伸就是社會或者作為整體的人類的生命。因為每一個體都將繼續生活下去，作為整體的社會或者人類也將自然地生活下去。一旦形成這樣一種對待生活的積極態度，人們自然地就會期待、希望並努力使社會或人類不僅生存下去，而且進步與繁榮。

由此可見，基本樂觀主義原則不過是關於生活的一種基本的積

極態度。對這一原則的證明只需看一個簡單的事實，即人們都繼續活著。這條原則當然是作為首要的原則，所有其他的原則都從這一原則導出。

⑵道德判斷原則（Principle of Moral Judgment）

一個道德行動是對的，若且唯若在所有實際可行的選擇中，它產生最大的社會效用。

注意這個原則係與傳統或行動效用主義中的效用原則相同。它判斷一個道德行動之是非，而為效用主義之終極原則。但是，由於將在本章第三節中所討論之問題，在若干情景中這原則頗難於應用。因此這原則必須被分裂為二部分：一部分稱為善惡原則（principle of the good），另一部分稱為是非原則（principle of the right）。這個問題將於本章第三節和第四節中再行詳細討論。

⑶最佳化原則（Principle of Optimization）

人是通過知識技術、藝術，以及道德方面的學習和修業來求其自身的最佳化。他還通過對外部自然環境的利用、改進和改造來求自然環境利益的最佳化。也從道德中求共存利益的最佳化。

最佳化原則把效用原則與自然原則和共存原則聯繫起來了。一個明顯的事實是，人越能提高自身（無論是在肉體、心靈、精神或道德方面），他就越是善於工作，越是能生產出生存所需的各種物品，越是能增加生命過程中的有益事物。

雖然自然環境從本質上說對於人類是有益的，卻並不意味著它是完美無缺的。這就有待於人類去改進和改造。事實上，科學技術的發展以及由此帶來的所有世界上的建設和生產就是人類在這方面所作努力的表現。這是最佳化原則之應用於自然環境。

人是社會性的動物，他必須生活在社會中，而這也就是共存問

題的由來。由於人類本性中所存的弱點以及某些社會制度的缺陷，人類共存的品質通常還遠非完善的。因此在人類共存的品質方面也還有改進和變革的餘地。事實上，人類對於人文社會科學，尤其是道德哲學的研究，以及人類全部的社會、政治和經濟活動，都是在這方面努力的表現。這是最佳化原則之應用於社會環境。

於此可見統合效用主義之基本哲學為先建立一個對生命的積極態度，然後建立一個求生命的最佳化之原則，即是要努力求取自己、自然，和所有人類的共存之改進。

其餘二條基本原則和它們的次原則已於別處詳細討論③，故僅簡單描述如下。

1. 自然原則（Principle of Nature）

人必須謹慎而節制地從其來源，即自然中獲取物質價值。

自然這一概念指兩件不同的事情：一是指人類天性，即人類心靈的天性，或者說人類頭腦、精神和心理的性質；另一是指外部物理環境，即世界、宇宙，或者說人類生於斯長於斯的天地。自然原則分為以下四條次原則。這些次原則事實上也是自然原則的組成部分。

⑴人性原則（Principle of Human Nature）

人性在本質上是善的，但不是完善的。

⑵理性原則（Principle of Rationality）

人具有理性並能推理。

⑶自然環境原則（Principle of Physical Environment）

自然環境從根本上說對人是有益的，但並非完滿無缺。

⑷有限原則（Principle of Limitation）

自然界加於人類許多無法超越的限制。儘管有人類的智慧和努

力，人的力量仍然是十分有限的。

2.共存原則（Principle of Coexistence）

人類從符合道德的主要來源即共存中獲取精神價值。

這共存原則我把它分裂成下列四條次原則。

(1)正義原則（Principle of Justice）

人在對待和權益，以及在基本的資源、社會產品、獎懲、和負擔的分配方面，應該得到公正待遇。

(2)互惠原則（Principle of Reciprocity）

除了禮物、贈予、遺產等等，或者相互同意在互惠基礎上的交換以外，人不應從他人那裡獲取某種價值或對他人造成某種負價值，不論這種價值是物質的還是精神的，道德性的或是非道德性的。

(3)優先原則（Principle of Precedence）

個人間的感情自然是隨個人間關係的優先程度而變化的。在形成和解釋德行、決策及道德判斷中應該適當地考慮到這一事實。

(4)相對重要性原則（Principle of Relative Importance）

在其他方面相同的情況下，社會作爲一個因素要比個人重要，大的群體也比小的群體重要。

以前我曾詳細討論自然原則、共存原則和它們的次原則，此處不必重複。現我對這二個基本原則只作一綜合的說明。

自然原則陳述了一些有益於人類生存、進步與繁榮的事實，也爲人類對待自然的態度提供了一種指導。人性原則是人類能從其共存獲益的一個必要條件。否則的話，人類在一社會中共存的不利之處就可能超過全部有利之處。理性原則是指導人類達到某一一般目標的必要條件。自然環境原則講述了作爲人類進步和繁榮的根本因素之事實。有限原則涉及自然環境的另一方面。就其影

響人類生活的意義上說，它成爲對人與自然環境關係的一種警告、一種指導。

共存原則講的是關於人類共處的必要條件，即保證人類從其共處中獲得最大的價值。正義原則確定作爲人類根本精神價值的基本權利，確定保障這些價值的人類行動的必要條件，並爲解決人類利益衝突提供一條標準。互惠原則則爲保護人們已經獲得的或要交換的價值提供一個依據。這類價值包括人的肉體、尊嚴、家庭、財產和精神價值的不受侵犯，並爲兩個不同單位間的價值之交換提供指導。優先原則按人類自然情感模式，從個人的觀點出發，確定別人與物對於某一個體的相對重要性之優先次序，因爲大多數德行都是出自於人的情感。相對重要性原則則從社會的角度來確定價值的優先次序。既然就人類尊嚴或利益考量的意義上說，平等的觀點是正確的，即每個人都是平等的，沒有哪個人比別人更重要或者更不重要，那麼，一團體的重要性自然是與該團體的成員數目成比例的。不同團體間的重要性次序也與它們的各自所含的成員數目對應。

第二節　效用原則之問題

效用原則有若干問題。有些問題已經被解決，但仍有若干問題迄未解決而且關於它的辯論仍在繼續，因爲關於如何解決它們之意見變化甚廣。事實上，本書之主要目的是研究這些問題並且表明統合效用主義理論如何用據於它的關鍵性特色的特殊論據來解決這些問題。其中二個主要問題就是第一章第二節中所討論的效用主義中剩下來的二個主要困難。一個問題是效用原則與正義原則間假定的衝突。另一個則是與效用計算及個人中心的特權（person-centered prerogative）有關，即是應該在何處、何時和如何作效用計算，以及考慮對誰的效用計算。易言之，這問題可以這樣問：「在何種情景下我們應該作效用計算以求社會效用之最大化？」

我相信在統合效用主義理論中，這第一個問題是已經解決了。依照我對道德原則的分類，效用原則是一個量度原則。效用是一測量任何事物的有用性的普遍量度，不論此事物是物質的或非物質的，道德性的或非道德性的。

因此，效用原則與任何道德原則（它們大多是實質原則）發生衝突是不可能的事。在第九章中我將描述一些用為最強力反對效用主義的反例子。我將駁斥這些反例子，並將詳細說明效用原則與正義原則間衝突之不可能。

第二個問題牽涉到個人中心的特權，或可以用這樣的問題來表示：「效用主義或其公平的普遍性是否要求太高了？」如果效用主義真的如許多作者，效用主義者或非效用主義者，所相信而詮釋者，要求任何人在任何場所和任何時刻作效用計算以求社會效用之最大化，那麼每個人將經常處於效用最大化的負擔下並且將沒有自主和自由來替自己的人生計劃做任何事情了。即是說，他將沒有個人中心的特權了。

我對這樣的詮釋是強烈反對的，並對效用主義作一十分不同的詮釋。我建議一個正常的狀態，稱為「參考狀態」（reference state）。每個人，除非處在一種計劃性的或條件性的積極義務之特殊情景中，正常係處在「參考狀態」中的。在參考狀態中的人是完全自由的，可以鬆釋，不做任何事情，或從事些慈善行動，或是為自己的人生計劃做事。這問題將於第八章中再行詳細討論。

除了這二個問題外，我曾注意到並討論過另一個相對於效用原

則並不算十分重要的問題。這問題是效用原則是否可以稱為一個
單一原則的倫理學理論的獨一終極原則。即是說,效用主義是否
可以認為是一種一元論。

別處我曾將道德原則分為三類:(1)實質原則(substance prin-
ciple),(2)準則原則(criterion principle),和(3)量度原則(measure
principle)。正義原則、自由原則、和「人不可以說謊」這道德規
則等都是實質原則。平等原則和公平原則是準則原則。效用原則
則是唯一的量度原則④。因為「正義」是可以詮釋為足以代表所有
美德及所有道德原則所主張的高道德的事物之「最大的」實質,
正義原則可被認為具有代表性的實質原則。現在我們可以問下列
三個問題:

(1)「正義原則,作為一個單獨的終極實質原則,是否合格作為
一個單一原則的倫理學理論之唯一的原則?」

(2)「平等原則和公平原則二者併合成一個準則原則,是否合格
作為一個單一原則的倫理學理論之唯一的原則?」

(3)「效用原則,作為單一的最終量度原則,是否合格作為一個
單一原則的倫理學理論之唯一的原則?」

茲先考慮正義原則。既然正義可被詮釋為代表所有道德法則所
主張的高道德事物,它作為一個唯一的終極原則似乎是合格的。
事實上,許多道義論者似乎都已隱然接受這種想法了。但是,作
為一個效用主義者,我認為這是不適的,因為這個原則並未確切
說明正義究竟是什麼。

至於將平等原則和公平原則合併為一個準則原則,它確對每一
個比較的情景給出一個準則,因而似乎也合格作為一個唯一的終
極原則。但是,這原則有二個缺點。第一,要決定平等原則或公

平原則已經被符合與否，我們必須將事物予以比較，而要比較就必須用某些東西予以測度和表達，但是這「某些東西」則付之闕如。第二，何處可用平等原則和何處可用公平原則也並無明白表達。因此，作爲唯一的終極原則，這準則原則也失敗了。

最後，考慮效用原則作爲一個量度原則。它是否合格作爲一個單一原則的倫理學理論之唯一終極原則呢？依照我的統合效用主義理論，既然效用是任何對人類具有效用的事物之普遍量度，這原則可以應用於任何情景，且不論所比較的實質是什麼。因此，根據我的統合效用主義理論，效用原則是合格作爲一個單一原則的倫理學理論之唯一終極原則的。

第三節　效用主義中之分裂 —— 善惡與是非

除了上節中所討論的問題外，效用主義中還有一個一直受到忽視的重要問題。這就是，「最大的效用是否必定在任何情況下都是真的是最大的？」我發現，這個陳述儘管對於消極義務來說是真的，對於積極義務來說卻看起來並不必定爲真。我將這點稱之爲「關於最大效用準則的內在模糊性」。米爾對此並未作出清楚的闡述，現存的各種效用主義也未對此作出充分的解釋。

事實上，這個問題曾被許多哲學家所注意，只是問題未被明顯提出而已。不同的效用主義者對效用主義有不同的解釋，這不僅是因爲他們所提倡的效用主義具有不同的形式，而且還因爲他們對米爾的古典效用主義有著不同的解釋。

L.W.桑納（L. W. Sumner）將當代三位哲學家，大衛‧里昂（David Lyons）、大衛‧考普（David Copp）和 D.G.勃朗（D. G. Brown）對米爾所定的錯誤行爲之詮釋作出各自稍有不同的總結。⑤

桑納並指出米爾原初的效用主義是不適當的，並又伸論考普所稱的在善惡原則與是非原則之間的「米爾的實用理由理論之分裂」。⑥

桑納之詮釋，事實上相應於習慣上將道德義務區分為積極的和消極的這種分類，亦即相應於米爾所謂的「適宜」與「道德」。

大衛・考普強調「一個適當的理論必須在米爾的實際理由中造成分裂」。實際上他這樣區別什麼是最大的適宜與道德的要求，即推薦這樣一種讀法：「一行動的最大的適宜，作為對行動的要求，是需要的，但並非足夠的。」⑦於此可見什麼是最大的適宜係由善惡原則所處理，而什麼是道德上要求的則是由是非原則所處理。

在本章中我要討論的是澄清和闡明這種分裂，將從積極的和消極的義務概念間之區別出發，再導向對最大效用的終極標準的解釋。

眾所周知，按照必須做某件好事或必須不做某件壞事，我們有時把道德義務分為積極義務（positive duty）和消極義務（negative duty）。很有意思的是，我們注意到，大多數道德規則都是消極的。舉例講，在《聖經》十誡中只有二誡是積極的，其餘八誡都是消極的，是從「你不該」開頭的。

消極的義務禁止人們去做某種壞的事情。如果某人沒有做這樣的壞事，他就是對的；而如果他做了，那他就是錯的。譬如說，「你不該殺人」的律令就是一種消極的道德義務。大多數消極義務的一個特殊屬性在於，假如人們履行了某種消極的義務，那麼他就是對的，但卻不會因為正確地履行義務而有多少榮譽。大多數的人是不殺人的，但他們並不因不殺人而得到多少讚揚。

作為效用主義者，我不相信義務或規則是先驗的，我也不同意約翰・勞爾斯的慣例規則（practice rule）⑧在道德上是永遠可以證立的。相反，我只是簡單地把效用主義解釋為目的論和後果論。

這也就是說，任何美德、任何義務或道德規則都將對總體效用有所貢獻，這種總體效用就是人類生活的終極目的。所謂的人類生活，既包括了個體生活，也包括了整個社會的生活。我用價值來定義善與惡：一個好的或對的行動具有正價值；一個壞的或錯的行動具有負價值。就我看來，道德與價值論密切相關並且不可分割。

消極義務與法律相似，表現在社會譴責那些未能履行消極義務的人，但卻不對那些履行這些義務人作多少褒揚。僅僅是消極義務還不足以滿足道德的功能，因為履行消極道德義務並不能創造較高的道德價值，而道德的目標則在達到最大的效用。這樣，我們就更需要有積極的道德義務。然而，人們可用各種不同的方式和各種不同的程度來履行大多數積極的道德義務。這造成了對最大效用的終極準則進行解釋的某種困難。而在事實上，這也是建立某一倫理學理論的關鍵點。

第四節　道德行動情景的分類

當事者可用各種不同方式採取一道德行動是顯然的而無需多加說明。再者，此一性質也並無多大的道德意義。

但當事者可在各種不同的程度採取一道德行動則具有道德意義而需要加以說明。這意指一道德行動可以做到不同的強度，也實現道德義務到不同的程度。例如捐款可以視所捐金錢之多少而認為有不同的程度，也因此而實現慈善至不同的程度。

另外還有許多實行積極道德義務的不同情景。對於某些積極義務，當人不實行這義務時，他也不能作相反的事，例如有人不捐款給一基金會，他也不能自基金會取走金錢。但對於某些其他的積極義務，當人不實行時，還可以向相反方向行動，例如若有人

對別人不仁慈，他可以僅僅冷漠，也可以粗暴使人無法忍受，甚至侮辱別人，因而表達了仁慈的反面。可以在不同程度上採取道德行動這一點就展示了我所謂的「道德的靈活性」（the flexible nature of morality）。⑨這種「靈活性」造成了在確立某種道德義務或規則，確定一種要求是最大化還是最小化，以及應用終極準則於求取最大效用中的困難。我將提出一種對道德行為各種情況的分類，這雖然無法完全克服這些困難，卻確實有助於對道德行為的分析，以及澄清對最大效用的準則之解釋。

人們一般都認為履行道德義務和規則是對的或好的。可是，一道德義務或規則究竟是否為一崇高的理想或為期望於每一個人的最低要求，卻並不總是清楚的。換句話說，義務或規則是最大限度還是最小限度，或者還是介於兩者之間的某種東西，並不總是很清楚。

為對道德的靈活性作深入的洞察並作更為透徹的分析，我們可以把道德行為的情景化為四類。人們可以用是或否的方式，或用各種不同的方式或不同的程度來採取某一道德行為。行為方式的不同並沒有多少道德意義，但行為程度的不同卻對道德有著重要意義。我們將對後者作詳細的分析。現在我們借用一個數學上的術語「不連續」（discrete）來表示是或否的行為類型，並用另一個數學術語「連續」（continuous）來表示可用不同程度來採取的行為，或者所謂有一段行為「頻譜」（spectrum）。

需要注意的是，「連續」這個詞並不指行為本身在時間上的連續，也不意味著「價值」上的連續，而只是指行為程度上的連續性。比方說，拯救生命被看作是不連續的行為，因為拯救生命的道德功能是不可能在不同程度上加以履行的，雖然拯救這行動會

產生不同的價值，隨所拯救的生命而定（親戚的、陌生人的、或一條狗的）。再者，我並不聲稱拯救一個生命的值得讚揚並無程度之分，這視救援動作之困難或危險而定。我也不聲稱不救人的行為之值得譴責並無程度之分，這視當事者有些什麼別的重要事情而定。我只意謂，在正常情況下，拯救行動具有是或否的性質。

在另一方面，捐贈行動情景則是「連續」的，因為捐贈的不同數目可以代表不同的程度。同樣地，對於他人慈善的情景也是「連續的」。舉例來說，假如有一位陌生人在街上問人如何去郵局。被問的人可以只是簡單地告訴他如何去那裡，也可以為他畫一張詳細的地圖，甚至陪他去一家最近的郵局。這些不同的幫助行為有著不同的價值，並代表了不同程度的慈善。這種情況與拯救生命的情況大不一樣。在後者，價值的差異也許是由於所拯救的生命的不同價值，但不會是由於不同程度的拯救。

現在我們要用「正面」和「負面」這兩個詞描述採取行動的方向。積極義務也稱為正面義務；消極義務也稱為負面義務。這裡積極或正面係指應該做某件事，而消極或負面係指不應該做某件事。現在的「正面」和「負面」的用法稍有不同。正面係用於這樣的場合，即所採取的行動具有一正價值；負面則用於這樣的場合，即所採取的行動具有一負面的價值。比如講，捐贈行動的情況是「正面」連續的和「負面」不連續的。意即，捐贈行動有正價值並可作不同程度的採取，而不捐贈的行動則只有零度或很小的負價值並只可作一種程度的採取。

總體來說有四種不同的情景：(1)正面不連續和負面不連續；(2)正面不連續和負面連續；(3)正面連續和負面不連續；(4)正面連續和負面連續。為簡化起見，我們稱之為：(1)不連續－不連續（D-

D），⑵不連續－連續（D-C），⑶連續－不連續（C-D），⑷連續
－連續（C-C）。以下將例示這樣四種情況。

一、 不連續－不連續情景

不連續－不連續是這樣一種情景，其間的行動是「是」或「否」
類型的。或者說正面地只有一種採取該行動的程度，負面地也只
有一種不採取該行為或以負面方式採取該行動的程度。

一般來說，一正面的不連續行動具有一種正的價值，一負面的
不連續行動則有一負面的價值。無論是善惡原則還是是非原則都
可以應用於這種情景。仍以拯救落水者的情景為例，可以把拯救
的「不連續」行動判定為善的或對的，並把不去拯救的「不連續」
行動判定為惡的或錯的。

對於這種情景，應用終極準則並沒有什麼困難。因為比較和權
衡是在正價值和負價值之間進行的。很明顯正價值是最大的價值。
甚至不必知道所需比較和權衡的價值之大小。

然而，是否應該應用這條終極準則卻是另外一個問題，而需視
該行動是否為超義務的行動而定。如果是超義務的行動，由於需
要行動者作出很大的犧牲，通常也就不要求和期待當事者去作那
種行動。這樣，就需要對最大效用的終極準則加以放寬。此外，
可以把不做任何具有正面意義事情的行動判定為具有零價值的中
性行動，而不是具負價值的壞的或錯的行動。如果不是超義務的
行動，如選舉投票所例示的，那種行動通常是期待甚至要求當事
者去做的。（由於其邊際效用，投票是一個相當複雜的問題。嚴
格地講，必須對它作為一個機率系統來加以研究。）在這種情況
中，最大效用的終極準則是清楚而且應該被採用的。

　　即使是積極的義務，仍有困難存在。例如，考慮「人們應該在選舉時投票」這一道德規則。由於人們對於選舉，除了投票外沒有別的事情，這一道德規則似乎是一項最大的要求。由於該情況是不連續－不連續的，如果某人不投票，那麼他就破壞了這條道德規則。因而在同時，這條規則似乎又成為一項最小限度的要求。於是，在此情況下，這項要求究竟是最大限度的還是最小限度的並不清楚。

　　進一步說，如果把這道德規則看作最小限度的要求，那麼就會產生進一步的問題，即通常有很多人都不能滿足這一「最小限度」的要求。就投票的情況看來，有70%或80%的投票率已經被認為很不錯了。那也就是說，通常有20%或30%的人不能滿足這一「最小限度」要求。

　　一般而論，投票這行動是被認為好的或對的而有一正價值，而不投票這行動被認為是惡的或錯的而有一負價值。但是，這負價值通常是認為並不是很大的。

　　我對這一現象的解釋是，沒有人是完善的。不管對最大限度還是最小限度的道德要求之履行，本質上都是統計性的。某人也許不能滿足某條道德規則的最小要求，但卻遠遠超越了另外一條道德規則的最小要求，甚至於達到了很高的超義務水平。

　　以另外一個例子來看，假設某人A是唯一看到另一落水者B的人。於是，如果A不去救B，B就會淹死。假設A會游泳並去救了B，在救B的過程中A也沒作多大的犧牲，那麼A的這一行為就被看作是一件份內的事。可是，某些條件可以把這件份內的事變成超義務的事。若我們進一步假設，當時有一場大的風暴，如果 A 去救B，可能只會產生兩種情況：或者是B獲救，機率是8/10；或

者是 A 和 B 都被淹死，機率是 2/10。不去救人的代價是一條生命
（A 的生命）。去救人的可能獲得的價值是 $2 \times 8 / 10 = 1.6$ 條生
命。這樣，從社會的角度看，救人比不救有較大的效用。但是，
社會是否就有權利要求 A 去救 B 呢？這是超義務的行為。人們一
般認為這種行為只是期望英雄、聖人、烈士或具有犧牲精神的牧
師等等去履行的行為，卻決不是期待普通人履行的行為。所以，
這一決定就只可留待 A 本人去考慮了。如果 A 是英雄或者是有很
強的道德犧牲感，他大概就會去救 B。如果 A 是個常人（不一定是
懦夫），他大概不會去救 B。於是，在這種情況下，問題並不在於
這項道德規則是不是最大限度的要求，而在於不可能建立起任何
道德規則。

二、 不連續－連續情景

不連續－連續的情景是正面的只有一種程度，而負面的則有不
同程度的情景。不連續－連續的情景通常是與消極的道德原則或
義務相關聯的。在這一情況下，一正面的不連續行為通常被認為
只有很小的正價值或幾乎為零的價值。而一負面的連續行為則被
認為具有某種負價值。

譬如說，十誡中的「不該偷盜」就是這樣一種情況的一項誡
命。對於這種情況，應該應用是非原則。不偷盜這「不連續」行
動是對的，而偷盜這「連續」行動是錯的。

對於這種情景，關於最大效用的終極原則是有效的。因為不偷
盜行動的幾乎是零的價值較之於偷盜行動所有的不同形式（都具
有負價值）實際上是最大的價值。有時候這種況也有困難。舉例
說，考慮「不要踐踏草坪」這一規則。由於在此情景下最好的選

擇也就是不在草坪上踐踏,這項道德規則似乎就是一項最大限度的要求。由於無法確定關於踐踏的最小量的標準,這條規則也就成了一項最小限度的要求。

在不連續－連續情況下的行動類似於在不連續－不連續情景下的某些行為。如果有關的道德規則被看作最小的要求,那麼就會產生通常有許多人不能滿足這一最小要求的進一步的問題。就這個踐踏草坪的問題來說,常常有很多的學生甚至教職員會踐踏校園的草坪。

在不連續－連續情景下,遵照積極義務的正面的不連續行為通常具有正價值,但有時候這樣的行為幾乎只有零價值。這是因為某些積極的道德義務係從原為消極的義務轉變而成了積極的形式。我們看一下「應該按預定日期歸還借貸」這條道德規則。如果是按預定的日期未完全償付那筆借貸,那麼也有可能是償付了那筆借貸的一部分,因而就可能尚有不同量的借貸未付,或者也可以把這項償付推延到不同的時期。這個「應該按預定日期歸還借貸」的例子,在事實上是一項負面的道德義務。對此也應該更恰當地表達為,「不應該破壞償還借貸的契約或承諾」。

三、 連續－不連續情景

連續－不連續的情景是正面的有不同的行動程度,負面的只有一種行動程度的情景。對於這種情景應該用善惡原則。在這種情景中,一般地說,一正面的連續行動有一正價值,而負面的不連續行動則是既非善,也非惡,而是中性的,因此假定為具有零價值。

譬如說,考慮一下作為履行「應該為人慷慨」或「應該在某些場合捐贈」等義務的例子。假設某位有百萬資產的商人向一個基

金會捐贈了一萬元。他的行動是好的，但當然不是最大限度的，因為他可以作更多的捐贈。那麼，他應該捐贈多少呢？按照終極標準的解釋原義，他似乎應該捐贈他的全部財產一百萬元，因為只要他還能再捐贈，他已捐贈的就不是最大的。但我們真的期望他捐贈他的全部財產嗎？或者我們真的認為捐贈他的所有財產是最好的行動嗎？決不！在事實上，我們決不會要求或期望他捐贈他的全部財產或收入。首先，上述的這位商人具有對他的財產的支配權。如果期待他捐贈他的全部財產，那麼也應期待所有的富人做同樣的事情，而理想社會也就將變成完全沒有私有財產的社會了。其次，即使這位商人不為他自己或者他的家庭保留他的財產，他也仍然可以用這筆財產在以後做其他一些好事，他沒有必要一次捐出其全部財產。所以，如果他能在一百萬中捐出一萬元，他就已經做了一件好事。從常規意義上講，社會或社會的任何成員都不會根據最大效用的終極準則來判斷他的行動，也不會期望他捐助得更多。事實上似乎不會有人會相信社會將這樣去做。

對於這種情景，幾乎不可能明確規定道德義務或規則的要求。所以，對於最大效用的終極準則必須以不同的方式來作解釋。比方說，捐贈一萬元比之於捐贈二萬元當然只有較小的價值。對於這種行動的道德判斷，只能把一萬元的價值與不捐贈的行動的零價值相比較，而不應該與所有可能捐贈的各種不同量之價值相比較。這就是說，對於道德判斷來說，最大效用的終極準則只應用於實際的捐贈行動和不捐贈行動，而不是應用於所有可能的捐贈方式。

四、 連續－連續情景

連續－連續的情景是正面的和負面的行動都具有不同程度的情景。比方說，「你應尊重你的父母」就是一條關於連續－連續情景的誡律。因為敬父母可以有不同的程度，對於雙親的不敬也可以有不同的程度。在這種情景下，一般來說一正面的連續行動具有正價值，而一負面的連續行動具有負價值。

對於這種情景可以應用善惡原則。慈善的「連續」行動是善的，不慈善的「連續」行動則是不善的或惡的。

關於連續－連續的情景，甚至米爾也沒有明確制定一最大限度要求的義務。大衛‧里昂指出，「米爾會希望按照其效用（其工具性價值）來對可作選擇的行動進行排列，但卻不打算把處於這樣排列的頂端以下的行動（即不能達到最大效益的行動）稱為是錯誤的。米爾明確地講，欲判定一行動為錯，必須要有適宜的認定。」⑩

讓我們再看一下「應該對他人仁慈」這條道德規則。即使不考慮對於別人的仁慈可以有各種不同的方式，人們也仍然可以對他人仁慈到不同程度。那麼，對人仁慈應該達到什麼程度呢？當然，在這種情況下也是幾乎無法規定一道德義務或者規則的要求，更不要說這種要求是最大的還是最小的了。

對於這種情景，在某些具體環境下，還是有可能根據某條標準在一連續的區域內的某處確定一道德義務或規則的要求，並據以固定、提高或降低有關參照點。這種要求一旦確定，任何履行這一要求的行動以及履行超越這一要求的行動都被認為是善的，而履行不足的行動則被認為是不善的。

有的時候，一連續的行動譜帶也可能轉變成一種不連續的行動。這通常是在一些具體情景下並按照某種標準有意這樣做的。這種編排通過按照某種標準來提高中位值或參考標準而將連續－不連續的情況轉變為連續－連續的情景。事實上，我們必須承認，人們有的時候會因沒有履行那種被看作積極的義務而遭到指責，但卻不因為做了那事而得到任何的讚揚。

我們再考慮一下捐贈行動。在某種緊急情況下，比如說為了極為缺乏食物的窮人，一大學的教授會可能會通過某項決議，要求其每一個成員至少捐獻一天的收入。雖然這還不是一項法律，卻多少把一種自覺的德行轉變成了一種道德義務。這樣，捐獻一天的收入就被看作為中位值或參考標準。任何捐贈不止一天收入的行動都被認為是好的，而捐少於一天的收入或者全不作捐贈的行動都被認為是壞的。這樣，教授會作出的為緩解窮人缺乏食品的緊急狀態目標的決定，就把連續－不連續情景轉變成了連續－連續的情景。

對於這種情景，必須放寬最大效用的終極準則，即將其解釋為，任何善行之價值只應與所有可能的不善行相比較，而不是與所有其他可能的善行相比較。

另一方面，對於某項稅收的取消或減免和某項免稅的建立或增加都可以被看作為降低參考點或期待的法定貢獻。有些時候，比如在那些照著去做會造成對自己很不利的場合。人們並不因為違犯某條消極規則而遭到譴責，也不因堅持這條規則而受到褒揚。（謊報自己的所得稅以及在經過邊境時向海關人低報攜帶進口貨物價值都是這種情況的例子。）這是通過隨意降低中位值或參照點來將不連續－連續情景轉變成連續－連續情景的例子。

由於道德的這種靈活性，我承認，連續－不連續的區分本身（或聯同正面－負面的區分）不能告訴我們應把什麼行動作為義務處理，以及把什麼仍作為善行的或隨意而為的。這些章節只是要通過對行動情況的分類來更為清楚顯示道德的靈活性，而不是定出可在這些情景中作為仲裁的任何背景性原理。

但我們仍然可以建立一粗糙的原則。所有的不連續－不連續情景，比如「如可能，一個人應該拯救處於危險中的另一個人的生命」這樣的義務；以及所有不連續－連續的情景，無論是關於如「不應偷盜」這樣的消極義務，或是如「應按期償還借貸」這樣從消極義務轉換而來的積極義務，這些在本質上都是義務性的。所有具有清晰確定最小要求的情景，如「每位教授會的成員都應至少捐贈一天的收入」，也都是義務的。所有其他的不帶確定的最小要求的連續－連續，和連續－不連續情景，關於如「應對他人慈善」這樣的義務，在道德上都是善行或隨意而為的。

第五節　效用原則的重構

從以上的討論和分析可以見到，為欲涵蓋道德行動的四種情景，道德判斷原則應對這些情景作分別處理。以前我曾建議一個道德判斷原則如下：

一個在不連續－不連續，或不連續－連續情況中的道德行動是對的，若且唯若這一行動在可能的全部選擇中能造成最大的社會效用。一個在連續－不連續，或者連續－連續情況中的道德行動是好的，若且唯若該行動對他人具有淨正價值或效用；該道德行動是壞的，若且唯若它對他人具有淨負價值或效用。[11]

但是這個道德判斷原則仍非完善。它有二個缺點。第一、它太

過繁複，難以應用。第二、它易引起混淆，因爲它將道德行動分
爲二類：一類是好的或惡的，另一類是對的或錯的。這分類與道
義論的好的／對的之區分相混。第一個缺點無需說明。茲說明第
二個缺點。

注意這裡的好的／對的區分與道義論中者根本上有所不同。在
道義論中，「對的」行動係認爲不同於「好的」行動，且「對的」
更被視爲先於「好的」。（這點將於第十章第六節中再詳細討論）
在效用主義中，一般認爲好的就是對的，但在不連續－連續情景
中，以「不說謊」爲例，不說謊這行動通常係視爲對的，但又爲
一最低要求，因而只有一零價值。依照我的定義，一個好的行動
具有一個正價值。所以不說謊這個對的行動，雖然是對的，卻不
應該被稱爲一個好的行動。這樣的話，對的就不完全是好的了。

這是一個含混之點，應該設法避免。上面我們討論道德靈活性
所引起的困難，我的解決辦法是：在連續－不連續，和連續－連
續的情景中，將正面的對的行動只與負面的錯的行動作效用比較，
而不與其他可能的正面的對的行動作效用比較。現在這個好的與
對的間之混淆所引起的困難，我們可以用這樣的方法來予以解救：
即是在不連續－連續，和不連續－不連續的情景中，對正面的對
的行動，即使它是最低要求的義務，也設定一個很小的正價值，
這樣的話，所有好的行動都是對的，所有對的行動也都是好的。
那麼善惡原則將和是非原則合而爲一，也就是效用原則無需再有
分裂了。我們可以回復到傳統或行動效用主義的效用原則而將其
視爲統合效用主義的道德判斷原則。

上述對道德靈活性的討論與分析係局限於效用原則的解釋。得
出的結論是，在連續－不連續，和連續－連續的情景中，對「最

大化」或「最大效用」的術語不應作實在或嚴格的解釋，其含義應予以放寬。然而，這一道德靈活性的「事實」向效用主義提出了一個問題，它是：「效用主義是否仍然是一種靠得住的倫理學理論？」

我的回答是「是」。近年來，權利理論者（rights-theorists）遠較效用主義者為多。權利理論者對效用主義的強烈反對主要為權利理論是個人相關的（person-relative），而效用主義則是個人中立的（person-neutral）。⑫其主要攻擊點包含效用主義是沒有約束的和效用最大化的規定造成對人權的侵犯。這裡我企圖就這二點替效用主義簡單辯護，而關於個人相關或中立的問題則將留待於第八章中詳細討論。

約束問題是很率直的。我僅單純爭辯效用主義是受約束而並非不受約束的。如 D.G.勃朗所詮釋，米爾的錯誤行為概念係據於「對別人的損害」這特質。⑬因此，「吾人不應該對別人造成損害」可被視為效用主義的約束。如果一個人P的權利被侵犯了，那麼P將會受到損害。反過來，如果P不受到損害，那麼P的權利將不被侵犯了。

關於「對別人沒有損害」這約束，有兩點須加以澄清。第一點是這「損害」是指「不合法的損害」。有些合法的損害是不被認為錯的。例如，在自衛中使盜賊受傷的損害，警察在追捕逃犯時槍傷了逃犯，死刑執行者槍決囚犯等都是合法的損害，不是規則「吾人不應該對別人造成損害」所包含的。

另一點是造成一個無可避免的損害算不算是錯的。假定只有二種選擇，每一種都會對別人造成損害，而又無第三個選擇。注意有時即使沒有行動也無法避免損害，因為「沒有行動」本身可能

是選擇中之一並也將引起損害。這種情景可能是當事者或別人先前的一個錯誤行動所造成的結果。

在這種情形下，效用主義或任何其他倫理學理論的道德指示都是選取造成較小損害的行動，甚至於在兩種選擇都會引起嚴重損害的情況下當事者無可奈何而自殺。

依照選取一有較小損害的行動這指示是否認為錯誤是一個定義的問題。我認為這是不算錯的，因為錯誤應歸之於以前的行動而並非目前的行動。

效用最大化的問題則是很微妙的。大多數哲學家，不論是否效用主義者，仍依照文字嚴格詮釋效用原則。這導向對效用主義的誤解，認為效用主義只注意效用的最大化問題而不顧一般的分配問題。例如 R.G.佛雷（R. G. Frey）詮釋效用主義為容許替代，效用主義犧牲，和抵換。⑭J.L.馬奇（J. L. Mackie）也辯稱效用主義犧牲是存在的。⑮

我對效用主義的看法是它並非對分配冷漠。我承認古典的效用主義有若干缺點而使理論的某些部分粗糙、模糊和不夠充分發揮。但是這些部分是可以精鍊、澄清、充分發揮，甚至修改的。除了「對別人不造成損害」這約束和認識道德的靈活性以外，我將強調道德行動之三種區別，指出某些環境情況對道德行動是不相干的，建議「參考狀態」的概念，在這狀態中任何當事者是自由的而並無效用計算之負擔。這些都將於後面第八章中詳細討論。

最後，我要對上述分析作出以下的結論。

⑴道德有時是靈活的，尤其是在正面的意義上，因為可以用不同方式和不同程度來表現美。

⑵對於行動的連續－不連續，以及連續－連續這二種情景來

說，關於道德要求是什麼，以及這種要求是最高的還是最低的這類問題通常是不很清楚的。然而，在有些具體情況下，可能會提出某種最低要求，於是道德行動變成了一件義務性的事情。

(3)根據(2)，就連續－不連續，和連續－連續的行動情景而言，通常很難或者甚至不可能形成道德規則。

(4)這種關於最大效用終極準則的解釋，應按四種不同的行動情景作一些放寬，或分別作不同之解釋。

第六節 道德原則之分類

我曾提出兩種不同的道德原則／規則分類。[16]一種分類係依照規則之嚴格程度。這種將於第十一章第二節中討論。另一種分類係依照原則之性質或角色。依照這種分類，道德原則可分爲三類：(1)實質原則，(2)準則原則，和(3)量度原則。它們將於下面分別討論。

(1)實質原則（Substance Principle）

實質原則是這樣一種原則，它述說某種人們需要，喜歡或想要的社會主要的善之重要性。例如，約翰‧勞爾斯的正義論係建立於二條基本原則之上，其第一條原則，或可稱爲同等自由原則，是一條實質原則，因爲自由是一個集體名詞，指許多非物質的主要的社會的善。自由可以再分爲許多小的自由，諸如生存的自由、言論的自由、新聞的自由、集會的自由等。我們可以爲某一類自由建立一條原則，例如新聞自由原則，這也是一條實質原則。這條道德規則「人不應該說謊」也是一條實質原則。它處理「謊」這實質，認爲它是惡的而我們不應該說謊。

(2)準則原則（Criterion Principle）

準則原則是這樣一種原則，它述說比較二個以上的人之需要、

利害、功過，或對待之準則，或將事物分配給他們時的準則。例如平等原則（principle of equality）是一條準則原則，因為平等是一個用於比較或分配事物或對待的準則。

注意平等原則若不指定什麼平等是模糊或不完全的，因為雖然有些社會利益係根據平等原則而分配給人民或由人民平等共享，但仍有若干利益不能平等分配或共享，而應該依據某個公平範本公平分配或共享。在後者情況下，這原則似可稱為公平原則（principle of equity）。注意平等和公平本身並非可供分配的社會的善，而是比較或分配的準則。因此稱為準則原則。我們可以對某些事物有絕對的需要但並不與別人相關或需要比較。但平等或公平的概念則總是處於一種有別人可以比較的情況。在沒有事物可以分配或無對待或利益可與別人比較時，也無需平等或公平的概念了。

(3)量度原則（Measure Principle）

效用主義的基本原則效用原則是既非實質原則，也非準則原則。我稱之為量度原則，因為效用為一普遍的量度。它是和決策理論的原則一樣的。在對非道德行動的決策中，人自然選擇，也應該選擇，那個會導致對當事者有最大效用的行動。就效用主義作為一種倫理學理論而言，在作任何道德行動的決策時，人應該在所有可能的選擇中選取那會導致最大社會效用的行動。效用原則是獨一無二的，因為效用是代表每種事物的用處之唯一普遍量度。

在道德原則如此分類以後，我們對所有道德原則，義務及權利較易於有一整個的視野。

「量度原則」這名詞是我特地為效用原則而制定的。這原則依據用效用量出的各種選擇的重要性而給出對道德行動的一般性道德判斷和指示。既然價值和效用是主觀的，很多價值有不同的特

質而難以客觀地測出和比較。但是在從若干選擇中選取其一的決策時，當事者仍能夠將它們主觀地加以量度和比較。在這種情形下，不同的特質均投射於這同一的主觀的大小、重要性、份量，或用處之維度。這維度乃稱爲效用。

易言之，效用與自由原則中之自由或承諾原則中之承諾並不一樣，因爲一道德行動的每一種選擇都有一效用而效用原則並不強調效用之重要性，卻指示選取具有最大重要性的選擇，而這重要性是由效用所量得的。即是說，效用係用爲每一實質的重要性之普遍量度，但它自己並非一種異於其他實質的特殊實質。

於是，牽涉在一決策情景的各種選擇中之任何事物，不論其爲物理的客體或是抽象的概念，都有一效用或可用效用來量度。這是我稱效用爲普遍量度的理由。既然效用是界定並用爲測度和比較各種選擇的重要性之唯一事物，效用原則自然也是獨一無二的了。

人類需要許多事物，自然的或社會的，物質的或非物質的。道德原則係爲了保護社會成員使其獲得或不損失這些事物。從一被保護者或是他人道德行動的接受者的觀點言，我們界定若干事物稱之爲自然的或基本的人權。從一採取道德行動當事者之觀點言，我們界定若干事物稱之爲義務，道德原則，美德，或道德規則。那些指定事物的原則乃稱爲實質原則。在比較幾個人的需要、功過，或負擔時，或在分配事物給幾個人時，我們需要一個準則原則，它或是平等原則或是公平原則。在量度或決定這些事物的份量或效用時，及在許多具有效用的選擇中作出對的選取或指示時，我們需要一個量度原則，這就是唯一的效用原則。

註 釋

① D.G. Brown, "What is Mill's Principle of Utility?" in *Mill's Utilitarianism: Critical Essays*, ed. David Lyons (Lanham, Maryland: Rowman & Littlefield Publishers, 1997), pp. 9-24.

② 盛慶琜著，顧建光譯，《功利主義新論：統合效用主義理論及其在公平分配上的應用》（上海交通大學出版社，1996），第 87-89 頁。

③ 同上，第 89-110 頁。

④ C. L. Sheng, "On the Nature of Moral Principles," *The Journal of Value Inquiry*, Vol. 28, No. 4 (December 1994), pp. 503-518.

⑤ L. W. Sumner, "The Good and the Right," in *New Essays on John Stuart Mill and Utilitarianism*, ed. Wesley E. Cooper, Kai Nielsen and Steven C. Patten (Guelph, Ontario: Canadian Association for Publishing in Philosophy, 1979), pp. 99-114.

⑥ David Copp, "The Iterated-Utilitarianism of J. S. Mill," in *New Essays on John Stuart Mill and Utilitarianism*, ed. Wesley E. Cooper, Kai Nielsen and Steven C. Patten (Guelph, Ontario: Canadian Association for Publishing in Philosophy, 1979), pp. 75-98.

⑦ 同上。

⑧ John Rawls, "Two Concepts of Rules," *The Philosophical Review*, Vol. 44 (1955), pp. 3-32.

⑨ C. L. Sheng, "On the Flexible Nature of Morality," *Philosophy Research Archives*, Vol. XII (1986-87), pp. 125-42.

⑩ David Lyons, "Mill's Theory of Morality," *Nous 10* (1976), pp. 101-120.

⑪ 參見註②，第 88 頁。

⑫ R. G. Frey, "Introduction: Utilitarianism and Persons," in *Utility and Rights*, ed. R. G. Frey (Minneapolis, Minnesota: The University of Minnesota Press, 1984), pp. 3-19.

⑬ D. G. Brown, "Mill's Criterion of Wrong Conduct," *Dialogue*, Vol.21 (1982), pp. 27-44.

⑭ 參見註⑪。

⑮ J. L. Mackie, "Rights, Utility, and Universalization," in *Utility and Rights*, ed. R. G. Frey (Minneapolis, Minnesota: The University of Minnesota Press, (1984), pp. 86-105.

⑯ 參見註②，第 84-87，278-290 頁。又參見註④。
此處我並不區分原則與規則。嚴格而論，原則範圍較廣，規則範圍較窄。例如我們說「自由原則」，「平等原則」等，但是「我們不應該說謊」則是一條道德規則，從未被稱為原則。

第 四 章
價值多元論和目的一元論

第一節　內在價值與工具價值

在本章我將討論一個不僅是效用主義中的，而且是所有倫理學理論和價值理論中的，具有爭議性的題目，即是否所有價值可以化約爲一種，或是各種價值平行存在而不能化約爲一種。前者看法稱爲價值一元論（value monism），後者看法則稱爲價值多元論（value pluralism）。依照我的效用主義價值通論，我是主張價值多元論的。價值的種類很多，而價值則更是不計其數，所以對我而言，價值多元論似乎較價值一元論更爲可信和易於接受。

那麼爲什麼現在還有許多哲學家相信價值一元論呢？我發現價值一元論的概念與將價值分爲內在的和工具的這分類密切相關。這個分類有一久遠的傳統，長期以來爲大多數哲學家所接受而並無保留。

簡單地說，所有一般物件的價值均爲工具價值，只有人生終極目標，即是幸福的價值，才是內在的價值。這分類的原初用意或強調人生終極目標較諸任何其他事物的相對重要性。效用主義強調幸福並認其爲人生之終極目標。甚至於所有工具價值較諸內在價值都顯得不重要，因此有許多效用主義者都相信價值一元論。

我不採用這價值分類。在本節中，我將說明我的理由。下面第

二節中，我將討論一般價值多元論者所常用的「後悔論據」。於第三節中，將討論我主張價值多元論的主要理由——某些價值間「不可替代性」。第四節將附帶討論我的目的一元論和原則一元論。

如第二章中所討論，在我的效用主義的價值理論中，效用是以偏好（preference）來界定的。①當一個主體 S 獲得一個客體 O 時。O 對 S 有一效用，而 S 感知－增量幸福。此處「獲得」係一概括性的動詞，意指持有、使用、享受、欣賞、經歷、做成，等等。「客體」是一個概括性的名詞，意指物質的客體，非物質的客體，名義、情境、活動等等。舉例說，一輛汽車可以被擁有並使用。一個哲學博士學位可以被接受。一個公園可以被遊覽和享受。一個遊戲可以被玩和享受。一幅好畫可以被觀賞，也可以被購買而擁有。一個位置，例如教授會的會長，可以被經歷。

依照我這種主義和分析，一個客體 O 對主體 S 的價值（效用）②和主體 S 當其獲得 O 時所感知的增量幸福間有一種一對一的相應性。價值是 O 對 S 所具有的特質，而幸福則是 S 由獲得 O 而引起的一種心理狀態。

於此可見，客體為一主體所獲得的外在事物，而幸福則為主體因獲得客體而自然感知的內在事物，即心理狀態。所以每一個獲得客體的行動包含一個價值以及一份增量幸福，二者當成串聯狀。換句話說，客體的工具價值與終極目標的內在價值之間存在一種時間的或連續的關係。並且任何工具價值都會引向一個相應的內在價值。進一步說，這二種價值之間有一因果關係。③

因此，工具價值和內在價值具有不同的性質。我認為並無必要並且不甚合理將二者俱稱為價值而分類為工具的和內在的。在我的效用主義理論中，我並不將幸福或人生的終極目標包含在價值

的門類之內。我只將工具價值視爲價值而將其按人生中美好事物而分類。

有人或爭辯：幸福本身是一個客體，它被所有的人追求，當然具有一個價值。將它稱爲內在價值又有何不妥？我同意幸福本身可視爲一具有價值之客體。但此與我們通常所考慮的一般客體之價值並將其分類之情況不同。如上所述，幸福是獲得一個客體後之效果。將原因之價值與後果之價值相比較而加以分類似不甚適當。我們或可躍過原因而對不同客體所引起的不同增量幸福作一研究。那麼一片幸福可以與另一片幸福作比較，但它仍不可能與另一個普通客體作比較，若一片幸福被視爲一個客體而將其與引起此幸福之客體平行處理，那麼會引起重複和循環，永無止境。因此，我們可以視幸福爲一客體，但在此情況以下，一片幸福不可與原初或另一客體相比。

再者，一個人要直接追求一件幸福是不可能的，因爲只有經由一個普通客體的工具價值，人才能夠感知一件幸福的內在價值。於是，追求一個客體和感知一件幸福成爲追求幸福的二個階段，而並非二個分開的追求行動。這是我不採用將價值分爲內在的和工具的這樣一種分類之主要理由。尚有若干其他理由茲分述於下：

第一，米爾將價值分爲內在的和工具的之原初敘述中具有模糊性，易引起混淆。最初意謂只有幸福，或人生之終極目標，具有內在價值。而所有其他客體，均只具有工具價值，因爲它們係用爲工具以達到終極目標。後來他將大多數精神價值，諸如美德，名譽，權力和美麗等加於內在價值這類中。[4]這是米爾的「效用原則之證明」的模糊性之主要來源，而常爲哲學家們所討論、爭辯和攻擊者。內在價值的概念，無可避免地會引起這種問題。

第二，「內在價值」這一名詞並未嚴格界定。約翰·奧乃爾（John O'Neill）說：

> 「內在價值」這詞常被用於至少三種不同的意義上：㈠內在價值 1：內在價值係用為非工具價值之同義詞。……㈡內在價值 2：內在價值係用來指一客體只由於其「內在特質」而產生之價值。……㈢內在價值 3：內在價值係用為「客觀價值」之同義詞，即一客體所具有獨立於評價者評價之價值。⑤

但如奧乃爾所言，在很多環境倫理學之文獻中，「內在價值」之不同意義常被交互使用。⑥

再者，工具價值與內在價值各相應於工具及目標。但安東尼·威斯登（Anthony Weston）發現有價值存在於工具與目標之間。他辯稱中間價值及作為部分範本的價值之存在開啟了目標與工具間空間的可能性。⑦

因此，如果採用了「內在價值」這一名詞及將價值分類為內在價值和工具價值，那麼就無可避免發生模糊和混淆了。

第三，從客觀主義之立場言，內在價值係客觀存在者，而並不依賴於人類作為評價者之存在。故內在價值理論無可避免牽涉環境倫理學。湯姆·雷根（Tom Regan）曾將內在價值之理論分類為四類，並曾辯稱所有這些理論均無法符合環境倫理學之要求。⑧

因此內在價值遭遇到從環境倫理學發生之困難。若我們不將價值分類為內在的和工具的，並不用「內在價值」這一名詞，那麼就可避免這些困難。再者，如果我們對價值採取一種主觀主義的看法，如我在效用主義的價值論中那樣，那麼環境倫理學的問題將化約為道德社群（moral community）的問題。在這種情況下，我同意彼得·辛格（Peter Singer）的意見，對人類、動物、其他生物

和無機自然環境等的利益作遞降的分級處理作爲一種實際的解決辦法。⑨我們無法將動植物包含於人類的道德社群之內，否則所有人類都將餓死了。

第四，當我們將價值分類爲內在的和工具的時，我們常意味著內在價值係優於或高於工具價值。但依照我在價值通論中的定義，效用只有一個作爲比較的維度，即是大小。而這大小是完全由客體對主體的主觀「有用性」所決定的。優越性包含於「有用性」的大小之內。我同意若欲追求一個好的人生計劃，我們應該追求精神價值，諸如美德，名氣和權力等甚於物質價值。但這仍顯現爲價值或效用之大小，而與價值之分類無關。

第五，即使我們同意幸福之價值係與所有其他客體之價值不同，將價值分類爲內在的和工具的似乎仍無必要，因爲內在價值僅爲一種單項，即特殊客體幸福。有人或辯稱有不同種類之幸福存在，有如不同種類之善這客體然。因此幸福非一個單項。但在這種情況下，我們無法用分析、測試或實驗來區分各種不同的幸福，除非我們回到引致幸福之原因，即是由主體獲得並使其感知幸福之客體。所以幸福之分類不過是引起幸福的客體分類之影子而已。那麼處理這些鏡中的影子似乎是重複或多餘的了。

第二節　論後悔論據

一個價值多元論者聲稱有許多價值並且許多價值間乃不能比較的，因而也不能化約爲稱爲快樂、幸福、福利或福祉的某種基本價值。一個價值一元論者，則相反地相信所有價值均可化約爲一種基本價值。

贊成價值多元論者的一個主要論據，彼得・沙勃（Peter Schaber）

稱之為「後悔論據」（argument from regret），曾為不少哲學家所提出。⑩對此論據沙勃曾詳細討論，並曾表示所有說明的說服力都嫌不足。我不再對此論據作一般性的討論，沙勃將後悔分為二類：

(1)對於選擇的後悔，和(2)對於情景的後悔。⑪我在本節中所說的乃限於根據沙勃分類的若干例子。

我發現雖然都稱為「後悔」，這二種後悔之性質不同。即是說，這兩種乃「後悔」這詞的兩種意義，第一種意義係與決策有關，乃對一當事者自己錯誤選擇之後悔。第二種意義即對情景之後悔乃對一環境條件之遺憾，這是在當事者能力或控制之外者。我現依序討論這二種後悔。

首先，考慮沙勃所提出的歌劇戲票的例子。⑫一個叫 M 的人有一張多餘的歌劇票而將它送給對歌劇有興趣的友人 F_1，但另一友人 F_2 也對歌劇有興趣。因此 M 遺憾 F_2 不能享受這歌劇。

M 的遺憾可以或是對選擇的後悔或是對情景的遺憾。若 M 對選擇後悔，這後悔只發生在選擇錯誤時。如果 M 相信效用原則而 M 知道 F_1 對音樂的興趣和他對歌劇的享受會比 F_2 者為大，那麼 M 之選擇 F_1 實際上已經將效用最大化。既然決策理論是一理性選擇的理論而道德決策是理性選擇向道德行動的推廣，M 的選擇是一個理性的選擇，故 M 對於他的選擇不應該有所後悔。或者，如果 M 對選擇有後悔，這後悔是不理性的。

另有一些稍稍不同的情景。一種情景是 M 並不確定究竟是 F_1 或 F_2 對歌劇有一較大的興趣而享受得更好。這種情境可說是道德兩難之一種。但是依照我的統合效用主義，贈送一張歌劇票並不是一個道德行動，或最多是一個慈善行動而已，M 並無必要嚴格依照效用原則而採取行動。即是說，M 可以自由地將它贈送給 F_1

或 F2，或任何其他人，根本並無道德的約束。

另一種情景是 M 知道 F_2 對歌劇的興趣比 F_1 者高，但 M 和 F_2 有一較和 F_1 者為深的友誼。既然 M 的贈票行動是一慈善行動，M 仍有自由將歌劇票贈給 F_1。

如果 M 對他只有一張多餘歌劇票而非二張這事實表示後悔，那麼這後悔是對情景之遺憾，這將在第二個例子中詳細討論。

在所有這些情景中，都只有一種價值或一個價值，即是歌劇票之價值。因此，這後悔，不論其為對情景之後悔或對選擇之後悔，並不意味著價值多元論。

其次，考慮對情境之後悔，這後悔是關於若干環境條件，是當事者所不能改變或控制的。我將舉一個簡單的例子，其中只有一種價值，即是金錢的經濟價值。

假設 T 是一個中學英文教師，他的英文寫作非常好，所以在空閒時常為雇不起專寫報告的全職高級秘書的小顧問公司寫建議書和報告。現公司 A 要以五千元的代價請 T 寫一報告，內容材料由公司供給，而公司 B 也要以三千元的代價請 T 寫一類似而較短的報告。這兩個報告的期限很緊，以致 T 不可能在期限之前完成兩份報告，因此 T 接受了 A 公司的邀請而獲得了五千元的酬勞，但拒絕了 B 公司的邀請。T 作了一個對的選擇是很明顯的事，因為在接受 A 公司的邀請而拒絕了 B 公司的邀請時，T 已經將效用最大化了，但是 T 也許仍對不能從 B 公司賺取三千元而感到遺憾。注意這是對情景的後悔，因為 T 無法在期限內完成二個報告是外在的物理約束，並非 T 自己的錯誤決策。

T 所感遺憾的事物是影響 T 的環境條件。茲列出兩種為例。(1) 報告 B 的期限。如果 B 案的期限延遲一個月，那麼 T 將也會來得

及在期限前完成報告 B 了。(2)時間。假定寫報告的時間是在學期中間，如果這時間是在暑假內而 T 無需授課，那麼 T 也能在限期內完成兩個報告了。這兩個環境條件為 T 無法控制的情景的外在物理條件。

再注意 T 為寫報告所獲得的利益都是錢，是同一種價值。所以這例子顯示即使牽涉到只有一種價值，對情景的遺憾仍可能發生。於是可見這種後悔不能用為價值多元論的論據。

後悔論據從選擇或決策的觀點考量價值多元論問題。據我看來，對情景的遺憾是對外在環境條件中的某些不利事物或某些社會物理約束之一般性感受，它們並非與即將採取的行動特別有關。因此，對於情景的遺憾並不推論為價值多元論。至於對選擇的後悔，一個理性的人不必對所作的對的事後悔。但是人仍有時會對並不十分確定為對的事後悔。這常是由於若干特殊原因。一個原因是行動的各種選擇的價值之大小相互接近，以致難於選擇。這是無可避免的事，因為價值是主觀的而不能將其作客觀的比較，這只有留待當事者的主觀判斷和偏好以作決定。因此價值大小之相接近和當事者的情緒所引起的後悔也並不推論為價值多元論。另一種對選擇的後悔是有風險和不確定性存在，因而有幾種可能的事物狀態。這是所謂的隨機，這也是所難以預測和控制的。我們若知道未來事物狀態的機率，那麼，依照統計的決策理論，我們應該採取具有最大期望效用的行動。在這種情況下，對同一個問題，不同的人也許會由於不同的避險程度和不同的效用函數而採取不同的行動。再者，由於隨機的機率性，依照決策理論對的行動不一定導致實際上最大效用的後果。所以在當事者面對這樣一種情景時，即使他已作了一個對的選擇以求期望效用的最大化，

仍可能還有後悔的感覺。但這對於選擇的後悔仍舊不能導致價值多元論的結論。

第三節　根據不可替代性的價值多元論

本節我將從我的效用主義的價值通論的觀點爲價值多元論辯護，特別根據於若干類價值間之不可替代性（nonreplaceability）。[13]在這之前，我將先表達我對價值一元論的意見並企圖說明爲什麼價值一元論明顯是不合理的，卻仍有許多哲學家相信它。

我認爲對價值一元論的相信植根於將價值區分爲內在的和工具的這分類。這種分類不單是一種分類，還包含一種評價，它認爲內在價值比工具價值重要或具有較高的位階。因此，雖然有很多種的工具價值，它們都並非主要的。唯一主要的價值是幸福的內在價值，這是人生的終極目標，而且是獨一無二的。因此而導到價值一元論。

將價值區分爲內在的和工具的這種分類之不合理已經於第一節中詳細討論。從不合理的價值分類導出的價值論似乎也是不合理的。再者，我不同意米爾對於價值或效用，快樂或幸福的品質之看法，因爲價值是主觀的，而且可以在選擇或決策時主觀地加以比較。在比較時價值全被投射到一個維度，即它的大小上。所以因爲工具價值的「低品質」而加以忽視是難以證立的。

彼得‧沙勃將價值的多元與道德原則的多元加以區分。[14]我認爲最好區分爲價值多元論（一元論）、目的多元論（一元論）和原則多元論（一元論）。作爲一個效用主義者，我相信價值多元論。但是我相信目的一元論（end monism），意指每一個人應該並實際上有一人生計劃作爲人生的唯一終極目的。我又相信原則一元論

（principle monism），意指效用原則是唯一的量度原則以測度道德行動之對或錯。

現我轉向如何從正面來替價值多元論辯護。我從我們如何需要各種價值的觀點看價值多元論問題。我相信價值多元論的理由就是一個價值通常不能由另外一類的價值所替代。我們就是需要這某一種價值。別處我提出了一條價值替代定律（law of replaceability of value），茲將其複述如下：

價值替代定律：

價值間具有替代之特性者在併合時具有相加之關係。⑮

這定律有雙重意義。

第一，它意指幾個可以相互替代的價值可以加在一起成爲一個總價值，假如對你有一群可以相互替代的價值，你可以將若干價值替代、交換或抵換同等份量的其他價值，而並不影響這群價值所產生的總滿足。

這定律意味著在一群有相加關係中之任何價值並不是不可缺少的。

第二，這定律意指，如果兩個價值不能相加成爲一個總價值，那麼這兩個價值就是不能相互替代的。不能替代性表示這二個價值不能置於同一個類中，它們屬於或被區分爲二個不同種類的價值。因此，不可替代性可以成爲價值分類的基礎，即是說，兩個不能相互替代的價值應該分屬於兩個不同的類。

若干價值，例如人的健康價值，是必不可缺的。如果某人P的健康情形極壞，那麼P將不能享受任何其他對P的價值，而且不論如何富有，仍無法用錢來買回他的健康。如果P死了，那麼所有對P的價值都將化爲烏有。假定健康價值V_h和經濟價值V_e是對P的兩

個價值，當V_h接近於零時，其總價值V_t也將接近於零。所以V_h與V_e間的關係不能用相加關係來代表。似乎相乘，即是$V_t = V_h \times V_e$較能代表V_h與V_e間的關係，因爲當$V_h = 0$時，$V_t = 0 \times V_e = 0$也成爲零了。

根據許多價值相互間的不能替代性，我曾建議一種依照人生中美好事物的價值分類。⑯這種分類將某些價值的必不可缺性從價值的層次延伸到價值類的層次。例如，食物是不可缺少的，但牛肉並非不可缺少，因爲它可以被豬肉、雞肉或魚所替代。再進一步說，既然所有具有物質價值的物件都可以用金錢來購買，我們可以進一步延伸，視所有物質價值爲屬於一類稱爲經濟價值。（價值之分類不屬於本書之範圍而將不再討論。）

我認爲某些價值間之不能替代性是一個足以支持價值多元論的好理由。有許多重要價值，諸如健康、金錢、安全、自由等，每個都是生存和一個舒適的生活所必不可缺的。因此，它們間是不能相互替代的，也都是必不可缺的。

有人或爭辯說效用主義者常說我們所追求的所有事物都對一快樂的生命有所貢獻，而所有這些價值都可化約爲一基本價值。

我對這論據的回答是：我的統合效用主義與古典效用主義或任何形式的現存效用主義不同。如第二章中所提出，我對效用和幸福有特殊的定義。依照我的定義，幸福與實際興趣間有一對一的相應，即幸福是刻意界定爲獨一的目的。這一串邏輯推理可用圖形來代表，如第二章之圖1所示。

注意「幸福」是一個名詞。在語言學上說，我們可以說S有某些份量的幸福。這樣，幸福乃被視爲一客體，它可以對S有一效用而S對它又可以發生興趣。這樣就引起循環不休。我用上述方式界

定幸福，意欲避免循環和混淆。客體 O 是一個工具，而幸福，作為一種心理狀態，是唯一的目的。

既然幸福，作為一個所欲求的心理狀態，並不是一個我們所追求的普通意義下的客體，而是在我們追求任何客體時的一種自然結果，我就不考慮它的價值。可以這樣說，我們所追求的任何一個客體都是一個工具而有工具價值，即使那些所謂的「高品質」的客體，諸如具有知識價值的知識，具有審美價值的藝術品，具有道德價值的道德行動等，都被視為工具，它們都對幸福這一目的有所貢獻。

於是，我們追求的是所有客體的價值。依照傳統的分類，這些價值都是工具價值。當我們採取一個行動而獲得一件客體時，我們自然而然感覺到一件增量幸福作為一個心理狀態。但是我並不說這件幸福有一內在的價值，第一，因為這樣會引起循環，第二，因為幸福不能夠累積起來。它們將逐漸消退，而我們沒有辦法決定在我們的一生中所獲得的幸福總共有多少。生命中的總幸福只能從生命的一般性目標的人生計劃中去研究。一個人有一個人生計劃這種信念，我稱之為目的一元論，這將在下節中討論。

第四節　目的一元論和原則一元論

雖然就價值的性質而論我是多元論者，但在與價值有關的另外兩方面，我卻是一元論者，那兩方面一個是目的一元論，另一個是原則一元論。

目的一元論意指人是有目的而有一作為生命總目的之人生計劃。目的論性質並不限於人類。所有生物都具有目的，但人類的目的有一種特殊的形式，即人類意識到生命的終極目的，並因此

而有一人生計劃。⑰

人生計劃是獨一的，雖然有些人的較模糊並且很晚才形成。所謂獨一的並不意謂單一的清楚的人生目的。有些人有這樣一個單一的目的，但並非每個人都如此，但是，即使對那些並沒有一個清楚的單一人生目的的人而言，人生的各種目的常結合成一個單一的應該怎麼樣生活的模糊概念。我稱這個概念為人生計劃。我是一元論的，相信一個人所採取的所有行動都是直接地或間接，緊密地或遙遠地，是為了實現這人生計劃或與其相關聯。

在別處我曾詳細討論最終價值，人生的終極目的，和人生計劃。⑱我認為一個人在整個人生中所追求的價值都相互關聯並交織成一個一貫的系統，這系統我稱之為人生的價值結構。所有採取的行動都係在這結構的各種決策層次。最高層為人生計劃，它主宰了第二層的行動，而第二層的行動主宰了第三層的行動等等。

注意人生計劃是一生的時間所實現的，故而並非一個單一的行動。一旦人生計劃選定以後，所有後續的行動都是第二層次或更低層次的行動。於是發生了這樣的問題。「人生計劃的價值為何？」「人生計劃的價值與人一生中所追求的價值間之關係為何？」

這些都是關鍵性的問題，我現嘗試用我的效用主義方式來回答。人生計劃的價值有雙重意義：一是它對社會的價值，另一是它對人自身的意義。人生計劃對社會的價值也是這人對社會的價值。一個人無法定出，甚至無法估計，他自己對社會的價值。對一個普通人而言，別人很少對其對社會的價值發生興趣。對一個偉人而言，許多人，尤其是歷史學家，都有興趣知道他對社會的價值。但，如我在我的效用主義的價值通論中所強調，價值是主觀的因而意見相差甚大，對於某些客體會有一準客觀的評價或規

範，但對於偉人卻很難有一被普遍接受的評價。再者，這評價與我們目前討論的目的一元論也無多大關聯。

我們所感興趣的是一個人的人生計劃對這人自身的價值。當然人是充分知道他的人生計劃是有價值的，否則他不會選擇它。但是，人生計劃究竟如何有價值，則無人明確知道或敢說。第一，人還活著時其人生計劃並未完全實現。第二，即使一個人已經到了生命的盡頭，他還是無法測量他成就的總價值，除了極粗略的估計。第三，人生計劃的價值應在與別人的人生計劃比較時才能予以判斷。這就更難了，因為在作一比較之前還必須知道所有人生計劃的價值。

所以我們最多只能知道一個人生計劃完成了多少，或是其實現的程度。這視人本身、計劃及社會而定。它視人本身而定，因為一個人的智慧、能力和努力等影響人生計劃的實現。它視人生計劃而定，因為計劃的難度和其是否與人適合也影響人生計劃之實現。它視社會而定，因為社會是否供給適當的條件當然也影響人生計劃之實現。

我的理想社會是這樣的，一個人在其中能夠實現其人生計劃到一相當高的程度，而所有的人都能實現其人生計劃到差不多相同的程度。我稱這種平等為實現人生計劃程度的平等，並認為它是最周延的平等概念。[19]這樣一種平等是一個理想的社會環境條件，是一個好的政府所應該嘗試追求的。

有人或許會提出下列這些問題：「若人生計劃之價值甚難決定，甚至在人生計劃完成以後也還如此，那麼人怎麼能夠在開始人生計劃之前選擇它呢？」「是否選擇人生計劃也係根據效用之比較呢？」

　　我有特殊的理由來答覆這些問題。第一，選擇一人生計劃是每
人必做的決策，不論選擇是困難或容易。舉例說，一高中畢業生
必須選擇進大學讀的學系。第二，大多數人喜歡替自己選取人生
計劃，認為這是自由的一主要部分，稱為自主（autonomy）。大多
數大學生喜歡，也實際上的確寧願自己選擇人生計劃而非由他們
的父母選擇。第三，在人生計劃開始之前選擇它是一種粗略的估
計而非期望效用的實際計算。第四，人生計劃之選擇並非期望成
就的確切評價。它通常是根據自己的興趣、性向、智慧和才能，
以及這領域中的人所得到平均酬勞而選擇的。因此，決定人生計
劃的困難並不影響人的目的論天性和目的一元論的正當性，這種
選擇仍稱為據於期望效用之比較，不論這比較是如何粗糙和不準確。

　　其次，考慮第二個問題，即人生計劃的價值與人生中所追求的
各種價值間之關係。既然人生計劃之總價值乃難於設想的，有如
前述，更不用說測量了，則這種關係當然更難說明和表達了。故
我們這裡不再說「價值」這詞，只說人生計劃與人所追求的價值
間或人生計劃與人因採取行動追求各種價值而獲得各份幸福間的
關係。如前所討論，幸福係界定為一心理狀態，而並非一個具有
價值之客體。幸福不能像物件一樣貯藏和累積。它隨時間而消逝，
最後只剩下殘跡。假定你每天享受一頓美好的晚餐，而每頓好餐
給你帶來一片幸福，在一百天以後你會感受到一大片幸福比第一
天所感受到的大一百倍嗎？決非如此，因為一天過去後，好餐所
帶來的那片幸福將已消耗殆盡，以致你將再會感到飢餓而需要另
外一頓好餐了。

　　大多數物件的價值將會被消耗掉，因為每一物件都會老舊。一
餐的價值消耗得很快。當一餐用完，這餐的價值就被消耗掉了。

有些物品的價值消耗得慢一些。例如，一輛汽車可以用十年，那麼十年之後這汽車的價值也將被消耗掉了。

非物質價值似乎可以持續較久，而且有時價值反而會增加。例如莎士比亞的劇本和貝多芬的交響曲似乎是永久持續的。梵谷的油畫商業價格每年在增漲。不過這些都非正常而是例外。大多數價值都隨時間而減少。

所以我們無法累積一生中所追求並享受的價值以獲得一總價值，也無法將一生中所感受到的幸福加起來得到一塊總幸福。我們只能說我們生命中所採取的各種行動都是在追求價值或效用。我們在採取一個行動後獲得一片幸福，不論這行動是為了欲望滿足、肉體的快樂、美感的滿足或道德滿足感。這些行動，雖然有些看起來是隨機的或未經組織的，都是指向一個人生的終極目的或配合著人生計劃的價值結構。這就是我的目的一元論的概念。

有人或許懷疑價值多元論和目的一元論是否相容。表面上看，目的一元論與價值多元論似乎不是貫通的。舉例說，約瑟夫‧拉茲（Joseph Raz）道：

> 在一元論的看法，……當一個人以家庭生活去抵換作水手的事業，他是獲得，或希望獲得他所放棄的目標事物，不管它是幸福、快樂、欲望滿足或其他什麼。……他放棄了可以從家庭生活獲得的較少的快樂，為的是獲得海上生活的較多快樂，如果價值多元論是正確的，那麼這個一元論的看法就是錯的。[20]

拉茲之意，既然可以將家庭生活的價值抵換水手海上生活的價值，這二個價值是可以比較的，並且屬於同一種類。或者，如果價值多元論是對的，那麼這個抵換的看法就是錯的。

依照我的效用主義的價值通論，價值是主觀的。兩個不同類的

價值，雖然不能客觀地比較，欲仍可以由當事者主觀地比較偏好
而在二個價值中選取其一。在這種情形下比較的應稱為效用而非
價值。故我們說被採取的選擇較另一個選擇對當事者有較大的效
用。

再者，雖然在人生計劃的選擇決策中人生計劃顯得有效用可資
比較，但難以設想人生計劃為單一的價值，因為人生計劃是由許
多相互間不能替代的價值所組成的。例如健康價值和經濟價值二
者，即使只為了生存，也都是不可或缺的。所以二個人生計劃間
之不同並不意指兩個不同種類的價值間之不同，也不是兩個同類
間價值大小之不同，而是幾種不可缺少的價值之兩種組合或分佈
之不同。

家庭生活有一感情價值，而一個作水手的事業有一事業價值。
客觀地講，這二個價值具有不同的性質而不能相互替代。但是人
仍能比較而在二者之中選取其一。不過這個選擇之意並非指選取
一個價值以替代另一個，而是指對價值的相對重視。當一個人不
以水手作為事業時，並不是說他沒有事業了，他可以另外有一個
非水手的事業。當他選取水手作為事業時，並不是他根本沒有家
庭生活了，他仍可結婚而有家庭生活，只是就在家裡的時間較少
而已。以水手為事業和不以水手為事業間之主要差別係在後者比
前者有較多的時間享受家庭生活。於此可見拉茲對此情境的描述
並不完備。

人在兩個不同生活方式的事業中作一選擇是一生中的一個重大
選擇。這也是依照效用原則的，意指經由選定的事業當事者將能
享受和貢獻得最多——效用之最大化，對自己也對社會。不論事
業為何，這選擇乃是經由效用最大化而為了人生計劃之一般性目

的。但是我們不能說家庭生活之快樂和以水手作為事業是同一件事，如拉茲所設想的。

於是，我將這樣說，「這個人放棄了從一個有較多家庭生活的非水手事業所能獲得的較少效用，乃是為了從一個有較少家庭生活而以海上生活為主的水手為事業獲得較多的效用。」從我的價值多元論來說，這個觀點並沒有錯。因此，我將說目的一元論是與價值多元論相一貫的。

除了目的一元論，我又相信原則一元論。作為一個效用主義者，我的原則當然是效用原則。別處我曾詳細討論道德原則並將其區分為三類，即實質原則，準則原則，和量度原則。[21]本書第三章第六節中也曾討論這種分類。

效用原則既非實質原則也非準則原則。我稱之為量度原則因為效用是一普遍的量度。效用並非一種可與其他實質如自由或承諾等相比較的實質。效用原則僅說述每一個行動的所有可能選擇中，那個對社會具有最大效用的選擇是對的選擇。

注意效用之最大化是一據於人類理性的一般性態度。好的事物具有效用而壞的事物具有負效用。作為理性的人，我們都想求好之最大化和壞之最小化。就非道德性的行動而言，既然它們對別人沒有影響，我們就求對自己的效用之最大化。就道德行動而言，既然它們對別人和社會有影響，我們必須也考慮道德。效用原則是考慮別人利益或道德的簡單具體方法。因此，從效用主義的觀點，效用原則是獨一無二的，故而原則一元論。

註　釋

① C. L. Sheng, A *Utilitarian General Theory Of Value* (Amsterdam and Atlanta: Rodopi International Publisher, 1998), pp. 18-24.

② 同上。原來為「效用」之定義，但「效用」與「價值」有時可以通用，故引為價值之定義。

③ 參見註①，第 82-91 頁。

④ John Stuart Mill, "Utilitarianism," in Mill: *Utilitarianism, with Critical Essays*, ed. Samuel Gorovitz (Indianapolis, Indiana: The Bobbe-Merrill Company, 1971), pp. 13-57.

⑤ John O'Neill, "The Varieties of Intrinsic Value", *The Monist*, Vol. 75, No. 2 (April 1992), pp. 119-137.

⑥ 同上。

⑦ Anthony Weston, "Between Means and Ends," *The Monist*, Vol.75, No.2 (April 1992), pp.236-249.

⑧ Tom Regan, "Does Environmental Ethics Rest on a Mistake?", *The Monist*, Vol. 75, No.2 (April 1992), pp.161-182.

⑨ Peter Singer, "Net for Humans Only: The Place of Nonhumans in Environmental Issues," in *Ethics and Problems of the 21st Century*, ed. K.E.Good paster and K. M. Sayre (Notre Dame, mdiana: University of Notre Dame Press, 1979), pp. 191-206.

⑩ Peter Schaber, "Value Pluralism: The Problem", *The Journal of Value Inquiry*, Vol. 33, No. 1 (March 1999), pp. 71-78.

⑪ 同上。

⑫ 同上。

⑬ 參見註①，第 83 頁。

⑭ 參見註⑩。

⑮ 參見註⑬。

⑯ 參見註③。

⑰ See, for instance, Harry Bingswanger, "Life-Based Teleology and The Foundations of Ethics, "*The Monist*, Vol. 75, No. 1 (January 1992), pp. 84-103.

⑱ 參見註①，第 144-149 頁。

⑲ C. L. Sheng, "On Equal Degree of Fulfillment of Life Plan," presented at *The 13th International Social Philosophy Conference*, De Pere, Wisconsin, U.S.A., Auguest 15-18, 1996.

⑳ Joseph Raz, "Multiculturalism: A Liberal Perspective," in Joseph Raz, *Ethics in The Public Domain* (Oxford: Oxford University Press, 1994), p. 155.

㉑ C. L. Sheng, "On The Nature of Moral Principles," *The Journal of Value Inquiry*, Vol. 28, No. 4 (December 1994), pp. 503-518.

第 五 章
決策方法應用於效用主義

第一節　決策及其應用

本章中我將討論一般性的決策問題和特殊的道德決策問題。對決策問題的研究在統合效用理論中顯得甚為重要。原因在於，在道德行動的決策與非道德行動的決策之間的唯一不同，就是在道德行動的決策中含有道德滿足感的因素。這個因素是統合效用主義有別於其他效用主義的基本的、決定性的重點之一。

我們都知道，我們的活動是由一系列的行動所組成的。這些行動可以分為兩類。一類行動是因命令、規定或契約而作的。對於這類行動是沒有什麼選擇餘地的。因此，也無需作出決定。人們只要遵循這些命令、規定或契約就行了。當然，為了能從事這類行動，也須具備必要的知識或技能，亦即需要遵循一些指導、方法和程序等等。

還有一類行動是具有兩種或兩種以上選擇餘地的，而且要求從事行動者在採取實際行動之前決定作某種抉擇。然而，這類行動中有一些是屬於例行公事性的，人們在不自覺的情況下就作出了決策。這也就是說，日常的那些例行公事性的行動已經成了人們的一種習慣。大家都是幾乎自發地去做這些事情，而未仔細思考過這些事情，或者說並沒有去有意識地做出決策。因而，對於諸

如早晨起床用早餐、去辦公室、離開辦公室回家、開車、停車之類的日常事務而言，我們都幾乎不需要想，不需要考慮，也不需要去作什麼決策。

然而，即使是在做諸如早餐這樣的小事時，也還是存在著需作決定的情況。例如，人們也許必須在喝咖啡還是喝茶，喝桔子汁還是番茄汁，吃煎蛋、煮蛋還是炒蛋，是用鹹肉、火腿還是香腸配蛋吃這類事情上作出決定。不過，這些決定的後果微不足道，也不是我們主要關心的事情。對於這類小事情，儘管也要作出決定，但沒有人會對如何決定以及為何這樣決定而非那樣決定之類的事情予以多大的關注。

還有其他的一些行動，儘管不屬日常事務，卻也是很不重要的，乃至是否在實際上採取這些行動以及如何採取這種行動都是無關緊要的。比如講，在我們看了一些商品廣告後也許想打電話詢問一下。結果，可能真的打了，也可能忘記而沒有打。像隨便打一個電話這樣的行為，雖然不是常規事務，但也很不重要，人們不會作很多考慮並慎重其事地作什麼決定。所以，我們對這類事情的決策也不予注意。這些小事的特點是，我們雖然有作出選擇的自由，可是做不做以及如何做都是無關緊要的。

現在我們轉向人類生活中那些重大事件的行動決策問題，尤其是那些包括了道德問題的事件。這些行動的後果是很重大的，以至人們通常認為作出決定的過程中，需要獲得適當的資訊，需要仔細、徹底地考慮並作出很大的努力。舉例來說，如果某個單身漢有兩個願意與他結婚的女朋友，他當然必須仔細考慮來決定準備與哪一個女子結婚。

我們注意到，作出決策的數學模式是很簡單的，但實際的執行

過程有時還是十分困難。原因就在於，這類推理在部分意義上是主觀的。

作決定的背景情況有極大差異。關於這些情況我們將根據各種不同的分類加以討論。

第一，決策可能是二者擇一，也可能三者或更多者擇一。二者擇一是基本的情況，三者或更多者擇一的情況則是這一基本情況的延伸或推廣。就三者或更多者擇一的情況來說，可以對全部可能的選擇進行權衡比較，並挑選出最為重要的選擇。或者可以經由許多個步驟來進行選擇。舉例來說，如果在A、B、C和D四種選擇之間作出抉擇，首先可以在A和B之間作出抉擇。如果A比B更有份量，那麼就把B排除出去。接下來就在A、C和D之間作出抉擇。如果A的份量小於C，A就被排除掉。接下來就在C和D之間進行抉擇。順序每次將二個比較並排除其一，最終剩下的就是具有最大份量的選擇。這樣，對於A、B、C、D四種選擇的決策就劃分為幾個決策，每次都只是在兩種選擇中作出決策。

第二，一種選擇的份量可能歸之於一個因素，也可能歸之於幾個因素。當一種選擇有兩個或兩個以上的因素時，對於這種選擇的總的權衡是結合了所有相關因素的份量的。有幾種不同方式可把構成的份量結合為一個總體的份量。一種最通常也是最簡單的結合方式就是加法。按此方法，選擇的總體份量就等於所有相關因素的個別份量之總和。

涉及一種選擇的各種不同因素可能具有不同的性質。比方說，一種因素是物質的，另一種因素則是精神的。但對其份量的比較仍然是可能並且可行的。因為，每一份量都代表了一種價值，而按照我的價值理論，不同種類的價值是可以主觀地加以比較的。

　　有的時候，一種選擇不僅具有有利之處，也具有不利之處。這種不利之處可能是由一具有負面份量或負面價值的因素造成的。因此，一般來說，一種選擇的總體價值是代表有利之處與不利之處的全部相關因素的正面價值和負面價值的代數和。

　　第三，一因素的存在可能是確定的，也可能是不確定的。所謂確定的因素就是，當採取行動的時候，肯定會出現的因素。所謂不確定的因素就是，在採取行動的過程中，可能出現也可能不出現的因素。採取這種行動的人並不確切地知道，這個因素究竟會否出現。這種不確定的情況可以進一步分為兩類。一種情況是可以知道該因素出現的機率，稱為風險；另一種情況是不知道該因素出現的機率，稱為不確定性。當出現的機率為已知時，此機率通常稱為事物狀態或世界狀態的機率。

　　由於幾乎所有的選擇都有有利之處也有不利之處，決定過程總是包含著衝突，並且可把它看作是解決衝突的過程。所謂衝突的意思是說，人們選擇 A，是因為考慮了 A 的有利之處或者具有正面價值的那些因素，而在同時，他們也無法避免選擇 A 的不利之處或具有負面價值的那些因素。人們不選擇B，是因為B的不利之處或具有負面價值的那些因素。同時，他們也不得不失去選擇B的有利之處或具有正面價值的那些因素。

　　儘管決策過程是複雜的，我們還是希望將決策過程分析為一系列不同的步驟。①第一個步驟就是確定問題所在。這一步驟基本上由搜隻資訊所構成。資訊搜集包括了背景情況的了解或普通資訊的搜集，還包括了與問題直接有關的特殊資訊的搜集。第二個步驟是確定全部可能的選擇。第三個步驟為對這些選擇的份量或價值量化。這包括了列出影響每一選擇的全部因素，並對所有這些

因素指定價值。價值的指定有時是很主觀的，並在很大程度上有
賴於決定者的判斷和偏好。在不確定的情況下作出決定時，通常
要採用統計學上的決策理論，以確定事前、事後或主觀的機率。
第四個步驟就是作出決定本身了，這是整個過程完成的階段。這
個階段就是要挑出具有最大份量或價值的選擇。

決策的問題不只局限道德行動，也同樣適用於各種領域的各種
行動，因而也變成了多學科研究的一個主題。我們知道，在科技、
醫學、國防、政治、企業管理以及道德行為中都存在著決策的問
題。但是在科學、技術、工程、商業、行政等領域中的決策主要
與非道德價值有關，在這些領域中所採取的行動也大多是非道德
性的行動。這些領域中所處理的那些價值中有一些也是屬道德性
的。這也就是在今天，作為應用倫理學的醫學倫理學和企業倫理
學等湧現的原因所在。

就其功能或目的來說，可以將決策大致分為三種：第一種是為
了認識一現存的事實；第二種是為了對一複雜系統的將來行動作
估計、預言或推測；第三種是對發揮一系統的功效或情況，或者
是為了一行動的未來後果，求其最佳化。舉例說，圖式辨認和醫
療診斷是第一種決策的例子。天氣預報是第二種決策的一個實例。
管理科學中的決策理論則是第三種決策。就倫理決策而論，既然
效用主義是一種後果主義的理論，而一個道德行動的目標又是求
社會效用之最大化，它也是第三種決策的一個例子。

決策理論的一個主要應用領域在於工商管理和行政。其最高層
次的工作，從本質上講就是進行決策。這種決策大多屬於第三類。
工商管理決策在以下幾個方面與科學和技術領域的決策略有不同。

(1)任何工商業的主要目標都是利潤。所以，決策的總體準則相

對來說是簡單的。也就是說,對於任何事情來說,最終都是用利潤或金錢來加以表述或測度。

(2)工商管理中的決策特別具有前瞻性。因為決策的後果不是即時可見的。通常要在數周、數月甚至數年以後才能得到對於某項決策的完全反應。

(3)由於工商管理中的決策的這種前瞻性,一般來說,工商管理的決策要比科學技術決策具有更大的不確定性。

(4)工商管理決策有時還包括了為對付競爭對手而採取的策略。就是說,決策根據的是競爭對手的態度和戰略,因而,是動態的和適應的,而不是靜態的。

在公共管理和政治的領域,需求最大化的不一定是金錢,而是某種無形的價值,如對社會的凝聚力或一個政黨的權力和影響等,除此以外,則有關情況與工商管理的情況極為相似。

對道德行動的決策從根本上說與在科學和技術或工商管理領域中對行動的決策沒有多大不同。不過還是有些特徵值得特別注意,有如下述:

(1)對生活重大事件中的行為決策通常不過是對有關因素的價值進行權衡而已,其數學模式非常簡單。

(2)影響決策因素的權衡是用價值表示的。在科學、技術和工商管理中的決策,從根本上說,只涉及到非道德性的價值。可是對於道德行動的決策則總是涉及到道德價值。這樣一來,問題就成了道德價值與道德價值或與非道德性價值間的比較,而這種比較也許是極端困難的。

(3)這類決策的困難還有在於要對兩種都非常重要的事情作出比較。這是一種嚴重的利益衝突。如果在利益之間沒有衝突,那麼

某種選擇的總體份量通常就會比任何其他一種選擇的總體分量都要大得多。這樣一來，決策就變得比較簡單了。可是，在道德行動的一些情況中有的時候的確存在著嚴重的利益衝突。在有些情況下，要作出好的決策是需要有較高的德性的。

第二節　決策與理性

在本節中我將討論理性（rationality），特別是它與遠慮（prudence）和道德間的關係。許多哲學家曾深入而廣泛地研究理性這問題，而哲學上講它有一非常複雜和詭譎的意義，以致雖然它多少有一普遍接受的詮釋，但迄無一個確切、清楚而精確的定義。E.M.亞當斯（E. M. Adams）指出一般的假設中若干缺點並提出他自己的詮釋。②我曾對亞當斯的詮釋予以批評並表達我自己對於理性、遠慮和道德的看法。③我發現亞當斯的看法仍舊並不十分令人滿意，因為在他的詮釋中，理性、遠慮和道德間的關係並未被清楚地界定。

我從亞當斯的定義開始討論。依照亞當斯，「理性是行動時頭腦完全清楚並對自己及任何別的相關事物具有充分的知識。」④在此理性定義中有二個主要部分：⑴頭腦完全清楚，和⑵對自己及其他任何相關事物具有充分的知識。

先考慮第一部分「頭腦完全清楚」。這意指什麼呢？依照我的詮釋，這指當事者是心理上、生理上、心智上和精神上正常的，因而他在知識、常識和一般背境所允許的範圍內有一好的推理能力。這就是說，他並不是病態的、變態的，或是心智上受困擾的。

於第二部分，「對於自己和任何別的相關事物的充分知識」，我認為是不適當而不可接受的，因為沒有人有資格說對自己有充

分知識，遑論任何其他相關事物了。人類的知識是有限度的。一個人也許可以說對於一個明確界定的特定題目或知識小領域具有充分知識。關於一個一般性的物體、題目、學科或領域，其知識是無限的，而人所能學到的則是有限的。即使關於人自身，也有下意識或潛意識，這也是人所未必能在意識中發現的。

一個行動的決策是在某一時刻作成的。在這一時刻當事者具有某些知識。當時間過去時，當事者會繼續吸收新知識。也許這新知識中的大部分與這行動無關，但也許其中有一部分與這行動有關。有了這些有關的新知識，當事者的情景可能改變到足以影響對這行動的決策。統計的決策理論主要係據於這個推論。決策係根據某些資訊集合而作成。用抽樣，蓋洛普調查或任何其他獲得新資訊的方法，舊資訊集合變成新資訊集合，這再使原初的事物狀態的機率集合變成一個新的後來的機率集合，從這新的資訊集合和新的機率集合，可以計算出新的決策，它可以與舊的決策相同，也可以與舊的不同。

因此，要說一個人在決策時有對自己和任何其他相關事物有充分的知識是不太合理的。我們必須拋棄這理性的定義中之第二部分。

那麼是否可以將「充分知識」改為「一部分知識」呢？這會引起另一個問題。理性是一系列推理的最低要求。人們有不同程度的道德和遠慮。這是一個必須接受的事實。但在另一面，理性是我們的研究和考慮之必要的約束，因為要和一個非理性的人講理和爭辯是不可能的。若理性要用一部分知識來界定，那麼這一部分知識必須清楚指定，但顯然這是不可能的。

所以，我不用對「充分知識」的最大要求來界定理性，而建議單獨以第一部分作為最低要求來界定理性，即是說，「理性是行

動時頭腦完全清楚」。但這句話似乎仍舊不夠確切，所以我用「邏輯的一致和數學的貫通」來代替「頭腦完全清楚」。邏輯的一致意指在一系列的邏輯推理中並無任何矛盾，因為在整個系列的邏輯推理中只要有一個矛盾就足以推翻全部推理，不論這推理所支持的論點是什麼。

嚴格而論，理性在邏輯上的要求是甚於「一致」的。第一、論據必須有效，即是我們能夠有效地辯護。這是理性的一個必要條件。第二、論據必須健全，即是除了論據有效外，所有前提必須為真的，這是理性的必要且充分條件。

除了邏輯之外，當事者需要少些數學以便推理，特別是決策，因為要作決策，當事者必須權衡所有選擇中的各種因素，計算各個選擇的總價值，有時且必須予以量化。故當事者必須了解基本數學，例如一個中學生，或至少一個小學生所知道的數學。這基本數學可以包含算術、初級代數、初級機率理論，以及若干基礎的數學定律，諸如交換定律、傳遞定律和分配定律等。舉例說，考慮傳遞定律。如果選擇 A 係優於選擇 B，而選擇 B 係優於選擇 C，那麼就意指選擇 A 係優於選擇 C。這是行動的決策所必要的傳遞定律之典型應用。又機率的概念也是必要的，因為當有幾種可能的不同事物狀態時，計算期望價值或效用就必須用到機率的概念。

但或許有人要爭辯，即使是一個了解數學極少的文盲，也能對他的行動作決策。對於上述的數學要求，這樣的文盲和他的決策是否應認為非理性呢？再者，即使是大公司的高級主管也不一定精通數學，故而常要決策科學家或分析家來幫助他們作決策的分析和計算。因此，這些指定的數學要求，例如中學程度的數學，似乎也不是適切的。

我同意這一點。上述的數學範圍只是一個從統計的觀點所提出的粗略估計，並非一個嚴格而僵硬的要求。因此，我並不以數學的水準來界定理性，而用「頭腦清楚」和「邏輯的一致和數學的貫通」來代替。

數學的貫通我並不指精通或任何指定的數學水準。我指的是，不論一個人的數學水準如何，或他有多少數學知識，就他所已學習、了解和應用的數學而論，他會將這些數學知識貫通地應用於推理和決策。易言之，這可以說是邏輯的一致推廣至若干邏輯以外的數學。

於此可見，若理性用邏輯的一致和數學的貫通來界定，那麼理性這詞便是清楚而明確界定了。它成為一個基本要求，意指我們所研究的人類和人的行動係限於理性的人和理性的行動。易言之，理性係視為一種預設的條件。當我們論及關於人或行動的遠慮和道德時，我們已了解當事者和他的行動是理性的。

經濟學是對人類理性經濟行為之研究，而決策理論是對理性的選擇之研究。非理性的行為和選擇並不包含在這在二門學科之內，而是心理學家所研究者。許多哲學家有企圖將理性之概念哲學化以包含道德之野心，但我認為這種哲學化既無需要，也難以證立，因為理性的一個簡單概念，如我這裡所建議者，已是清楚而足夠的了，它並不引起困難或使問題複雜化，而一個詭譎的哲學化的理性概念卻會導致複雜和爭議。因此，我建議這個對理性的非道德性詮釋，庶幾乎非理性的人和行動無需在哲學中研究。

我對理性的處理看起來似乎是利己主義的。實際上它的確如此，但並無害處，因為道德將被另外處理。如果理性要包含道德，那麼就發生僅包含道德的一部分或包含道德全部的問題。若只包

含一部分，則哪個部分必須包含及哪個部分不須包含這問題將是極難予以澄清的事。若包含道德全部，那麼就發生理性中道德以外的那部分是什麼的問題。我故意把理性與道德分開，意欲突顯道德以外那部分。人類是自然利己的，在處理非道德性的情景時，只要理性就已經足夠並且完全是對的。在處理道德的情景時，道德因素才加進去而予以考慮。

於是，在這個理性基礎上，我將遠慮和道德作為人類的兩個好特質而討論。遠慮和道德乃不同而相互獨立的。粗略言之，遠慮是對與一行動有關的所有事物之小心而周延的考量，只為了當事者自己。遠慮有程度之分。假定 A 和 B 二人都是遠慮的。我們可以承認 A 比 B 更為遠慮。遠慮的程度隨幾個因素而變。最重要的因素是：(1)當事者所考慮到的範圍，和(2)當事者所考慮到的時期。再者，遠慮為當事者的知識所限制，既在水準又在領域上。

因此，理性、遠慮和道德乃三個不同的事物。理性為一基本而必需的要求。決策理論只處理理性的人和行為。遠慮和道德隨人和行動而有異。以數學來譬喻，遠慮和道德乃在兩個不同的維度上。既非遠慮意味著道德，也非道德意味著遠慮。一個人可以是遠慮而道德的、遠慮而不道德的、不遠慮而道德的，或是不遠慮而也不道德的。

如前所討論，道德和遠慮均有不同的程度，或可說道德和遠慮都是「連續的」，故而它們各有一個頻譜。理性，在另一面，卻似乎是「不連續的」，意指一系列的邏輯或數學推理要嘛是理性的，要嘛是不理性的。這是由於，在一串推理中，如果邏輯的一致和數學的連貫不能在整串中維持，即是說，如果在這推理線中有一處邏輯不一致或數學不連貫，那麼這串推理就被推翻了，或

是被認爲不理性了。如果當事者拒絕或不能接受或承認這在他的推理線中的邏輯不一致或數學不連貫，那麼當事者自己將被認爲不理性了。

有人或許會辯稱人們常被認爲多少有些不理性。聽起來似乎理性也有程度之分。我要澄清此點。一個人的理性程度乃指許多條推理線而並非僅有一條。一個理性的人偶爾或在一特定的推理線中不理性。如果有人 A 在一百條推理線中之一條上不理性，而另一人 B 則在一百條推理線中的十條上不理性，那麼我們就說 B 比 A不理性。一個人有時會情緒化，衝動或不理性地推理，作出不理性的決策，以及採取不理性的行動。這是無可否認的事實。但是單就一條推理線而論，則它要嘛是理性的，要嘛是不理性的，而不可能介於二者之間。

當一個人心智上有毛病時，這人有時會不理性，而確有不同程度的心智上的毛病。在這意義上，我們也常說不理性有不同的程度。處理這種不同程度的不理性乃醫師：心理學家和精神病醫生的事，並非哲學家的事。如我所前述，理性爲一預設的條件，就如經濟學家研究人類理性的經濟行爲和決策理論家研究決策中的理性行爲一樣，哲學只研究預先假定爲理性的人，思想和行動。

第三節　道德滿足感作爲道德決策中的一個決定性因素

道德或倫理決策就是關於道德行動（與道德相關的行動）的決策，一行動只有通過該行動權衡過程中的那些因素才能與道德相聯繫。可以這樣講，所謂道德行動是指這樣一種行動，即在該行動的各種可能選擇的所有因素中，至少有一個因素是與道德相關聯的。當一因素影響到其他人的效用或是社會的效用時，那麼該

因素就是與道德相關的。或者說是一個道德因素。

道德感會影響到一個人的精神狀態。道德感會造成兩種精神狀態：一種稱爲「道德優秀」，另一種稱爲「道德滿足」。前者指的是一個道德品質良好的人的一般的持久的精神狀態；後者指的是道德滿足感，這種感覺是自然伴隨著一個良好的道德行動而來的。因此，道德滿足感的份量也就是作出某種決策的選擇的總體份量的一個因素，而且對於作出這種決策行動者來說是具有正價值或效用的。這種感覺完全是來自於人們作某種道德好事的意識。

一個道德行動常對別人或社會產生效用，有時伴著一個對當事者自己的負效用。當人們採取一種道德善行時，人們通常要在時間、便利、精力、金錢、權力、聲譽乃至生命方面作出某種犧牲。由於情況、行動性質和行動者的整個人格的不同，這種犧牲在性質和範圍上也會有很大的差異。不過從個人的觀點來看，這種損失是完全可以由道德滿足感來補償的。否則的話，人們就不會作出這種會造成犧牲的決定了。於是，道德滿足感具有一個對當事者的效用或價值，稱爲道德滿足感價值（value of the feeling of moral satisfaction）。

在對一道德行動作出決策的權衡過程中，通常將道德滿足感因素的價值與其他因素的價值作比較。這些價值可能是物質的、生理的也可能是精神的，比如金錢、感官快樂、知識、名譽和權力。對於同樣的決策問題，不同的人可能會有不同的選擇和不同的考慮因素。即使有關的選擇和因素是一樣的，不同的人還是會對生活中不同的好事有著不同的偏好，可能會對不同選擇的不同因素作不同的權衡，結果也就會作出不同的決定。

既然按照效用主義的理論，後果或期待的後果會影響到行動者

的決定，道德滿足感當然要回溯到採取道德行為以前行動者考慮不同選擇並作出他的決策時刻。因此，我所謂的道德滿足感指的是行動者在作出決策、實際採取直到已經完成一道德善良行動整個過程中的總體情感。（這種情感隨著時間的推移當然是會逐漸淡忘的）。由於人的遠慮，這種道德滿足感不僅是一種期待、經歷和記憶某種道德善行的愉悅感，而且也是一種總體的、一般的和複合的情感，對此，快樂這個詞是不足以作恰當描述的。

在另一面，一個道德上不好的行動，會對別人或社會產生一負效用，而常伴著一個對當事者自己的正效用。但是當事者會有一道德失落感，這是一個對當事者自己的負價值或負效用，稱為道德失落感價值（value of the feeling of moral dissatisfaction）。

注意一道德行動的後果常對遠慮的計算作不利的權衡，但是道德滿足感補償這些後果，因而達成有利的遠慮計算。換句話說，用道德滿足感來作解釋可視為一種經由同情心而從道德的行動產生了自身的利益。我認為這是一個簡單、直接而自然的方法。於是道德滿足感又達成跨越純粹利己的決策與道德判斷間，或個人的觀點與社會的觀點間之鴻溝。

薩謬爾・不列登曾找出現有的選擇效用主義（偏好效用主義）與邊沁效用主義間的區別，並且指出在選擇與滿足之間可能有衝突存在，這即意指一個作成的決定會對當事者有一負效用。他寫道：

> 選擇的藝術，在某些時候對某些人和在某些限度以外，可能是痛苦的。有時候人們會為了利他的理由而忍痛犧牲他們自己的福利。也許他們願意成為烈士、英雄或聖者。只有在當這些係界定為追求滿足的一種特殊方式時，這選擇效用主義與邊沁效用主義間的區別才會消失。⑤

　　我的道德滿足感價值的概念乃特意如此界定以求解除選擇與滿足間之衝突，或是消滅選擇（偏好）效用主義與邊沁效用主義間之區別者。

　　人們不贊成以道德滿足感來解釋道德行動的主要原因，就是認為自身利益總是成為所採取的行動強有力的根源。也就是說，個體決不採取與自身利益相反對的行動。但在實際上，的確有很多的道德行為是出自愛情、仁慈之心，或純粹的責任感。例如，父母為了其子女更加美好的將來會犧牲本來有益於其自身的事情，卻並不總是期待得到充分的道德滿足感之補償的。他們似乎是認為，他們作這樣的犧牲並不需要取得什麼東西。

　　我有兩點論據來回答這種反對說法。首先，道德滿足感並非期待從一道德善行取得回報的某種東西。毋寧說，它是某種在採取一道德善行之前、之中和之後自然萌發的東西。當父母為了子女而作某種自我犧牲的時候，或者某人出於愛心、仁慈或純粹的責任感而為他人作好事的時候，他就已經自然地得到滿足了。這種滿足有時並不表現為對某種道德行動直接或明確的動機，原因在於，長期的經驗對一道德善行的決策並不需要考慮到獲得某種即刻反應的回報。然而，這種即時回報，即道德滿足感還是存在的。道德滿足感是一種自發產生的一般的複合情感，它作為行動者所作犧牲的補償，而不管這種道德行動當時的直接動機是什麼。

　　其次，道德滿足感是某種經有意識界定的東西，以對行動者作出犧牲的意願作出解釋。這樣也就把作出道德行動的決策置於決策理論的框架中去了。這種決策所依據的是人的理性的遠慮。就人的理性的意義上說，可以認為，在人的知識、經驗、情趣和偏好的限度內，人總是運用遠慮的。因此如果沒有道德滿足感的因

素，對一道德善行的選擇並不總具有最大的份量，因而是不會為行動者所抉擇的。但是，道德滿足感的因素使得對一道德行動的選擇與所有其他選擇相較具有最大的份量，也就會被行動者所抉擇了。

用道德滿足感來說明道德行動，我並不是說道德滿足感一定是道德行動的動機。有些道德行動是事先計劃好的，但另有一些道德行動則是由一種當事者所遭遇到的情景所引起的。在後者的情況下當事者事先並未有採取這道德行動的動機。

注意我將道德滿足感只作為一種事實或現象來研究，並不追究其背後的原因。道德滿足感（失落感）的概念之用處乃在其使決策理論的分析可應用於道德行動。在一方面，作為一個事實，道德滿足感之研究和應用並不依賴於任何心理學或道義論的道德理論，雖然它是良心、道德感，或任何其他被心理學家和道義論者所稱終極原因。在另一方面，雖然道德滿足感的概念有助於道德判斷，但並非直接牽涉在道德判斷中或被用為道德判斷之準則，因為道德滿足感既然係自然伴隨道德行動而來的，它當然會假定另有道德判斷之存在，庶幾乎不形成循環。

我雖然用決策理論模式於道德行動之研究，但並不意指在對一道德行動作出決策之前當事者一定會作一效用計算。當我假設一個自主的人會意識到在採取一好的道德行動，但也並不意指一個好的道德行動一定有一個採取這好的道德行動的意圖作為它的直接動機。對於一個當事者所處的可能採取一好的道德行動的情景，這當事者自然會有某種道德滿足感。這個道德滿足感實際上主宰了當事者是否會採取這行動，以及如果採取，到何種程度（例如捐款）。事實上大多數人在大多數情況下，習慣性地或自然而自

動地作好事而並不經過計算。在另一些情況下，當事者或許自覺地努力作他的道德所指示的事，但這樣仍並不意指他一定從事於價值和效用之定量分析。故決策理論模式是一個理論架構以計及人類的理性，而道德滿足感乃用以消除若干表面上的不合理者。

讓我們用一個捐贈的簡單例子來作說明。假如有某人 A 想對是否要向一基金會捐贈一萬元作一決定。不作捐贈的選擇既無什麼好處也無什麼壞處，所以，就有一個零淨值。捐贈一萬元的選擇有著損失一萬元的不利之處，這是一種負價值。由於捐贈的數目不大，對這種捐贈行為不會有多大公眾的承認以作回報。於是，也許可以假定，A 通過捐贈獲得的僅有的好處就是一種道德滿足感，而這具有正價值，當 A 捐贈一萬元時，一萬元的負價值足以為道德滿足感的正價值所補償。換句話說，捐贈行為選擇的份量具有兩個因素：一個是物質損失的因素，這具有恰好是一萬元的負價值；第二個是道德滿足感的因素，這具有至少相當於一萬元的正價值。

正如當人們作道德的善事時會有一種道德滿足感一樣，當人們作不道德的壞事時也會產生一種道德失落或不滿足感。讓我們再來看另外一個例子。假設有公務員 A 為商人 B 所賄賂，在 A 的權力範圍內作了一項行政決定。按照常規的作法，A 應該作出另外的決定，這樣 B 就不能獲益。但 A 可以找一個藉口來作一種不同的決定，以使 B 獲得巨大的利益。假定 A 可以安全地受賄而不被發現，不負法律責任，也沒有被起訴的危險。假設這項賄賂是一萬元。這裡的道德決策的問題是 A 是否要接受賄賂。

如果 A 不接受這項賄賂，就不會有利弊的問題。也就是說，不接受賄賂的選擇具有零價值。在另一方面，接受賄賂的選擇具

有獲得一萬元的好處，這具有正價值；同時這也會具有道德失落感的不利之處，而這具有負價值。

按照常規，一個道德在平均水準以上的公務員是不會接受這一賄賂的，而一個貪心的人則可能接受這一賄賂。不同的人會對道德不滿足感的因素賦以不同的負價值。也許會有某人 C 不接受一萬元賄賂，而會接受五萬元的賄賂。

在上述例子中，據假定，並不存在法律懲處的可能性。在常規情況下，對法律懲處的恐懼總是存在的。而正是這種恐懼防止了許多不道德行動的發生。

需要注意的是，我把道德滿足感僅僅作為一個事實或現象來加以研究，並沒有深入到這種現象背後的原因。道德滿足（失落）感使我們有可能對道德行為作統計學的分析。在一方面，事實上，就研究和採用道德滿足感來說，這並不有賴於任何心理學的或者道義論的道德理論，儘管道德滿足感只是良心、道德感，或者心理學家和道義論者歸之為不論甚麼最終原因的後果。從另一方面來說，雖然道德滿足感的概念對於道德判斷是有幫助的，它卻並不直接地包含在道德判斷中或用作道德判斷的準則。原因在於，既然說道德滿足感完全是在採取某一道德行為的意識之前產生的，也就假定了道德判斷有其自身獨立的存在。因而也就談不上道德滿足感構成或者說有助於道德判斷了。否則的話就會陷入循環論證。不過，道德滿足感仍然負起作為道德決策和道德判斷間，或者可以作為個人的觀點和社會的觀點間，溝通其隔閡或鴻溝的橋樑之作用。

第四節　道德決策之數學模式

決策過程的主要問題是對各種選擇的價值之權衡。在工商管理中，決策過程中的各種選擇要素的價值通常是用貨幣表示的物質價值，這在大多數情況下是可以計算的。當價值表現爲精神性的價值，尤其是在與道德有關的個人決定的情況下，要對這些價值作出確定是極爲困難的，雖然從理論上講，對這些價值可以從主觀上來加以測度和比較。我將把如何確定各種不同因素價值的問題置於一旁不論，以便形成一個關於道德決策的數學模式。我們只是假定這些價值爲給定而已知的。於是要形成關於權衡的數學公式就變得十分容易了。

由於在三種或更多的選擇中作出決策的情況可以作爲在兩種選擇中作出決策的情況的延伸，我們在這裡將僅僅考慮在兩種選擇（比方說a_1，和a_2）中進行決策的情況。當人們決定在兩種選擇中擇其一的時候，問題就歸結爲在支持一種選擇的因素與支持另一種選擇的因素之間的權衡。而這又歸結爲在支持一種選擇的因素的價值總和與支持另一種選擇的因素的價值總和之間的比較。這些因素中有一些可能具有負價值。在這種情況下，有關價值的總和就是一種代數總和。

關於決策的這種權衡可以用一種十分簡單的數學形式來加以表述。假定選擇a_1，具有 n 個因素，而選擇a_2則具有 m 個因素。根據一因素對行爲者是否有利而可以具一種正價值或者負價值。假設

$V(a_1)$，爲選擇a_1的全部因素的總體價值，

$V_i(a_1)$，$i=1$，……，n，爲選擇a_1的第 i 個因素的價值，

$V(a_2)$，爲選擇a_2的全部因素的總體價值，

$V_i(a_2)$，$i=1$，……，m，爲選擇a_2的第 i 個因素的價值，
我們就有

$$V(a_1) = \sum_{i=1}^{n} V_i(a_1) \tag{5-1}$$

$$V(a_2) = \sum_{i=1}^{m} V_i(a_2) \tag{5-2}$$

要選擇a_1，總價值$V(a_1)$必定要大於總價值$V(a_2)$。符號表述爲：

$$\sum_{i=1}^{n} V_i(a_1) > \sum_{i=1}^{m} V_i(a_2) \tag{5-3}$$

或者

$$\sum_{i=1}^{n} V_i(a_1) - \sum_{i=1}^{m} V_i(a_2) > 0 \tag{5-4}$$

同樣地，要選擇 a_2，我們就有

$$\sum_{i=1}^{n} V_i(a_1) < \sum_{i=1}^{m} V_i(a_2) \tag{5-5}$$

或者

$$\sum_{i=1}^{n} V_i(a_1) - \sum_{i=1}^{m} V_i(a_2) < 0 \tag{5-6}$$

如果a_1的價值總和等於a_2的價值總和，那麼就會出現一種平手
或一種 50 對 50 的情況。這也就是說，是選擇a_1或者選擇a_2決策者
是不在乎的。在數學上我們有

$$\sum_{i=1}^{n} V_i(a_1) = \sum_{i=1}^{m} V_i(a_2) \tag{5-7}$$

或者

$$\sum_{i=1}^{n} V_i(a_1) - \sum_{i=1}^{m} V_i(a_2) = 0 \tag{5-8}$$

就道德決策來說，至少有一種選擇具有一個與道德有關的因
素，即道德滿足感的因素或者道德失落感的因素。就在道德上爲
善的行動來說，這個因素對於行動者具有正精神價值。在採取這

樣的道德上為善的行動過程中，人們需要付出一些東西，如時間、努力、金錢或者某種精神價值。作為回報，他們可以得到道德滿足感的價值，這種價值足以補償他們的損失。

為了更加具體地說明這一點，我將再考察一個有關捐贈的例子。這裡我用道德決策的數學模式來量化地處理這個例子。假設有一位很富裕的商人 A 為他母校的建設，比方說一座圖書館，捐贈了一千萬元。這一捐贈行為的直接後果的價值明顯地是一千萬元。如果 A 是匿名捐贈的，或者是如果 A 並沒有從社會得到的作為對他的捐贈行為的回報，無論精神的還是物質的任何報酬，那麼他的這一道德滿足感的價值就至少被稱作有一千萬元。

茲以數學的方式來表示這種關係。假設

$V(a_1)$為對於該行為者的「捐贈」選擇的價值，

$V_i(a_2)$為對於該行為者的「不捐贈」選擇的價值，

$V_c = \$10,000,000$ 元，為所贈的錢的價值，這也是對於接受者來說的這一捐贈行為後果的價值，

V_m為對於該行為者的道德滿足感的價值。

於是我們就有

$$V(a_1) = V_m - V_c$$
$$V(a_2) = 0$$

對於這位決定捐贈的行動者來說

$$V_m - V_c = V(a_1) > V(a_2) = 0$$

或者

$$V_m > V_c = 100,000,000$$

就作出捐贈決定來說，可能還包含著其他的一些因素，比如：動機、精神上的回報、非主要的目的等等。我將在後面一章中考

察這些因素。在這裡我們也許可以說，若且惟若道德滿足感的價值至少與所捐贈的錢的價值一樣大時，這個人才會捐贈這樣一筆錢。

以上的例子是一個非常粗糙而簡單的模式。下章中將提出一個較為複雜的處理方式，其中包含若干加進去的其他因素。

註　釋

① Perry H. Hill, *Making Decisions: A Multi-disciplinary Introduction* (Reading, Massachusetts: Addison-Wesley, 1979), pp. 21.

② E. M. Adams, "Rationality and Morality," *Review of Metaphysics*, Vol. 46, No. 4 (June 1993), pp. 681-697.

③ C. L. Sheng, "Rationality Versus Prudence and Morality," presented at *The International Symposium on the Vienna Circle: In Memory of Tscha Hung, Beijing, China*, October 21-24, 1994.

④ 參見註②。

⑤ Samuel Britten, "Choice and Utility," in *The Utilitarian Response: The Contemporary Viability of Utilitarian Political Philosophy*, ed. Lincoln Allison (London: Sage Publications, 1990), pp. 74-97.

第 六 章
道德價值及其量化分析

第一節　道德價值

　　我前曾詳細討論道德價值（moral value），①那些價值包含道德原則（moral principle）、德目（virtue）或道德規則（moral rule）之價值，道德行動後果之價值（value of the consequences of a moral action），道德滿足感之價值（value of the feeling of moral satisfaction），採取道德行動的動機之價值（value of the motive of a moral action），道德行動之價值（value of a moral action），以及一個人的價值（value of a person）。本章中我將再討論道德價值，但所討論之價值將限於較少幾種，且重點也將有所不同。第一，我將不討論人之價值和道德原則、德目或道德規則之價值，因為此種價值不但難以決定，而且幾乎不可能決定。第二，我將把道德行動動機的價值之討論與道德滿足感價值之討論置於一起，因為這二者間密切相關，故將它們放在一起討論是非常自然的方式。第三，在討論各種價值時，我將指出究竟這價值是對於當事者的，對於行動接受者的，還是對於社會的，這樣可以改正若干以前所犯的錯誤並可避免可能的含糊。

　　我不討論人的價值之理由是一個人的價值是很難於知道的事，而且一般我們並無興趣去知道一個人的價值。一個人有幾種價值，

諸如賺錢以養家的物質價值，和實現其人生計劃的事業價值等，這些價值，哲學家們對之並無多大興趣。我們所感到興趣的只有他的道德價值。即使是道德價值我們有時還並不十分關心。一般我們關心人們作的好事或壞事，但並不一定要知道這些事的確切價值。再者，要獲知一個人究竟有多好或多壞是一件非常困難的事，因為每個人都要把他的壞處作為隱私而掩蓋。

至於道德原則（此處我用原則作為一個代表道德原則、德目，或道德規則的總稱）之價值，當然它也是難於獲知的。此外我還有一個不研究它的更重要的理由。比較道德規則的重要性是沒有意義的事，因為結果可能是荒謬的。我曾在別處研究道德原則而依照內容將它們區分為：(1)實質原則，(2)準則原則，和(3)量度原則。②兩個分屬不同的二類之原則間不能作比較是很自然的事。道德原則大多數為實質原則，但我也曾說明二個即使是屬於同一類的原則也不一定可以比較其重要性。

道義論者有興趣知道道德原則之價值，因為在二個原則間發生一衝突時，原則的優先次序是道義論者解決這種衝突的唯一方法。欲安排一優先次序，當然必須要知道原則之價值，或至少它們間的相對份量，但是並沒有明確而合理的方法去決定這樣一個優先次序，所以除了這樣的決定是非常困難之外，它多少是任意的。

從統合效用主義的觀點言，道德原則是一個抽象的概念而非具體的物件。即使要估計它的價值已經是很困難的事，遑論要精確計算了。再者，道德原則的價值只有在道德行動的情景中才可以感知到，即是，當一個道德規則被一好的道德行動所例示或被一壞的道德行動所違犯時。但是例示或違犯的程度又視行動的情景而定。考慮二條規則 A 和 B，可能在某一情景中規則 A 比規則 B

重要，而在另一情景中規則 B 較規則 A 重要。因此，在我的道德決策的量化分析中，我不用也不在意道德原則的價值。

茲考慮一個比較兩條實質規則的例子。一般來說，道德規則的涵蓋面較道德原則者爲小，因此也較爲淸楚和確切而易於說明。故我用二條道德規則於這例子中。一條規則是：「人不應該說謊」。另一條規則是：「人不應該毀棄承諾」。

注意作爲集體名詞之謊言和承諾都是抽象的概念。謊言指各類謊言之集合。有些謊言會造成對謊言接受者的重大負效用，因而是嚴重的。我稱它們爲「大謊」。有些謊言，例如白謊或仁慈的謊，則對謊言接受者並不造成負效用，因而是無害的或不足道的。我稱它們爲「小謊」。同樣地，承諾也有大有小。現假定有人遇到這樣一種兩難，他非得或是說謊或是毀棄承諾。於是，兩個實質的大小之比較乃是謊言與承諾之比較，這是在行動層次而非規則層次的。既然這情景可能是在說一個大的謊言與毀棄一個小的承諾之間的選擇，或是在說一個小的謊言與毀棄一個大的承諾之間的選擇，一個遵照固定的優先次序的行動之後果可能不但違犯了效用原則，又違犯了正義原則。

因此，我們可以結論說，即使是二個實質原則或規則，仍然是不可比較的。大小或重要性的比較應該總是限在行動的層次，如統合效用主義中所建議的。

至於將動機的價值附屬於道德滿足感的價值，這是很自然的事。道德滿足感是一種一般性的利他的情緒，它發生在一個人作一件善事時，因而也包含了作這善事的動機。所以動機不應該另外考慮，否則就犯了重複。當一個人意欲作一善事但其動機並不純粹時，這意指此人有另一個自私的或利己的動機。在這種情況

下，我將滿足這第二個動機的價值稱為次級價值並以 V_{se} 代表之，這是要從道德滿足感的價值中扣除的。

在下列三節中我將討論這三個道德價值：(1)道德行動後果之價值，(2)道德滿足感之價值（包含動機之價值），和(3)道德行動之價值。

至於「對誰的價值」這問題，我將在此予以澄清。道德行動後果之價值係對行動接受者和對社會而言。這二種價值間略有不同。如將在下一節中詳細討論，道德行動後果之價值係用 V_r 來表示，這是對行動接受者的全部價值。V_r 係認為也是對社會的，但對社會還須加一個增量社會價值 V_s。所以對社會的道德行動後果之價值另用 V_c 來表示，$V_c = V_r + V_s$。

道德滿足感之價值乃對當事者自身而言。這名詞中並無模糊性。

道德行動之價值習慣上乃認為係對社會者。它與道德行動後果之價值相似，但有一微妙之區分。道德行動後果之價值似乎是描述性的，因為後果是事實。但道德行動之價值，則似乎是規範性的，因為它是行動的價值判斷。這個區別對道義論者而言是重要的，因為根據道義論（deontology），對的不一定是好的，或是說一個對的行動不一定具有最大價值。但是依照效用主義，這個區別並不存在，因為好的就是對的，或是說一道德行動之對否係決定於這行動對社會之價值或效用，這即是行為後果對社會之價值。

因此，我將「一道德行動之價值」這名詞用於與習俗不同之處，即是說，它是指行動對當事者自己的價值，如在決策理論中關於非道德行動的用法那樣。於是，道德行動之價值自然包含道德滿足感之價值作為它的一部份了。

第二節　道德行動後果之價值

在本節中我將討論道德行動後果之價值。這名詞中有些模糊性，因為習慣上道德行動後果可以指行動所產生的對行動接受者的後果，也可以指行動所產生的對社會的後果。這個模糊性之發生是當然的，因為行動的接受者也是社會的成員之一。社會效用係用一社會福利函數來代表，它的最簡單形式是所有成員的效用函數之和。於是，一個個人的得益或損失間接地也是整個社會的得益或損失。

如第一節中所討論，我將道德行動後果對社會之價值與道德行動對接受者的價值予以區分，使前者有一另增的部分，即增量的社會價值（incremental societal value）。增量社會價值是我以前所提出的名詞。③所謂增量社會價值我意指一個道德行動在例示（或違犯）一道德原則、德目，或道德規則時所產生的增量（或減量）價值，這價值乃加於道德原則、德目，或道德原則所屬的社會中的制度、系統，或慣例所原有的價值之上。這增量社會價值是統合效用主義的關鍵性特色，它也可說部分地代表了約翰‧C‧哈桑伊所謂的規則之「期望效應」（expectation effect）者。④它將在第七章中再詳加討論。

於是，道德行動後果對社會之價值乃成為其對行動接受者之價值再加上增量社會價值。這樣，上述的幾個術語間的模糊和混淆就可以消除了。簡單地說，行動後果對接受者的價值可逕稱為對接受者的價值，而行動後果對社會的價值則可逕稱為後果的價值。

理論上說，行動後果的價值似乎是易於決定的，但是實際上並非如此，因為一個行動的後果或許是很複雜的。除了其直接後果

外，或許還有無數的間接後果。偉人的一個大道德行動之後果尤其是常為無遠弗屆的。例如，誰能說出耶穌基督上十字架這事過去二千年來在全世界各地的後果究竟有多少？

由於世界狀態之隨機性，一個具有好的動機的好行動可能偶或產生了壞的後果，或是一個具有壞的動機的壞行動可能偶或產生了好的後果。這可由統計性的決策理論和期望效用理論來加以處理。作決策時常有風險存在，即是事物狀態（state of affairs）具有機率性。那麼依照統合效用主義理論，我們用後果的期望價值（expected value），而非後果的實際價值（actual value），來作計算。這期望的後果之概念是合理的而應該用以處理意外的後果，因為在有風險的情況下，在作決策時無法知道各個選擇的未來後果之確切的價值，而只知道機率性的期望價值。期望後果之概念事實上可以追溯到勃蘭特・勃蘭沙特（Brand Blanshard）。他說：「一個行動是對的，若它趨於產生不少於可能達到的最大的善。」⑤「趨於產生」可解釋為這最大的善是「意欲的」或「期望的」。

一道德行動後果之總價值，包括所有遙遠的後果在內，行動效用主義者對之或許會有興趣，但卻不在統合效用主義的主要考慮之內，因為去追究這樣一種價值僅有理論上的興趣。事實上，對不重要的道德行動而言，這種追究是不必要的，而對重大而有意義的道德行動而言，例如耶穌基督之釘上十字架，最多只能獲得這價值的粗略估計而已。

欲將行動後果的價值量化表示，令

V_r為一行動後果對接受者以及社會的直接後果之價值，

V_s為後果對社會之增量社會價值，

V_c為後果對社會之總價值。

V_r是明顯易見的。例如對某一個基金會捐贈一筆款子，那麼接受者是基金會，而V_r則是所捐贈的金錢。V_s代表這行動所產生的增量社會價值。

行動的後果之總價值可用數學表達爲V_r與V_s之和。即是

$$V_c = V_r + V_s \qquad\qquad (6\text{-}1)$$

注意行動效用主義對一道德行動的指示通常係據於這行動的各種可能選擇的後果之價值。傳統上行動後果之價值即是指 V_r 而並不包括V_s這一部分。在那種情況下，一個對的行動之價值可能顯現爲低於一個錯的行動之價值，因而行動效用主義者之指示可能有異於根據正義感的常識判斷。這也許是爲什麼有些非效用主義者聲言行動效用主義與正義的概念不相容，或者說在效用原則與正義原則之間有一無可解決的衝突。這也許是二十世紀中葉規則效用主義發展的一個主要原因。

若行動後果之價值詮釋成上面公式(6-1)所示，即是$V_c = V_r + V_s$，又若V_s被設定一個足夠大的價值，那麼在行動效用主義原初的指示與據於正義概念者的指示不同的那些情況下，統合效用主義的指示將與行動效用主義的相反。

就行動者而論，除了對接受者的後果而外，直接後果還包括其他價值，諸如動機之價值，社會的讚賞或譴責，以及道德滿足感或失落感等。

我現舉二個例子以資說明。一個例子是高道德行動的捐款，另一個是不道德行動的偷竊。

⑴捐款

假定一個富商B捐獻一千萬元給一所大學以建造一座實驗室。這行動後果對接受者的價值V_r是什麼？對社會的價值V_c又是什麼？

捐款既然是一慈善行動，統合效用主義並不指示任何固定的數目作為對的數目。我們只將捐款的行動與不捐款的行動相比較，後者的後果之價值為零。所以，若捐款行動的 V_r 是正的，我們立即知道這行動是對的。

我們知道

$$V_r = \$10,000,000$$

為簡單計，我們假設

$$V_s = 0$$

所以

$$V_c = V_r + V_s$$
$$= \$10,000,000 + \$0$$
$$= \$10,000,000$$

(2)偷竊

假定小偷 T 從一婦人 W 處偷竊了 \$10,000。既然我們並不知道 T 和 W 的效用函數和 T 究竟是比 W 富或窮，我們假定任何數目的金錢對 T 和對 W 的效用相同並即等於金錢之價值。這偷竊行為的後果對接受者之價值 V_r 是什麼？對社會之價值 V_c 又是什麼？

既然所偷的金錢數目是 \$10,000，T的物質利益，V_g，是 \$10,000。於是我們得

$$V_r = -V_g = -\$10,000$$

既然偷竊是公認為一惡行，我們對這違犯道德規則「我們不應該偷竊」的行動設定一相當大的增量社會負價值。我們假定

$$V_s = 3V_r = 3 \times -\$10,000 = -\$30,000$$

因此，

$$V_c = V_r + V_s = -\$10,000 - \$30,000$$

$$= -\$40,000$$

第三節　道德滿足感之價值

道德滿足感已在第五章第三節中討論。它的價值係對於採取一道德行動之人，故並非正常道德判斷中之客體。但是，既然這價值是道德行動決策的權衡過程中之一重要因素，且與我對道德行動價值之特殊概念有關，它將在道德行動本身的討論之前，先予以討論和量化分析。

依照我的說明，道德滿足感的價值V_m是V_c或（$V_r + V_s$）的函數。以數學來表示，我們得

$$V_m = f(V_c) = f(V_r + V_s) \tag{6-2}$$

這是十分自然的事，當行動之貢獻很小時，道德滿足感也很小，而當貢獻很大時，道德滿足感也很大。故假定V_m與V_c成正比是合理的事。於是我們得

$$V_m = kV_c = k(V_r + V_s) \tag{6-3}$$

此處 k 為一係數，其大小視當事者的道德而定。易言之，k 可以作為當事者道德的一般性指標。對於普通人，將 k 定為在 0 與 1 之間似乎是合理的事。即是

$$0 \leq k \leq 1 \tag{6-4}$$

下限 k ＝ 0 意指當事者是極端冷漠的，當他對別人或社會做了一件好事或壞事時他自己毫無感受。這代表道德的下限。

上限 k ＝ 1 意指當事者對他為別人或社會所做的事非常敏感，好像是為他自己做的一樣。這代表道德的上限。

k 當然也可能是負的。這樣的話，當當事者在做或已做了一件壞事時他會感到快樂，而當他在或已做了一件好事時他會感到痛

苦。這是極端不正常和非常例外的。因此，我不考慮k為負的情況。

k的值置於0到1的範圍間是相當於說人的道德可由他對別人或社會的同情程度來測量。這是根據於這樣的假定，即是大多數人的道德信仰在本質上是相同的，只在細節上稍有不同而已。在一個正常社會中這是真實的，那裡有許多道德規範而道德規則也為大多數人所遵守。

這種情形最好從一個人對他所做的壞事之道德失落感中去追究。以前我曾用道德滿足感的解釋來回答「我們為什麼會採取高道德的行動？」這個問題。現在我從這問題的對面來研究，即是問：「當事者為什麼要採取一個不道德的壞行動？」我將壞行動分為四種情況。其中三種係不正常的，意指它們有特殊的原因。所以它們係認為例外而需要特殊的研究。只有一種情況是正常的，在這種情況中所有人的道德信仰在本質上是相同的。

一種情況是這樣的：當事者有一與別人或大多數社會成員不同的道德信仰。這通常是由於不同的宗教信仰或政治信仰。例如一個回教徒生活在一個基督教社會中，或是一個共產主義者生活在一個資本主義社會中，趨於有與別人截然不同的道德信仰。在這種情況下，當事者所採取的壞行動或為別人視為不好的行動，當事者自己並不一定認為是壞的。他常有理由支持他的道德觀點。這種情況該用相對主義而非主觀主義來解釋。這種情形是相當稀少的，所以我並不予以討論。或者我們可以說在一正常社會中這種情況難得一見。

第二種情況是有人是一個黑社會的成員，這黑社會從事於娼妓、賭博、走私、販毒，和從店舖收取保護費等非法活動。這黑社會有它自己的規則，有些可能與法律相衝突。在法律與黑社會

規則發生衝突時，黑社會成員往往會寧願遵守黑社會規則而非法律。於此可見，這樣一個組織的成員之道德信仰，至少有一部分會與社會普通成員者有所不同。

第三種情況是某一道德規則被大家，或相當大百分比的社會成員所違犯。如，在開發中國家中賄賂通行，若干政府單位之公務員，例如警察、稅務員、海關人員等有時達到賄賂制度化的程度。又如在男人中心的社會中，有時男人的婚外情常被忍受，而嫖妓也並不認為是不道德的。在這種情形下，違犯如「吾人不應該接受賄賂」這樣一條道德規則是不被認真看待的。易言之，有相當大百分比的人對某一特殊的道德規則具有不同的道德信仰。

第四種情況是大多數普通人的一般情況。一般而論，他們並非不道德，而且也企圖做好人。但是一個普通人並無做聖人的意圖。對於這些人，道德是一種約束，而不是事業。這樣的人偶爾或許會犯錯做一不道德的壞事，主要是由於個人的逆境，強烈的誘惑，或是若干其他原因。

在這種情況下，當事者常替這不道德行為找藉口，誇大其原因而忽視這惡行的期望效應。所以，對於這樣一個行動現象的分析，假設 k 之值係在 0 到 1 的範圍內是適切的事，因為這是基於這樣的假定，即是當事者的道德信仰在本質上是和別人一樣的，祇是行為遵守信仰的程度間有所不同而已。

我認為前面三種情況都是例外的，只有第四種情況是一般性的。

以前我曾經主張道德行為與道德信仰相關，但是這相關性並非百分之百。[6]因此，即使一道德相當高的人也有可能偶爾違犯一義務而致不能符合最低的道德要求。例如，一個普通人偶爾說謊，毀棄承諾，未按時歸還借款，甚至接受賄賂，都不足為奇。

所以我相信，道德水準之不同主要並非不同方式之思維，如R.
M.海爾所建議的批判思維（critical thinking）和直覺思維（intuitive
thinking）之區別然。⑦我寧願爭辯大多數人的道德信仰在本質上是
相似的。道德思維主要的不同在其推理的深度，而不在信仰本身。
至於道德水準之不同，則在於道德行爲符合信仰之程度，或是道
德行爲與道德信仰間之相關性係數。

在佛家禪宗的道德哲學中有「頓悟」一詞。作爲一個通俗的說
明，有一句中國格言：「放下屠刀，立地成佛。」一個屠夫當然
不可能立即發生批判思維，但他是被認爲可以立即達到佛陀的道
德水準，這是與聖者一樣高的。

我現將討論動機之價值及其與道德滿足感價值間的關係。道德
行動的動機是被認爲有一道德價值的，因爲它與行動直接有關。
道德行動動機的價值研究是重要的，因爲它顯示採取行動的人之
傾向和性格至某種程度。它與道德滿足感密切相關，因爲後者一
般被認爲完全導源於人意識到他在做一好事。

動機的道德價值不同於行動後果之價值是顯而易見的。我們常
聽到這樣的話：「雖然這件行動是好的，但是它背後的動機卻是
有問題的。」

但是動機的道德價值之決定並非易事，因爲不好的動機常被隱
藏，而有時無法可以將它顯露。若有人作一好事而有一不良動機，
因爲人是理性的，這人會不願意接受或承認這事實，或至少在意
識中是如此。一個人要承認自己的不道德是需要很大的道德勇氣
的。人常找出些藉口以欺騙自己和別人，有時必須深入潛意識中
才能找到一個行動的真正不良動機。

決定動機的價值之困難更爲這一事實所加強，即習慣上在一現

代社會中我們不深究一高道德行為背後的動機，因為這牽涉到人的隱私權。再者，一般大眾對行動動機之興趣不如對行動後果那麼大。道德事件之情況稍有異於法律事件之情況。在後者情況中，尤其是在刑事案件中，動機是一非常重要的因素而必須小心而徹底加以調查的。對於相似的行動，不同的動機或許會導致完全不同的判決。

雖然動機本身被認為具有一道德價值，從另一角度看，好的行動自然會有好的動機。一個沒有好動機的行動至少不及一個有好動機的相似行動那麼好。在這個意義上，動機的價值可以併入行動後果的價值。若一道德行動有一好動機，這後果的價值當然是充分的，但若一道德行動並無一好動機，那麼這行動後果的價值似乎可以打一個折扣。或者，在求取行動後果的淨價值時，一個代表不良動機的負效應之價值應該從行動後果的原來價值中減去。

但是，行動後果的價值V_c是一事實，它是不能改變的。動機的價值，不論是正的或是負的，不能與行動後果的價值相聯繫。若我們加一動機的正價值於V_c上，那麼將有重複計算的情況。將一個並不太好的動機之負價值從V_c減去似乎也不甚合理。因此，在統合效用主義中，我從相反的方向處理動機的價值。我假設一個高道德的行動在其背後自然有一好動機。有時候，在那個好動機之外，另有第二個動機，即是如果採取這行動，當事者會受益而獲得另一個價值。我稱這個價值為次要價值而以V_{se}表示之。當將V_{se}包含於對當事者的總價值V時，道德滿足感的下限會自然地下降。這樣，我把動機價值的處理併入於道德滿足感的處理中。

對於一不道德的壞行動，其動機是自然和壞行動相一致的。我們很難想像一個有好動機的壞行動。所以我不考慮這類情況。

　　上節中捐款和偷竊的例子也將被用於道德滿足感（失落感）計算的說明。但是這對當事者自身的價值係與道德行動對當事者的價值密切相關。後者將於下節中討論。所以，爲了方便起見，這二個例子將置於下節中，俾道德滿足感價值之計算將和道德行動價值之計算在一起提出。

第四節　道德行動之價值

　　一個行動，如果它在決策過程中包含至少一個道德因素，即被稱爲道德行動。在統合效用主義理論中，道德行動之價值指這行動對當事者自己之價值，並非指對行動接受者或整個社會之價值。

　　道德行動之價值由下列的一個或多個部分所組成：

　　(1)V_g，對當事者的直接利益（損失）之價值

　　在很多情況中，諸如捐款或偷竊，我們得

$$V_g = -V_r \qquad (6\text{-}5)$$

　　即是說，若行動後果對接受者的價值是正的，如在捐款的例子中然，那麼 V_g 將是負的。在另一面，若 V_r 是負的，如在偷竊的例子中然，那麼 V_g 將是正的。

　　當行動並不牽涉到當事者自己的利益時，V_g 可能爲零。例如，若當事者從一富裕朋友 R 那裡偷了一些錢以幫助一個窮朋友 P，那麼 V_g 就是零。

　　(2)V_m，道德滿足感（失落感）之價值

　　這價值在上節中已經詳細討論，此處不贅述。

　　(3)V_p，社會讚賞或譴責之價值

　　當有人採取一高道德的行動時，除非保守秘密，通常社會對這行動有一讚賞或肯定。這給當事者帶來一個好名聲或精神報酬，

這對當事者有一正價值。當有人採取一不道德行動時，通常社會
對其有一譴責或否定。這對當事者帶來一個壞名聲，這對當事者
有一負價值。令這社會讚賞或譴責的價值用V_p來表示。對高道德
行動言，V_p是正的。對不道德行動言，V_p是負的。

可以順便一提的是，社會讚賞或譴責顯示他人和社會對於一個
人道德的注意。在表面上看，道德價值與知識之知識價值和藝術
品之審美價值相似。但是，就其對他人和社會之影響而言，道德
價值與知識價值和審美價值間有一基本之差異。有人可以對知識
或藝術缺少才華或甚至毫無興趣。一個人缺少知識或對藝術的興
趣對社會不造成傷害，所以社會對於一個人是否有知識或藝術的
才華並不在意。但在道德的情形中，一個不道德的人或行動可能
對社會有傷害，故而社會在意人的道德，因而就道德事件對成員
施以壓力，即是社會的肯定或否定，因此有這種社會的讚賞或譴責。

注意這種社會讚賞或譴責不一定存在。例如在捐款的情形中，
如果有人匿名捐款，那麼別人將都不知道此事，而也就沒有社會
的讚賞了。在偷竊的事件中，小偷通常將偷竊的事保密，所以也
將並無社會譴責了。

(4)V_{se}，次級價值

次級價值V_{se}是在高道德行動中一個對當事者自己有利的次要
自私動機之價值。這次要動機不一定對行動接受者有害，但卻是
對當事者自己有利。所以我並不從 V_r 減去任何價值，卻將 V_{se} 作
為一個額外的價值加在對當事者的價值中。

於是，一個道德行動對當事者的價值有下列的形式。

$$V = V_g + V_m + V_p + V_{se} \tag{6-6}$$
$$= V_g + kV_c + V_p + V_{se} \tag{6-7}$$

$$= V_g + k(V_r + V_s) + V_p + V_{se} \qquad (6\text{-}8)$$

注意，在公式(6-8)中，除了V_g和V_r以外，其餘的參數都是未知的。道德係數k是有待假設的。當事者自己常假設自己的k高於實在的。V_s是有待設定的，它變化甚大。V_p和V_{se}視當事者的感知而定。因此，這道德行動的決策模式極少實際用於決策。它主要係用來解釋道德上好的或是壞的行動之現象。即是說，若當事者是理性的，那麼一個行動的V一定會大於任何其他可能選擇的價值。

在許多情形中，其另一選擇是沒有行動。例如捐款的另一選擇是不捐款。偷竊的另一選擇是不偷竊。在這種情況下，其另一選擇之價值及其組成部分之價值均為零。所以，行動之價值必須大於零。於是這成了一個給定的條件，根據它才可假設、指定，或估計公式(6-8)中的未知參數。

茲再考慮第二節中已經討論過的例子(1)捐款和(2)偷竊。

(1)捐款

就這捐款例子而言，其組成份子之價值係給出、假設、指定，或估計如下。

$$V_r = \$10,000,000 （給出）$$
$$V_g = -V_r = -\$10,000,000 （給出）$$
$$k = 0.8 （假設）$$
$$V_s = 0.2V_r$$
$$V_m = 0.8(\$10,000,000 + \$2,000,000) = \$9,600,000$$
$$V_p = \$2,000,000 （估計）$$
$$V_{se} = 0 （假設）$$

於是我們得

$$V = -\$10,000,000 + 0.8(\$10,000,000 + \$2,000,000)$$

$$+ \$2,000,000 + 0$$
$$= - \$10,000,000 + \$9,600,000 + \$2,000,000$$
$$= \$1,600,000$$

現假定這捐款是匿名捐獻的，因而沒有期望效應和社會的讚賞。於是我們得

$$V_s = 0$$
$$V_p = 0$$
$$V = V_g + kV_r$$
$$= - \$10,000,000 + 0.8 \times \$10,000,000$$
$$= - \$2,000,000$$

既然V是負的，若B依舊匿名捐獻，B似乎是不理性了。實際上還必定存在我們所不知道的特殊心理原因。例如我還未考慮同樣的錢對B和對那所大學的效用之差異。B可能是如此富有以致他認為一千萬造一實驗室的效用遠比他自己保存的效用為大。

我不深入心理學的細節，因為，如前所述，對一像捐款這樣的慈善行動而言，統合效用主義只說明捐款是對的，卻不指示應該捐多少，也不證立當事者為什麼要捐這麼多。

(2)偷竊

就偷竊這例子而言，應該從小偷之觀點假設、指定，或估計各種參數，因為若小偷決定採取這一不好的偷竊行動，他必定會找到藉口認為這偷竊行動對他有正效用。

正常情況下，小偷的道德水準一定是很低的，故一正確的道德係數可能是 0.2 或 0.3。但是小偷自己或找到特殊的理由去偷竊而不接受一個很低的道德係數，他也許自以為有一平均的道德係數。所以我們假設 k = 0.5。

既然小偷會對偷竊的行動保密並忽視社會對於偷竊行動的反應，V_s 和 V_p 假設為零。於是我們得到組成部分的價值如下。

$$V_r = -\$10,000$$

$$V_g = -V_r = \$10,000$$

$$k = 0.5$$

$$V_s = 0$$

$$V_m = -0.5 \times \$10,000 = -\$5,000$$

$$V_p = 0$$

$$V_{se} = 0$$

於是我們得

$$V = \$10,000 - \$5,000 = \$5,000$$

這是正的，因而支持了小偷的偷竊行動。

但是從判斷者的觀點言，我們設定

$$V_s = 3V_r = 3 \times -\$10,000 = -\$30,000$$

故行動後果對社會之價值為

$$V_c = V_r + 3V_r = -\$10,000 - \$30,000$$

$$= -\$40,000$$

故總社會效用為

$$U = V_c + V = -\$40,000 + \$5,000$$

$$= -\$35,000$$

這仍舊是負的。因此道德指示認為這偷竊行為是錯的。

第五節　效用計算之簡化

依照效用原則，在任何一種道德行動中，對的行動是那個產生最大社會效用的選擇，而社會效用是用社會福利函數來表示的。

因此，在效用主義中，道德指示或價值判斷包含了效用計算。這理論上意指社會福利函數的計算，即是各種選擇的效用之計算，它們間的比較，以及選取具有最大社會效用者的結果。

我發現，對個人的道德行動而言，效用計算可大爲簡化。這種簡化包含幾個步驟，有如下述。

第一，依照我的統合效用主義理論，任何道德行動只影響行動接受者和當事者自己的效用。對其他人的效用並無影響。這是一個具有爭議性之點。硬線效用主義者也許相信任何當事者在任何情景中必須考慮所有窮人的需要。我認爲這一般的貧窮情景是一般性的環境條件，它是與當事者以及他所採取的任何道德行動不相干的。這問題將於第八章中再詳細討論。目前假定所有其他人的效用都不受影響。所以我們只需考慮接受者和當事者的效用，而無需考慮社會其他成員者。即是說，我們根本無需知道其他人的效用函數以及社會福利函數。

此外，我們還需考慮由行動所產生的增量社會價值V_s，它代表道德行動的期望效應，並被用以替代嚴格規則之無限大份量。

注意一高道德行動之正增量社會價值甚至可以忽而不計，因爲這樣一個道德行動對接受者產生一個比沒有行動爲大的效用。例如假定你幫助一窮朋友，代他付了一筆 M 元的醫藥費。你的朋友獲得了 M 元，而你則損失 M 元。你的損失係由你的道德滿足感之價值所補償。所以，你的助人行動總是產生了比沒有行動爲大的效用，還未計算V_s即已是如此。

在另一方面，一不道德行動所產生的負增量社會效用則不可忽視。例如，假定小偷 T 從一富婆 W 處偷竊了 M 元。若偷竊行動的負增量社會價值被忽略了，小偷可以爭辯這 M 元的錢對他的邊際

效用遠較對 W 者為大而認為他的偷竊行為是合理的。

第二，我們甚至於不需要知道接受者和當事者的效用函數，因為哪一種選擇會產生最大社會效用主要乃視各種選擇對接受者和當事者的效用之改變（即增量的效用）而定，卻與接受者和當事者的效用函數及現有效用（行動前之效用）關係較小。效用函數和現有效用只有在考慮邊際效用時才顯得重要，但是在大多數情況下，這情況常是如此明顯，以致我們無需考慮邊際效用。

第三，在大多數情況下，我們無需考慮對當事者的效用。這是一個具有爭議性之點而需要一些說明。在表面上看，既然當事者也是社會成員，對當事者的效用應該是社會福利函數的一部分。這對公共行動是真實而重要的。但是對於個人行動而言，卻不一定如此。我現將對高道德的行動和不道德的行動分別討論。

對一高道德的行動，眾所週知，當事者常常受到犧牲，這犧牲有時會比這行動對別人的效用還要大。在這種情況下，包含當事者在內的社會效用其實並未被這行動最大化，但是不包含當事者在內的社會效用函數則是被最大化了。既然這樣一種重大犧牲的行動被普遍認為是一種高道德行為，那麼在個人行動的情形中，社會效用不包含對當事者自己的效用似乎是較為合理而適切了。

不論從個人或社會的觀點看，為了產生對別人較小的效用而作很大的犧牲和忍受較大的負效用似乎是不理性的事。但是，依照我的統合效用主義詮釋，這負效用是被當事者的道德滿足感所抵銷而有餘。所以，若將道德滿足感對當事者的效用計算在內，那麼社會效用是否包含對當事者的效用在內就不發生差異了。

對一不道德的行動而言，當事者通常受這行動之益，但我們並不同情這當事者，因此不論我們對當事者的效用是否計及，道德

判斷將是同樣的。

還有第四種情景，即是行動的後果不影響對當事者的效用。在那種情況下，是否將對當事者的效用計及也是沒有區別的。

於是，對於這四種情景而言，忽略對當事者的效用並不影響道德指示。因此，我們只需要考慮行動後果的價值，它是唯一的要加以最大化的目標函數。

於此可見，就對一行動的道德指示或價值判斷而言，效用計算可由社會福利函數的計算大為簡化成為只有行動後果之計算。

所以，在統合效用主義理論中，社會福利函數只用於所得分配之目的，這是一種公共行動。對於個人行動，效用計算可簡化為後果的價值之計算。

註　釋

① 盛慶琜著，顧建光譯，《功利主義新論：統合效用主義理論及其在公平分配上的應用》（上海交通大學出版社，1996）。

② C. L. Sheng, "On the Nature of Moral Principles," *The Journal of Value Inquiry*, Vol. 28, No. 4 (December 1994), pp. 503-518.

③ 參見註①，第 222, 232, 332 頁。

④ John C. Harsanyi, "Expectation Effects, Individual Utilities, and Rational Desires," in *Rationality, Rules, and Utility*, ed. Brad Hooker, (Westview press, 1933), pp. 115-136.

⑤ Brand Blanshard, *Reason and Goodness* (New York : Macmillan, 1961), p. 321.

⑥ 參見註①，第 181-182 頁。

⑦ R. M. Hare, *Moral Thinking : Its Levels, Method, and Point* (Oxford : Clarendon Press, 1981), pp. 35-43, 44-64.

第 七 章
增量社會價值

第一節　增量社會價值的意義

在本章中我將詳細地討論一個我前所建議的名詞，「增量社會價值」（societal value）。①這個價值，如名字所指，是與社會有關。另一個名詞，「社會價值」（social value），意指任何社會中制度、系統或慣例的價值，是眾所週知而常用的。這個「增量社會價值」意另有所指。第一、它是限於道德價值的；第二、它是一個增加的價值而非全部價值。準確地說，它是一個道德行動例示（或違犯）一條道德原則、美德或道德法則時所產生的增量價值，它是增加在社會原有的一個制度、系統或慣例的價值之上的，而所例示（或違犯）的道德原則、美德或道德法則即是這制度、系統或慣例的一部分。

增量社會價值是我的統合效用主義理論（UUT）的一關鍵點。從行動效用主義的觀點，一道德行動的後果之價值通常係指對行動之接受者的直接後果之價值。但是，除了這個價值之外，道德行動還有一個對整個社會的價值。一個好的道德行動，在例示一條道德原則、美德或道德規則時，對社會有一正增量價值；一個壞的道德行動，在違犯一條道德原則、美德或道德規則時，對社會有一負增量價值（或減量價值）。這增量社會價值約略相應於

約翰·C·哈桑伊所稱的「期望效應」。②由於這個期望效應，哈桑伊主張堅定的規則和規則效用主義。但是就我所見，這效應不論稱爲什麼，是並非無限的和固定的。它是一個有限的且隨對行動接受者的後果之價值而變的量，雖然它不一定與這價值成正比。

這個增量社會價值可作爲行動效用主義和規則效用主義間的橋樑。在道德指示和道德決策時，必須將行動之所有可能選擇作一比較。行動效用主義之比較係在行動之層次；而規則效用之比較則在規則或道德典之層次。在我的統合效用主義理論中，比較是在行動之層次。這是統合效用主義與行動效用主義之主要相似點。但統合效用主義與行動效用主義之不同處在於作比較時必須設定一個增量社會價值並將其加於其他所考慮的價值上。這增量社會價值乃用以代替道德規則之無限大的份量者。統合效用主義與規則效用主義之不同處乃在於增量社會價值爲有限的而非無限大的。在許多情景中，有一增量社會價值時對一行動之道德指示與無增量社會價值時不同。於是道德規則之效應仍被計及，但並非在絕對的意義上。這事實上就是統合效用主義與規則效用主義間之主要相似點。於是，增量社會價值就以這種方式成爲行動效用主義與規則效用主義間之橋樑或統合。這也是我稱這理論爲統合效用主義理論之主要理由。

第二節　增量社會價值之理由

有人爭議引入增量社會價值之概念並無必要。如果我們建立一個好的制度，系統或慣例，令其絕對不可被違犯，那麼這情景將遠較簡單，爲什麼我們要自找引入增量社會價值之麻煩？

這就是道義論者和規則效用主義者在道德指示中所採取的方

法，但是我要爭辯這種看法和方法行不通。我有至少三個理由為
什麼要採用增量社會價值以替代這個方法，將接下來討論。

採用增量社會價值之一個理由是：一個增量價值，無論有多
大，係設想為有限的，而一條嚴格規則的總價值，如道義論者和
規則效用主義者所主張的，常被設想為無限大的，更不用說那些
範圍遠較道德規則為大的制度、系統或慣例的總價值了。

我曾在別處討論規則之嚴格性，③而本書第十一章第二節中也
將再討論。這裡我只說出其結論，即嚴格規則行不通，因而是不
實際的，因為在兩條有無限大的份量之規則之間不可能作比較。
但是實際上可能兩條道德原則、德目，或道德規則間發生衝突而
必須加以比較並作一選擇。道義論者和規則效用主義者所用的唯
一方法為在原則或規則間建立一個優先次序。建立這樣一個優先
次序不但與無限大的概念不一致，而且是極端困難的事。即使這
樣一個優先次序已經建立起來，這次序多少還是任意的，可能導
向不合理或錯誤的指示。④我現給出兩個指出道德規則的價值之有
限性的例子，說明道德規則在特殊情景下可以被超越。

例子1

這個例子說明一條規則份量之有限性，它可以由一個具有極強
理由的行動來違犯它而予以超越。假定A、B和C為一家小顧問公
司的三個合夥人，他們在同一間辦公室辦公，A開車，而B和C則
否，A通常將他的汽車鑰匙放在辦公桌上。有一天A走到附近去
買東西，照例將車鑰匙置於桌上，突然間，B心臟病發作，C企圖
將B送至醫院，但那時救護車和計程車都沒有空，所以C能做的
事只有等待救護車和計程車，或者未經A的同意擅取A的車鑰匙
而開A的車送B去醫院。在正常情況下，這個後者行動是被認為

錯的,但是,依照我的統合效用主義,這個行動是認為對的,因為 B 的心臟病可能很嚴重,幾分鐘的延誤也許會導致 B 的死亡。因此,將 B 送到醫院去並也許救了 B 的命這事,是遠較遵守不應該未經同意擅開別人的汽車這道德規則更為重要。所以我的道德指示是採取這個行動,即使違犯這一道德規則也在所不計。這個例子顯示這條規則的份量並非無限大的。因此,我們可以下結論說至少有若干道德規則並非絕對的也並沒有無限大的份量。

例子 2

假定 M 從富裕友人 R 處偷竊五千元以幫助貧窮友人 P 支付一醫藥賬單。五千元對 R 的效用假定為遠較對 P 者為小,令

U_a 為 M 的行動對社會之總增量效用,

U_r 為對 R 之增量負效用,

U_p 為對 P 之增量效用。

注意 U_p 是正的,但 U_r 則是負的.既然 U_p 係假定為較 U_r 為大,對社會之總效用,亦即增量的效用之總和,U_a,似乎是 $U_a = U_r + U_p > 0$

因此,非效用主義者假定效用主義之道德指示為 M 之偷竊行為是對的,但是 M 之行動有一大的增量社會負價值尚未計及,這增量社會價值是由於這行動違犯了不可偷竊這正常慣例或規則。

令這增量社會負價值或負效用以 V_s 來代表。於是對整個社會的總增量效用成為 $U_a = U_r + U_p + V_s$

注意這裡 U_p 是正的,但 U_r 和 V_s 二者都是負的,藉把 V_s 設定為一足夠大的負價值,我們得到 $U_a < 0$

從上述例子可見,雖然 U_p 對窮朋友 P 的效用是相當大,但是它仍為增量社會負價值 V_s 所超越。因此依照統合效用主義理論,M 之行動應該被認為是錯的,或者說對 M 之偷竊行動之道德判斷是這

是一個不道德的壞行動，而對M的效用主義指示是不採取這行動。

注意，例子2與例子1僅有些微不同。在這例子中，行動也不牽涉到當事者自身的利益，但是由於違犯規則的理由不足，例子2的道德指示與例子1就不同了。

採用增量社會價值的第二個理由是例示某一道德規則的增量社會價值係設想為可以隨行動和情景而改變的，但是一條規則的總價值則是常設想為固定的。例如，考慮「人不應該說謊」這條規則，謊有份量，所以可以有「大謊」與「小謊」之分。對小謊設定一個小的負增量社會價值而對大謊設定一個相對較大的負增量社會價值似乎是合理的事。增量社會價值的大小之靈活性意味著二條規則 R_1 與 R_2 間並無一個固定的次序。在某一情景中 R_1 可以比 R_2 重要而凌駕 R_2，但在另一情景中 R_1 也許比 R_2 不重要而被 R_2 所凌駕。

我現提出另一個例子顯示道德規則之價值並不是固定的而可隨情景而改變。我將在下列例子中考慮同一例子的二種稍為不同的情景，並顯示二種情景中的不同道德指示。

例子 3

這例子將二條道德規則 R_1 與 R_2 作一比較，並顯示在某一情景中 R_1 比 R_2 更為重要，而在另一情景中則 R_2 比 R_1 更為重要。

假定 P 為一胃癌病人，但 P 並不十分清楚他病狀的嚴重性。P 的妻子 W 請求醫師 D 不要讓 P 知道其病狀之嚴重情況，因為 P 是很神經質的，故而知道這嚴重性或許會引起很不良的心理反應。D 並未預料 P 會向 D 談起病情，故而答應 W 的請求。但後來在某一情況下 P 向 D 問起他的病情，於是 D 現在就處於這樣一個兩難中。D 只有二種選擇，若 D 講實話，那麼 D 將毀棄他對 W 的承諾；若

他遵守他對 W 的承諾，那麼他將對 P 說謊。所以，這是一個這樣二條道德規則間的衝突：「人不應該說謊」和「人應該遵守承諾」。

我從統合效用主義觀點的指示是說謊而遵守承諾，因為這謊是一個仁慈的謊，但毀棄這承諾可能不但引起 W 的焦慮，並且還導致對P的嚴重心理影響。在這個情形下，謊言是小的，而承諾則比較大些。

現考慮同一個問題但其情景則稍有不同。若P向D表示P並非十分神經質，P早已對病情之嚴重性有所期待，而且P需要獲得若干較為確定的資訊俾 P 可以立一遺囑以處理其財產和其他私人事務。在這種情況下，我將把我的道德指示反過來，即是我認為 D 告訴P實情而毀棄對 W 的承諾是對的，因為現在這個謊將會是大的而毀棄的承諾則成為小的了。

例子3的二種情景顯示道德規則之份量不但隨行動之實質而改變，且也隨情景之細節而有所不同。在這二種情景中，謊言和承諾並未改變。謊言是不對P講病的實情，而承諾是不對P洩漏病的嚴重性。但是其情景和說謊或毀棄承諾可能發生的後果則已改變了，所以這個例子足以強力支持我的看法：要將規則排列一優先次序是不實際也不可能的事。

要採取增量社會價值的第三個理由是，即使一條規則的總價值假設為有限的，決定增量社會價值的困難遠不及決定規則的總價值那麼大。若我們不採用增量社會價值，那麼我們必須考慮量度，和決定一個原則、規則，或甚至整個系統、制度或慣例的價值。這是遠較決定一個增量社會價值更為困難的事。決定一個系統、制度或慣例的總價值或增量價值都是困難的事。但是，相對地說，增量價值是遠較易於決定或設定，因為我們最少可以想像行動的

後果,而既然增量社會價值是行動對接受者後果的價值之函數,我們也可以從後果中獲得一個增量價值大小的粗略概念。

第三節　增量社會價值之決定

有人或許要問:「我們怎麼樣去決定增量社會價值?」對於這個問題,我必須承認,我們無法精確地決定增量社會價值。我們最多只能估計而設定它而已。如上所述,一個系統、制度、慣例、道德原則、德目或道德規則的價值之決定,係遠較決定一道德行為的增量社會價值為困難。道義論者和規則效用主義者並無這個困難,因為他們把道德規則視為絕對的而具有無限大的價值。但是這只是一個解決問題的粗糙方法,留下了道德原則間或道德規則間發生衝突的可能性。因此我只說這麼多:引入增量社會價值是規則崇拜這粗糙方法的一種精鍊。我無法保證我們可以在每一個道德情景中找到一個適切的增量社會價值因而作出一個對的指示,但是,有了增量社會價值以後,一個道德情景中各種價值間之關係無疑地將有一個比較清楚的結構,因而在一複雜的情景中將比任何其他方法更容易也更可能作出一個對的指示。

如我在別處所提出,在我的效用主義價值論中,價值是主觀的。⑤它只能被主觀地量度、決定或比較,但並非非客觀地。所以在決策時,它必須由當事者設定,而在道德指示時,必須由判斷者設定。但是設定一個增量社會價值確切地遠比設定一個總價值為容易。

在大多數普通的情景中,幸運地有經驗規則可以依賴。只有在疑惑不決或困難的情況下才需要設定增量社會價值和作效用計算。再者,對一高道德的行動,增量社會價值之設定和效用計算通常

是不需要的,只有在一消極義務被一不道德的行為違犯的情形下增量社會價值之設定才顯得重要。在這種情形下設定一個相當大的增量社會價值差不多總是對的。這就相當於接受一條嚴格的規則。只有在特殊或例外的情況下道德原則或規則才必須違犯。但在這些情況下,通常總是有一個非常強烈的理由去凌駕原則或規則,如上面開別人汽車的例子所示。所以這也不是十分難以處理的。

真正的困難發生在兩條似乎有相近的份量或重要性的原則或規則間有衝突的情況下,例如上面例子 3 中不說謊規則和遵守承諾規則間的衝突。不同的決策或指示會造成對行動接受者不同的後果,但這些細節都又無法在規則中清楚說明。將決策和指示留給當事者和判斷者似乎是較為合理。畢竟人有時必須自己作出決定和判斷,不能在每一種情景中都依賴規則。

有人也許還要質問引進增量社會價值概念的用處,因為增量社會價值是設定的而非給出的,再者,它並非易於決定。所以,有人也許這樣推論:增量社會價值無助於道德判斷或道德決策中的效用計算,我們何必引進它而自找麻煩?

我對這個問題的回答是:引進增量社會價值概念之主要目的是解決原則間或規則間之衝突。如前所述,道義論者和規則效用主義者認為規則是絕對的而具有無限大的份量,這是相當於對增量社會價值設定一無限大的價值。事實上,無限大的增量社會價值是極限的情況,它不容許比較且有時導向原則間或規則間無可解除的衝突。一有限的增量社會價值是一般的情況並且較無限大的增量社會價值更有靈活性。一個無限大的增量社會價值相應於理想的或極端的情況,但是現實中人是並非完善的,而在某些情景中不一定會採取對的行動。所以有限的增量社會價值之概念,和

道德滿足感之概念，供應了一個對道德行動所有情景作清楚合理解釋之架構。

至於效用計算之困難，它成爲非效用主義者提出的對效用主義的重大反對。但，如在第六章所說明，它是可以大爲簡化的，因而對效用主義並不造成真正的問題。

第四節　道德指示和道德決策

多年以前，R・尤金・貝爾斯（R. Eugene Bales）曾詳細討論行動效用主義判定爲對的之特性與決策程序間之區別。⑥雖貝爾斯自己並未聲稱爲行動效用主義者且並未用他的論據來爲效用主義辯護，但他卻曾強力駁斥據於行動效用主義在其決策程序中的若干弱點之反對。近來丹尼爾・E・派滿，在駁斥規則效用主義時，再強調了這個區別。⑦我對此問題有興趣，因爲在我的統合效用主義理論中，我用了決策理論的方法。但是在統合效用主義中的決策與貝爾斯和派滿所指者不同。我的道德行動之決策模式係用來說明道德行動的決策現象與非道德行動者相似，祇是在前者中有一個額外的對當事者的道德滿足感價值。這價值說明了爲什麼當事者願意採取高道德的行動，有時還作相當大的犧牲。所以，在我的術語中，道德行動之價值意指行動對當事者的價值。在另一面，貝爾斯和派滿所指的「決策程序」是指決定哪個選擇具有最大效用的程序。所以他們的決策程序或許可更適當地稱爲「社會效用計算」。效用原則僅總述引起最大社會效用之行動是對的行動，但並不給出如何計算社會效用之詳細程序。事實上，有時效用計算中會發生重大困難。就上述的區別而論，我完全同意貝爾斯和派滿的說法，但否認效用計算是效用主義的致命弱點。

　　無論如何，若一個倫理學理論只給出一個抽象的準則卻無實際的方法可將準則應用，那麼這理論也就並不十分值得讚賞了。幸虧效用計算並不十分困難，至少不像某些非效用主義者所設想那樣困難。在第六章第五節中我曾爭辯效用計算可大為簡化。對大多數個人道德行動言，我們無需計算社會價值，和對當事者自己的效用。再者，我們還不必知道對他們的總效用。我們只需計算由行動所造成的對他們的增量效用而己。

　　在本節中我將藉一例子用增量社會價值來說明道德指示與道德決策間之區別。即是說，我將根據我的統合效用主義理論來顯示增量社會價值如何在道德指示和道德決策中扮演它的量化角色。

例子 4

　　商人 B 請求公務 C 在處理一件與 B 有關的案件中作對 B 有利的處理，並給 C 一萬元的賄賂。正常情形下 C 應該用一種對 B 不利的方式處理，但 C 能找到藉口作對 B 有利的處理，可不被發現和受法律之懲罰。現在的問題是：「 C 接受一萬元的賄賂在道德上是否對的？」

　　我將用我統合效用主義理論中有關增量社會價值的量化方法來分別分析⑴道德指示和⑵道德決策。

⑴道德指示

　　在統合效用主義中，道德指示係用行動的各種選擇的後果價值之比較來決定的。對的行動是具有最大效用的選擇。令

a_1為不受賄賂的行動，

a_2為接受賄賂的行動，

$V_r(a_1)$為a_1對接受者的直接後果之價值，

$V_s(a_1)$為a_1之增量社會價值，

$V_c(a_1)$為a_1對社會的後果之總價值，

$V_r(a_2)$為a_2對接受者的直接後果之價值，

$V_s(a_2)$為a_2之增量社會價值，

$V_c(a_2)$為a_2對社會的後果之總價值。

既然在正常情況下公務員不應該接受賄賂，$V_r(a_1)$、$V_s(a_1)$ 和 $V_c(a_1)$ 都是零。

現考慮 a_2 之價值。商人 B 給了公務員 C 一萬元而損失了一萬元，所以 $V_r(a_2) = \$-10,000$。

嚴格而論，B 之損失已由 C 另一個對 B 有利的行動（即對此案件作對 B 有利之處理）所補償而有餘。所以承受損失者是整個社會。但為簡化計，我不考慮那另一個行動而只考慮這個接受賄賂的行動。因此 B 係視為承受一萬元損失的人。

現假定我們，作為判斷者，設定這接受賄賂的行動之負增量社會價值為 $-\$30,000$。即是

$$V_c(a_2) = V_r(a_2) + V_s(a_2)$$
$$= -\$10,000 + (-\$30,000)$$
$$= -\$40,000$$

既然 $V_c(a_1) = 0$

$$V_c(a_2) > V_c(a_1)$$

因此，這道德指示是：a_1 是對的行動。

(2)道德決策

在統合效用主義中，道德指示係判斷者根據各種選擇的後果對社會的效用之評價，但道德決策則是當事者自己根據各種選擇對當事者自己的效用之評價。所以各種價值均係對 C 自己而言。令

$V(a_1)$為a_1之總價值，

$V_g(a_1)$ 為 C 選擇 a_1 時之利益，

$V_m(a_1)$ 為 C 選擇 a_1 時之道德滿足感價值，

$V(a_2)$ 為 a_2 之總價值，

$V_g(a_2)$ 為 C 選擇 a_2 之利益，

$V_m(a_2)$ 為 C 選擇 a_2 時之道德滿足感價值。

依照統合效用主義，

$$V_m = kV_c$$

此處 k 是 C 的道德係數。

於是，依照第六章中之公式，我們得

$$V(a_1) = V_g(a_1) + V_m(a_1)$$
$$= V_g(a_1) + kV_c(a_1)$$
$$= V_g(a_1) + k[V_r(a_1) + V_s(a_1)]$$
$$V(a_2) = V_g(a_2) + k[V_r(a_2) + V_s(a_2)]$$

以上面我曾指出 $V_r(a_1)$、$V_s(a_1)$ 和 $V_s(a_2)$ 均為零。既然採取 a_1 時 C 沒有得到什麼，$V_g(a_1)$ 也是零。所以，我們得

$$V(a_1) = 0$$

至於 $V(a_2)$，$V_g(a_2)$ 是賄賂款，所以

$$V_g(a_2) = \$10,000$$

假定 V_s 仍被設定為 $-\$30,000$。再假設 k = 0.5。於是我們得

$$V_m(a_2) = 0.5 \times [-\$10,000 + (-\$30,000)]$$
$$= -\$20,000$$

而

$$V(a_2) = \$10,000 + (-\$20,000)$$
$$= -\$10,000$$

既然

$$V(a_1) = 0$$
$$V(a_2) < V(a_1)$$

所以在這案例中 C 將不接受$10,000 的賄賂。

眾所週知，在正常社會中，大多數公務員不接受賄賂，但有少數人會接受，這主要是由於道德係數 k 的差別。顯然的，只要將 V_s 設為負的，當 k = 1 時，$V_g(a_2)$ 總是負的。這表示一個具有最高道德水準的人永遠不會接受賄賂。

但是對於有些人，有時是否接受賄賂會視賄賂之大小而定。也許某人不接受一萬元的賄賂，卻會接受十萬元的賄賂。為什麼呢？一般我們說這人不能抵擋這大量金錢的誘惑。這可以用增量社會價值來更為清楚地量化說明。

再考慮上面的例子，不過將賄賂款從一萬元改為十萬元。任意所設定的增量社會價值不一定須與賄賂款成正比。我們可以假設增量社會價值是賄賂款的一個非線型函數，它單調地隨賄賂款的增加而增加，但低於照比例之增加。令這增量社會價值為 $-$80,000$。

於是我們得

$$V(a_2) = V_g(a_2) + kV_m(a_2)$$
$$= V_g(a_2) + k[V_r(a_2) + V_s(a_2)]$$
$$= $100,000 + 0.5[-$100,000 - $80,000]$$
$$= $100,000 - $90,000$$
$$= $10,000$$

既然　　$V(a_1) = 0$，

$$V(a_2) > V(a_1)$$

所以在這情況下，C 的決策是接受$100,000 元的賄賂款。

注意這道德決策例子是接受或不接受賄賂的描述，並非對決策

的支持或理由。究竟這決策是對的或錯的是應該由道德指示所制定的。

第五節　增量社會價值和道德滿足感價值之量化處理

效用計算，除了牽涉到增量社會價值之外，也無可避免地牽涉到道德滿足感價值。在本節中我將用例子來說明如何對這二種價值作量化處理。道德滿足感的價值是用其他價值和道德係數k來表示的。但是V_s和k，作爲統合效用主義的二個關鍵點，事實上是二個未知量，它們是有待於假設或設定的。但是怎麼設定呢？本節中我將詳細討論這二個參數，希望能給出，即使不是完全的程序，至少若干效用計算的指導方針。我將用非常簡單的例子來說明。

先考慮道德係數k。對於一個我們並不熟悉的普通人，我們可以假設 k = 0.5。對於一個較平均的人更善一些的當事者，或者對一已經採取的高道德行動之情景，我們可以假設 k = 0.7 或 0.8。對於一超義務行動的當事者或對一假設的理想情況，我們可以假設 k = 1。對於一個已經作了一件不算太壞的壞事之當事者，我們可以假設 k = 0.3 或 0.4。對於一個極惡的壞人，諸如強盜或綁票匪徒，我們可以假設 k = 0.1 或 0。

如將於下章中討論的，積極義務與消極義務的相對重要性間有一區別。消極義務常是嚴格的，而積極義務則並非如此嚴格，而有些則爲有條件的。因此，對違犯消極義務的行動所設定的負增量社會價值必須非常大，而對例示一積極義務的行動所設定的正增量社會價值則應比較小，甚至有時可忽而不計。

所以對一高道德行動所設定的增量社會價值 V_s 可以較小，例如 $V_s = V_r$，或 $V_s = 0.5V_r$。即使我們不設定一增量社會價值，效

用計算常仍是正確的。

對一不道德的行動，V_s 是負的，且必須設定為一相當大的負價值，對於違犯一並不十分重要的道德規則之行動，我們可以設定 $V_s = 2V_r$ 或 $3V_r$。對於違犯一嚴重道德規則的行動，我們可以設定 $V_s = 10V_r$，甚至 $V_s = 100V_r$。

現我將用例子說明效用計算中的 k 之假設和對 V_s 之設定，以說明統合效用主義在實際情景中之應用。

⑴捐款

首先考慮一捐款的例子。在第六章第二節中曾有一分析行動後果價值的捐款例子。現在我們來看是否可以證立這捐款行動是對的。

如將在第八章中討論和爭辯，捐款是一慈善行動，它並不是強迫的。因此，沒有規則來指示在某種情景中應該捐款的數量。所以在統合效用主義中也不可能假定一個道德係數 k 和設定某個增量社會價值 V_s。若我們假定一個道德係數 k 和設定一個固定的增量社會價值 V_s，其後果將變為當事者應該捐助某一固定數量的錢，這似乎是荒謬的。若我們設定 V_s 為與捐款數 V_r 成正比，如 cV_r，此處 c 為一常數，那麼其結果將成為要嘛當事者不必捐錢，要嘛捐任何數量的錢，這也似乎是荒謬的。

然而，若有一捐款行動已經實行，那麼統合效用主義可以證立這行動為對的，只須檢查 V_r 而無須依賴增量社會價值和道德係數。假定一人捐了一萬元給基金會，那麼 $V_r = \$10,000$，這是大於不捐款時的 V_r 零。

與慈善行動相似，一般性的積極義務也不清楚指示人應該怎麼做。以「人應該對別人仁慈」這一般性積極規則為例，它並不規定人應該如何仁慈。所以增量社價值 V_s 和道德係數 k 也不能用以

決定人應該如何仁慈。

(2)偷竊

其次，考慮一不道德行動例如偷竊，這是違犯「人不應該偷竊」這消極義務的。

假定竊賊 T 自某人 M 處偷了一萬元，所以 $V_r = -\$10,000$。既然偷竊是週知的壞事，無人願意被偷，我們設定 $V_s = 3V_r = -\$30,000$。故這行動後果的價值是

$$V_c = V_r + V_s = -\$10,000 - \$30,000 = -\$40,000$$

這裡 V_c 當然是比沒有偷竊的後果價值零為壞。所以這偷竊行動是錯的。

但是對竊賊 T 的價值卻是正的，否則他就不會去偷了。作為一個竊賊，T 的道德係數自然是很低的，故可以假設為 0.2 或 0.3。但是 T 對他的壞行動也許有藉口而不承認有這樣低的道德係數，所以，他也許認為自己有一個平均的道德係數 0.5。但是，作為一個竊賊，他可能完全忽視社會的譴責和增量社會價值。所以對 T 的價值是

$$V = V_s + V_m = \$10,000 + 0.5(-\$10,000)$$
$$= \$5,000$$

所以，從 T 的觀點看，V 是正的，這說明了為什麼 T 採取了這偷竊行動。

現在如果我們將行動後果對社會的價值和行動對 T 的價值都視為增量的社會效用之組成部分，那麼我們就得

$$U = V_c + V = -\$40,000 + \$5,000$$
$$= -\$35,000$$

這裡社會效用 U 仍舊是負的，它是低於不偷竊的零。

(3)謊言和承諾

現考慮一個兩條道德規則間的衝突。假定某人P係處在這樣一種情景中，若P對友人A遵守諾言，那麼他將對另一友人B說謊，而若P不對B說謊，則P必須毀棄對A的諾言，所以P係處於一個不說謊和不毀棄謊言的兩難之中。

若P說謊，P對B產生一負效用，而P自己則並無所獲。相似地，若P毀棄對A的謊言，P對A產生一負效用，而P自己也並未得益。

令a_1代表說謊的行動，而a_2代表毀棄謊言的行動。

假定增量社會價值是行動後果之價值乘以一常數。令a_1中之常數為c_1，而a_2中之常數為c_2。於是行動a_1和a_2的後果之價值為

$$V_c(a_1) = V_r(a_1) + V_s(a_1)$$
$$= V_r(a_1) + c_1 V_r(a_1)$$
$$= (1 + c_1)V_r(a_1) \tag{7-1}$$
$$V_c(a_2) = V_r(a_2) + V_s(a_2)$$
$$= V_r(a_2) + c_2 V_r(a_2)$$
$$= (1 + c_2)V_r(a_2) \tag{7-2}$$

$V_c(a_1)$和$V_c(a_2)$二者都是負的。若

$$V_c(a_1) > V_c(a_2)$$

則a_1是對的行動。若

$$V_c(a_1) < V_c(a_2)$$

則a_2是對的行動。

從公式(7-1)和(7-2)可見V_c視二個因素而定，即常數c和後果對接受者的價值V_r。c代表當事者對謊言和承諾的相對的主觀重視度。從價值判斷的觀點言，我們或可假設$c_1 = c_2$。但是V_r視謊言和

承諾之內容而定，對它們的大小當事者比任何其他人知道得更多。
我曾履次強調，內容之份量隨行動和情景而改變。有「大謊」與
「小謊」之別，也有「大承諾」和「小承諾」之別。因此，在統
合效用主義中對此種情景之比較和決策係置於行動的層次並留給
當事者來作。

在此案例中，對當事者之價值只有道德滿足感價值。它們是

$$V_m(a_1) = kV_c(a_1) = k(1 + c_1)V_r(a_1)$$
$$V_m(a_2) = kV_c(a_2) = k(1 + c_2)V_r(a_2)$$

於此可見對當事者之價值係與行動後果之價值成正比，故道德
決策係與道德指示相一致。這只是這道德規則間衝突的特殊情景
之結果，並非一般性的結果。

註　釋

① 盛慶琜著，顧建光譯，《功利主義新論：統合效用主義理論及其在公平分
配上的應用》(上海交通大學出版社，1996)，第 222, 232, 332 頁。
C. L. Sheng , "Societal Value as a Link between Act-Utilitarianism and Rule-
Utilitarianism ," presented at *The International Society of Utilitarian Studies
Conference*, Winston-Salem , NC, U. S. A., March 24-26 , 2000.

② John C. Harsanyi , "Expectation Effects, Indiviclual Utilities, and Rational De-
sires," in Rationality, *Rules, and Utility*, ed. Brad Hooker (Westview Press,
1993), pp. 115-136.

③ C. L. Sheng, "On the Nature of Moral Principles," *The Journal of Value Inquiry*,
Vol. 28, No. 4 (December 1994). pp. 503-518.

④ 參見註①, 第 212 - 216 頁。

⑤ C. L. Sheng, *A Utilitarian General Theory of Value* (Amsterdam and Atlanta: Rodopi International Publisher, 1998).

⑥ R. Eugene Bales, "Act-Utilitarianism : Account of Right-Making Characteristics or Decision-Making Procedures?" *American Philosophical Quarterly*,Vol. 8, No. 3 (July 1971) , pp. 257-265.

⑦ Daniel E. Palmer, "On the Viability of a Rule Utilitarianism," *The Journal of Value Inquiry*, Vol. 33, No. 1 (March 1999), pp. 31-42.

第八章
個人中心的特權

第一節　硬線效用主義與軟線效用主義

在本章中我將討論一個效用主義的極爲嚴重的困難或是對效用主義的反對，即效用主義一般被假定爲對個人中心的特權（person-centered prerogative）冷漠或無法處理。湯瑪斯‧那蓋爾（Thomas Nagel）稱一個不牽涉任何觀點的理由爲客觀的，並稱一個專門爲當事者自己的理由爲主觀的。①迪雷克‧派非（Derek Parfit）稱客觀的理由爲個人中立的，並稱主觀的理由爲個人相關的。②其後那蓋爾更清楚地再界定個人中立的和個人相關的。他道：

> 理由變動的第二點是它們對當事者，即爲他而建立理由的個人，之相關性。……如果理由具有普遍的形式，它並不包含對具有理由的某位個人的主要指向，那麼這是一個個人中立的理由。在另一方面，如果理由的普遍形式含有一個對具有理由的某位個人之主要指向，那麼這是一個個人相關的理由。③

一般的看法認爲後果主義（consequentialism）是個人中立的，而非後果主義（nonconsequentialism）則是個人相關的。效用主義之假設的個人中立性質於是被稱爲效用主義之嚴重缺點。約翰‧勃羅姆（John Broome）注意到這種看法，但他是反對這種看法的，尤其反對將個人中立包含在後果主義的定義之內。勃羅姆道：

後果主義已成為要用個人中立來予以認同，而非後果主義則用個人相關。近來後果主義的討論大部分是個人中立的討論。但是我認為這個人相關與個人中立間的辯論已將注意力從其他重要問題上移開了。目的論的（teleological）或非目的論的（nonteleological）這個問題應該與個人中立的或個人相關的這個問題分開。因此，將目的論與個人中立連在一起是錯誤的。有更好的方式來描繪目的論倫理學的特性，這種方式可以容許非目的論的理論個人中立，也容許目的論的理論個人相關。④

在這點上我同意勃羅姆的意見。以前我曾針對人權理論者（rights-theorists）的攻擊而替效用主義辯護，辯稱效用主義並不是一個容許替代、效用主義犧牲，和利益抵換的理論。⑤我也曾辯稱效用主義並非對分配冷淡。⑥現在我將從另一角度研究個人中心的特權這問題。我將從說明所謂的硬線和軟線效用主義開始。

喬佛雷‧斯開爾（Geoffrey Scarre）指出有些效用主義者對道德義務有一嚴格主義的看法並稱這種看法為硬線（hard line）。⑦在硬線者中，彼得‧辛格似乎是最嚴格的。辛格說：「因為捐錢被認為是一種慈善行動，所以不捐錢就不認為是錯的了。被認為這種對捐錢的看法是不能證立的。……反之，我們應該捐錢，而不這樣做是錯的。」⑧

在這點上我不同意辛格的意見，稍後將詳細討論。斯開爾稱辛格對道德水平的概念為聖人級，這是在大多數人的能力以外的，⑨R.M.海爾並不要求我們做聖人，但要我們儘可能努力邁向聖人這目標。他說：「我們每個人必須問自己可能達到的聖人程度，而努力邁進。」⑩

一個效用主義者是否採取硬線乃表達於捐錢給窮人的態度。如

果一個效用主義者主張某種數量的捐獻是必要的，那麼他就可稱
為是硬線者，依照這個準則，那麼理查·B·勃朗特也採取硬線，
因為他的理想道德典理論主張計算並比較有捐獻和沒有捐獻兩種
情況的社會效用。⑪約翰·C·哈桑伊的偏好規則效用主義在處理
真正偏好時使用一社會福利函數，因此也可認為採取硬線。⑫

效用主義的硬線看法之主要困難在於這看法將當事者置於一種
無時無刻不計算效用的情境。這就是說，當事者在採取每一個行
動前，甚至於在不採取任何行動時，應該計算並比較對所有人的
效用。再者，這種看法對個人中心的特權不留餘地，即是說這種
看法完全忽略了人本身是目的以及每個人有他自己的人生計劃必
須實現這一事實。

許多人不喜這效用主義的硬線看法而喜好一種軟線（soft line）
的。即是說，效用主義可以是人性的。薩謬爾·雪佛勒（Samuel
Sheffler）指出二種可以達成軟線的方法，稱為「解放戰略」（lib-
eration strategy）和「最大化戰略」（maximization strategy）。⑬解
放戰略並不要求個人經常從可行的行動中選擇最大化的行動。但
如喬佛雷·斯開爾所辯稱，「這解放戰略之主要問題是它缺少一
套有說服力的理由。」⑭

最大化戰略係源自亨利·薛奇威克。他道：「普遍所接受的自
特殊關係發生的對特殊要求和義務之看法，雖然自明地與效用原
則之公平普遍性不符，實際上係由這原則之一熟慮過的應用所維
持的。」⑮薛奇威克的特殊關係似乎是一套合理的說辭，它仍為當
代哲學家們廣泛接受。⑯但如薛奇威克自己所說，這看法是違反效
用原則之公平普遍性的。因此，這最大化戰略也並非完美無缺。

我企圖建議另一種軟線戰略。這戰略係根據三種關於行動的區

分：一種是個人行動與公共行動之區分；另一種是積極義務與消極義務之區分；第三種是積極義務與慈善行動之區分。這三種區分將於以下的數節中詳細說明和討論。

我曾研究一般環境條件與道德行動之關係，並辯稱這種條件與任何道德行動毫不相干。[17]即是說，如果一當事人意欲採取一個道德行動，不論這行動是一義務或是一慈善行動，這當事人無需將一般的環境條件加以考量，在本章第五節中，我將對這不相干性簡單討論。

然後我建議一種當事者處於其中可以自由採取某種道德行動的狀態，稱為參考狀態（reference state）。這狀態是一種原初狀態，在此狀態中當事者除了他即將採取的道德行動之外並無其他積極義務。在此參考狀態中，當事者只需考量對行動之接受者及對當事者自己之效用，但無需考量對其他人之效用，於是當事者可以從一般性的效用計算和聖人級的道德要求中獲得釋放。

三種區別、道德不相干（moral irrelevance）、道德之靈活性，以及參考狀態等概念均係相互關聯。因此，本章之最後一節將討論影響效用計算的各種因素間的關係以作為結論。

第二節　個人行動與公共行動

眾所周知，個人行動（personal action）與公共行動（public action）有別。如果有人在一組織中任職，不論這組織是政府機關、基金會或私人公司，這人替組織所做的任何工作都稱為公共行動，這公共行動也認為是組織作為一個法人的公共行動。

公共行動大多數是為了社群的利益，因而自然而然地產生了社會效用，和個人行動中的積極義務一樣。可是我發現個人積極義

務與公共行動間有一主要區別。個人行動差不多總是處於一特殊的情景中，而公共行動則否。舉例說，如果一個月以前你向一朋友借了一百元，以一個月為期，那麼今天你應該將這一百元還給你的朋友。你向你朋友借一百元是一特殊情景，這造成了你今日還錢的義務。注意這特殊情景中的「特殊」並不限於特殊的個人關係。你可以向朋友甲借錢，也可以向朋友乙借錢，也可以向一親戚借錢。這裡的「特殊」係指你向貸款者借錢，但與你和貸款者間的關係無關——不論你們是朋友，是親戚，或是家屬。再舉另一例子，考慮「人不可以說謊」這道德規則。這規則是一般性的，因為接受者可以是任何人，無需與說謊者之間有任何特殊關係。這例子中的特殊情景是謊言之接受者只是你對其講話而告訴他若干事實的那個人而已。

我用「特殊情景」（special situation）這名詞而不用「特殊關係」（special relation）是因為前者範圍較廣而包含後者在內。特殊關係指這些人際關係諸如親子關係和朋友關係。當然，特殊關係也製造特殊義務，例如父母有教育子女的義務，但並無教育他人子女的義務。因此，一種特殊關係自然會引起更多的特殊情景，但「特殊情景」這名詞似乎更為普遍並適宜於解釋為什麼我們要採取個人行動。

現在再考慮公共行動。我以幫助窮人的行動作為例子。假定教授P住的城市中有一百個極窮的人。作為一個教授，P不富，但相當寬裕，他有些積蓄，可用以幫助窮人。現在的問題是：「就幫助窮人這行動而言，對P的正確效用主義指示是什麼？」我根據我的統合效用主義理論的答案是：P幫助窮人是值得鼓勵的，但並無必要去幫助，因為並無特殊的情景要求P去幫助。這一百個人的貧

困有許多可能的因素，例如，一個原因是一場火災或汽車意外造成財富或身體的重大傷害。這可以用好的保險制度來加以預防或補救。但假如在這社會中並沒有適當的保險制度，那麼這件意外可能使這家庭變成非常貧窮。但是這樣一情景並不足以造成一個要求P採取作為義務的幫助行動，因為P無需對此情景負責，甚至P也許完全不知道這件意外。另一個貧困的原因是窮人自身的不良行為，例如沉迷於豪賭，致失去所有財產或甚至破產。理論上這窮人自己應該對此情景負責，而這情景也並非一種要求P採取作為義務的幫助行動之情景。還有一個貧困的原因是長期的失業，而社會上又沒有失業救濟制度。這是一個社會問題，即是社會本身不夠好，但是這情景仍非一個要求P採取義務性的幫助行動之特殊情景。

不論造成一個人極度貧困之原因為何，有若干社會成員財務上處於貧困線之下而過著一種悲慘的生活總表示出社會之不夠好。做些補救這種情境的事是社會全體或政府的事。但這是公共行動，並非個人行動。一般我們常說我們有一義務在財務上去幫助最窮苦的人。我認為這是一個模糊的、粗糙的和不精確的說法。一個人有一種改良社會的一般性義務，但通常情況下除了做好自己的工作和參加一些政治工作以便監督政府作為善盡公民的職責外，似乎沒有什麼辦法可以做其他事情。有時候政府或社會沒有足夠的資源去做所有幫助窮人的善事，而必須依賴由社會個別成員所貢獻的幫助。但是我們稱這些個人所做的好事為慈善行動，它們是值得鼓勵的，卻不是義務性的。

有些作者批評效用主義之公平普遍性，在說明公共行動與個人行動間之區別以後，我敢說，就個人慈善行動而言，公平的普遍

性是不需要的。但是就公共行動而論，則公平普遍性是必要的。只有當政府或社會做若干幫助窮人的事時，我們需要一個公平的制度，俾利益可以在窮人間公平分配，但當某一個人P要幫助窮人時，P可以幫助窮人甲，或窮人乙，或任何別人，這裡並不存在分配問題。

第三節　積極義務與消極義務

此節中我們將討論第二種區分，即積極義務（positive duty）與消極義務（negative duty）間之區分。義務有積極義務與消極義務之分。我將用效用來說明。積極義務是一種必須採取的行動，並且對行動之接受者具有正效用。消極義務是一種必須避免採取的行動，此行動若被採取將對行動之接受者具有負效用。故若一會游泳的人救起了一個溺水者，這行動是一積極義務，而不說謊則爲一消極義務。

我發現，較之消極義務，積極義務是比較不常遇到的。此可以用基督教之十誡作爲見證：十誡中有八誡爲消極義務，只有二誡爲積極義務。

此現象的原因之一是許多積極的高道德行動都是慈善行動，根據統合效用主義，它們並不被認爲義務。正常情況下，是否採取這樣一種行動以及採取到何種程度都係取決於當事者自己。這樣一種行動對當事者並不形成一種負擔如義務然。

另一個原因是有些積極義務說詞模糊，因爲它們很難說得清楚。例如我們有一積極義務：我們應該對人仁慈，但是很難說清楚我們應該如何仁慈。於是，除非有人對別人表現了極不仁慈的態度，很少有人被譴責爲違反這條規則的。

　　第三個原因是一個積極義務常附有許多條件，以致符合此種義務之特殊情景非常稀少。例如，考慮應該救一溺水者的積極義務。我們都知道救人一命是非常重要的事，故而這義務是嚴格要求的。但是，此義務之形成視很多條件而定。第一、如果當事者某甲係認為有救一溺水者乙的義務，那麼甲必須與乙距離甚近並且知道乙已經落水，譬如說掉在一條河裡。有許多溺水者距離甲甚遠以致甲並不知道他們的溺水。甲當然並沒有救這些溺水者的義務。第二、甲必須會游泳才有能力救乙。第三、甲自己失去生命的危險之機會必須很小。如果有大暴風雨以致救乙的事非常困難，甚且對甲來說救乙的事是很危險的，那麼甲就沒有這個義務了。第四、甲必須是在乙附近唯一能夠救乙的人。如果有很多能救乙的在附近而甲又另有要事待理，那麼道德也並不一定要求甲去救乙。因此，甲有這樣一種救溺水者的積極義務的特殊情境之機會實在是非常之低的。我稱這種積極義務為條件性積極義務（conditional positive duty）。

　　我又發現積極義務常是並非嚴格要求的。例如選舉時的投票。我們都知道在政治選舉中我們應該投票，因為投票既是義務又是權利。但是，實際上許多人為了各種理由而不去投票。70%的投票率已經被認為是很好的了。我們是否要譴責那30%不投票的人而認為他們為不道德呢？不，從來不會這樣的。

　　積極義務比消極義務較少嚴格要求也許可用人類的避險性來解釋。茲以賭錢贏五千元或輸五千元來加以說明。除非某人是相當富裕，一般而論，失去五千元的負效用常遠比獲得五千元的正效用為大。再者，人大致有一個人生計劃，假如某人P賭錢輸掉五千元，這錢原來是準備買一個急需的個人電腦的。假定P的月薪也是

五千元，P如果沒有積蓄，那麼P將再從日常開銷中節省下來這五千元，這需要相當長一段時間。如果P將預算打個八折，那麼要五個月才能節省五千元。因此，這損失五千元不但對P帶來損失五千元的不快樂，還實際上干擾了P的日常生活，使P必須適應這新的財務情況達五個月之久。在另一面，在大多情況下，獲得額外五千元的效用決沒有損失五千元的負效用那麼大。因此，平均或統計性地說，偷人五千元對被偷者的負效用往往要遠比助人五千元對被助者的正效用爲大。

在另一邊，消極義務遠較積極義務爲多，且要求比較嚴格。茲舉不可說謊之規則爲例。當某人對別人講話而敘述些事實時，某人就有說謊的機會。如果不可說謊之規則並不嚴格要求而人們養成了說謊的慣例，那麼人們間將不再互相信任。至於偷竊，任何時刻任何地方我們都有一個很大的機會可以偷竊。當某人在超級市場或百貨公司閒蕩時，他很容易隨手取走貨物。如果不可偷竊的規則不嚴格要求，那麼任何人和任何店舖都將沒有安全感了。

事實上，消極義務乃一種約束，它們是每一個人都必須遵守的最低要求。我們有無數的這種約束。

另外有一種積極義務，它是經常遇到的，並且是嚴格的。通常這是一種長期的義務，在這期間有許多事情必須辦理。例如你買了一間公寓而自銀行抵押貸款二十年期的十萬元。那麼你就有義務每月付一筆利息和少些本金。又如你生了一個孩子，那麼你就有一個撫養教育孩子直至他成年爲止的長期義務。但這種義務通常都已配置在你的人生計劃以內，所以，你已對它有所準備，而且這義務雖然對你是一種負擔，但並不困擾你並與其他道德行動的效用計算相混淆。注意在大多情況下，這種積極義務的特殊情

境是由一個先前的行動所創造的。按月付房屋貸款本息的情景是購買房屋這行動所創造的。教養孩子的情景是由生孩子這行動所創造的。這種情景有無數的例子可舉。例如信守承諾的情景是由承諾這行動所創造的，償還欠債的情景是由借錢這行動所創造的。

這樣的義務可以稱之為計劃性義務（planned duty）。計劃性義務常要求當事者在某些特定時間做某些特定事務，與當事者想做或必須做的其他事務無關。一計劃性義務所要求的行動之效用計算與任何其他行動之效用計算乃完全分開的。所以這些計劃性義務並不導致效用主義之困難。

除了條件性的積極義務和計劃性的積極義務之外，另外還有一類積極義務，我稱之為一般性積極義務（general positive duty）。舉例說「吾人應該對別人仁慈」是一個一般性積極義務。條件性的積極義務和計劃性的積極義務是清楚說明的，但是一般性的積極義務相對地有些模糊。例如，既然吾人能對別人有各種不同程度的仁慈和各種不同程度的不仁慈，那麼當然很難明確規定應該仁慈到何種程度了。

一般性積極義務乃普遍地稱為義務，並無任何麻煩和爭議。另一類積極的道德行動，稱為慈善行動，將於下節中詳細討論者，則是若干麻煩和爭議的來源。一般性的積極義務和慈善行動有一共同特性，我稱之為道德之靈活性。如在第三章中所詳細討論，我強調是與否的行動與後果可能有各種不同程度的效用或負效用的行動間之區別。我並稱一個行動可以被採取到各種不同程度的特性為道德之靈活性。這樣，如在第三章中所討論，我把行動之情景分為四類：⑴正面不連續／負面不連續（D-D），⑵正面不連續／負面連續（D-C），⑶正面連續／負面不連續（C-D），和

(4)正面連續／負面連續（C−C）。我曾下結論：對（C−D）和（C
−C）型的行動，效用原則必須放寬。依照這種分類，一般性的積
極義務屬於（C−C）類，而慈善行動則屬於（C−D）類。

　　因此，就道德行動言，在一方面，義務，包括消極義務、條件
性積極義務和計劃性積極義務，可認爲是所有人應該遵守的最低
要求。在另一方面，一般性積極性義務則是比較模糊的，但仍是
期望其能夠做到的。至於慈善行動，依照統合效用主義，則並非
強迫性的，而是任由每個人自己決定要不要採取，和採取到何種
程度。聖人是吾人應該企圖追求的道德理想，但是很難達到。實
際上人們從愚劣到聖賢具有一統計性的分佈。

第四節　積極義務與慈善行動

　　本節中我將詳細討論積極義務與慈善行動間之區別。我稱可對
別人具有正效用之行動爲積極的美德行動（positively virtuous ac-
tion）。積極美德行動可分類爲積極義務和慈善行動（charitable ac-
tion）。

　　粗略言之，義務乃必須採取的行動，但約瑟夫·拉茲將這些必
須採取的行動再區分爲(1)義務，和(2)應該作的非義務行動。[18]義務
係專指那些接受行動者對其有相應的權利之行動，舉例說，如果
你欠一朋友F十元而假設今天已經到期，那麼你有義務在今天歸還
此十元，而F則有一權利取還這十元。至於應做而非義務的行動，
則接受者對此行動並無權利，假如你的鄰居被鎖於他的門外而向
你借打電話，正常情況下你應該同意他的請求，但是你的鄰居並
無權利使用你的電話。因此，嚴格而論，依照必要的程度，義務
要比應該但非義務的行動排得較高。

　　至於慈善行動，則由於硬線效用主義者與軟線效用主義者對我們應該如何幫助最窮的人之不同看法，「慈善行動」這詞並不是明確界定的。再者，還有另一名詞，「超義務行動」（supererogatory action），它與慈善行動意義相近，而仍稍有不同。一般的了解是超義務行動乃那些「超越強迫的或義務的要求」之行動。[19]這一點是相當清楚的。但是，依照羅伯‧奧迪（Robert Audi），「超義務行動顯示一種卓越的道德性格。」[20]這一點則依然是模糊的，因為「卓越的性格」並不是明確界定的。

　　真正的困難在於超義務行動和慈善行動間之界限，或即是慈善行動之定義。關於慈善行動之概念是有爭議性的。粗略地講，對慈善行動有二種不同的看法。一種看法認為像捐款這樣的慈善行動是一種義務。硬線效用主義採取這種看法。另一種看法認為慈善行動並不是義務，也不是強迫性的。軟線效用主義者採取這種看法，我也是如此。兩種看法都有其困難，但我認為軟線看法的困難可以被避免，但是硬線看法的困難則無法可以突破。

　　我先討論硬線看法之困難，茲以捐款的例子來說明。假定某人A捐一小數目的款子以幫助窮人。這是一個慈善行動，但通常不被認為是一個超義務行動。但若 A 捐出了他的全部財富，因此，在捐獻以後，A自己也成為一個窮人，這個捐獻行動無疑的是一個超義務行動。於是發生了這樣的問題：「捐款作為一個非超義務的慈善行動與作為一個超義務行動的界限何在？」即是說，什麼是捐款的閾限，超越了它的行動就稱超義務行動？我想沒有人能對這問題提出一個令人滿意的答覆。第一，捐款的能力隨各人的財務情況而有不同。一個大學教授捐出一萬元比一個企業家捐出一百萬元要困難得多。所以要規定一固定的捐款數目是不合理的。

那麼，規定一固定的百分比，例如收入的 2%，又如何呢？這在理論上也許還勉強可以說得通，但是實際上窮人一定強力反對，為什麼要窮人捐款來救濟他們自己？再者，規定一個固定的捐款百分比的不合理可以這樣說明。欲建立一條捐款規則以幫助窮人具有平均主義的傾向。但是，即使在一資本主義的社會中，也有依照所得的增加而遞增的累進所得稅率。若強迫實行一個固定百分比的捐款率，它是相當於增加一份同一稅率的稅，這是較資本主義社會的累進所得稅還要非平均主義的。所以固定的捐款率之概念似乎是不合理的，行不通的，甚至於與平均主義不一致的。

尤有進者，若一固定百分比的捐款率係認為是對的行動，那麼這百分比應該是什麼仍舊是一個困難的問題。但丹尼爾·派滿曾說明每個人都捐他的多餘財富之一或二個百分點以幫助窮人之後果，可能較每個人都捐其多餘財富的一半之後果為更好。[21]根據這個理由，派滿下結論說：「任何形式的並非推展性地相當於行動效用主義之規則效用主義將視某些並不具有最佳後果之行動為對的，並將視某些具有最佳後果之行動為錯的。」[22]派滿用這點來駁斥理查·B·勃朗特之理想道德典規則效用主義。我這裡則用他的論據來證明固定百分比捐款之不可行。

注意，若將捐款視為一種義務，則必須規定什麼是確切要做到的，即是必須給出要求捐款的確切數目。這是將慈善行動視為義務的看法所難以克服的困難。

其次，考慮第二種看法，即是慈善行動並非義務，或是並非強迫性的。有人或許要辯稱，即使採取這種看法，在超義務行動與非超義務的慈善行動間的界限依舊是模糊的，即是這困難並未被克服。我承認這一點，但是，作為一個非義務、也非超義務慈善

行動的上限，即是超義務行動與非超義務慈善行動間之界限，並無必要明確規定。我們可以粗略地說，超義務行動顯示一種高超的德性。事實上，我們無需也不去區別超義務行動與非超義務的慈善行動。我只粗略地設想超義務行動為一當事者忍受相當大的犧牲之慈善行動。

此外，我還有另外一個支持對慈善行動的軟線看法之論據。一般來說，若某人不肯捐款，甚至一小數目也不捐，他或許會被批評為吝嗇，但是很少會被譴責為不道德。

因此，我不用超義務行動這詞，而以慈善行動涵蓋超義務行動。再者，我將慈善行動視為非義務性的，不論所給出的幫助之大小或所捐助的金錢之多少。

為方便計，我將高道德行動簡單分為積極義務（包含應該而非義務的行動）和慈善行動（包含超義務行動）。了解積極義務與慈善行動間之區分將使我們從取法聖人的縈擾或無時無刻不追求效用的最大化中釋放出來，因為在道德行動的效用計算中我們無需把慈善行動包括在內。

第五節　道德的不相干

在本節中將討論某些環境情況對某一道德行動之不相干並以這樣的事實來說明這不相干，即是大多數這些情況是一般性的環境情況，它們對一個要想採取另一件道德行動的當事者並不形成義務或要求。[24]所謂一般性的環境情況我指的是一些社會上已經有的或將要發生的不良現象，例如有人非常貧窮，有人發生嚴重危險，或有人作一使別人和社會受害的壞事等。這些情況我稱為一般性的環境情況，因為它們是事物狀態的一部分而並非當事者做的壞

事之後果。故當事者無需對這些情況負責且並無對它們予以補救
之義務。這些環境情況被認為與當事者意願或正在作的作何道德
行動不相干。若當事者願採取另外一個道德行動以補救或改善這
樣一個環境情況，那麼這將是一個慈善行動，它並不是強迫的，
並且與原來想作的或正在作的道德行動是兩回事。

　　環境情況與一道德行動之不相干，影響對這道德行動之道德判
斷或指示。我將舉例說明，在一種情景中的兩種不同看法下，一
種看法是將一般性的環境情況認為相干的，另一種看法則認為不
相干的，其道德判斷或指示將會不同。我借用威爾・克姆列加（Will
Kymlicka）的例子，他寫道：

> 考慮一件借款。……假如有人借給我十元，那麼他有權向我取回這十
> 元，即使這十元對另外一個人有更大的用處。效用主義理論不管這些
> 回顧性的產權，因為效用主義說只有以後的結果才需加以考量。在決
> 定我如何處理我的十元時，我必須考量人們（包括我自己）的所有可
> 能的偏好滿足而決定哪一個行動將可以使其最大化。㉔

　　在這段引文中我對兩點不同意。一點是「效用主義理論不管這
些回顧性的產權」這種說法。據我所了解，效用主義也接受回顧
性的產權，不過並不用產權理論作說明而已。事實上，回顧性的
因素是事物狀態或情景的一部分，而道德行動是在其中進行的。
大多數行動常與若干過去的事實有關聯，而有時且為過去的原因
之結果。茲考慮歸還欠債的行動。歸還欠債的理由就是由於借錢
的行動，這是在若干時日以前發生的。只有在採取一個與過去行
動無關的全新行動時我們才只考慮以後的結果。第二點是「我必
須考慮人們所有的可能的偏好滿足」這說詞。假如效用主義一般
都被這樣了解，那麼這種詮釋真將成為傳統效用主義的嚴重失誤了。

可能會有人需要這十元甚於借款者，即是這十元對這些人中之每人的效用都要比對借款者為大，但這是當事者所處的社會的一個一般性的環境情況或事物狀態的一部分。在歸還欠債這一刻，欠債者有一還債的義務，卻並無滿足所有別人可能的偏好滿足之義務，即是所有別人的可能的偏好滿足並不置任何要求於這當事者。

這種將所有人的可能的偏好滿足視為不相干的說明是一個一般性的說明。第一、不但人們的可能的偏好滿足與還債的道德行動不相干，所有其他環境情況都與還債不相干。第二、人們可能的偏好滿足不但與還債的道德行動不相干，並且與當事者所採取的任何類似行動不相干。易言之，這不相干並不限於偏好滿足，並包括任何一般性的環境情況，又可應用於任何道德行動，只要這情況對當事者並無任何要求或形成做某事的義務。

有人或聲辯我的說法難以符合效用主義，因為效用主義將所有人的利益同等地權衡。目前對如何去對所有人的利益同等地權衡並無標準的或普遍接受的辦法，所以我將從另一角度說明這不相干。茲假定克姆列加例子中的當事者處於相同的財務情況，只是他現在並不欠人十元。即是說，他有些餘錢，至少有十元可以花。是不是他必須考慮所有窮人的可能的偏好滿足而決定哪個行動才可以最大化呢？據我看來，若依照克姆列加，所有窮人的可能的偏好滿足應與花錢的任何行動有關。在當事者不考慮花錢行動時，他無需考慮這些窮人。但當他考慮採取一個花錢行動時，他就必須考慮窮人的可能的偏好滿足並計算效用最大化。這顯然是不合理的。如果古典效用主義真的意味著如此，或大多數人對效用主義如此詮釋，那麼效用主義真的是命定要失敗了。這是我為什麼不逕行替傳統效用主義辯護，而企圖先修改它成為我的統合效合

效用主義理論然後再替它辯護的原因。

　　注意不相干可以用我所稱的特殊情景來說明。還債是一計劃性的積極義務。它事先有一個由以前借錢這行動所造成的特殊情景。一個有條件的積極義務也有一個由特殊條件造成的特殊情景。舉例說，若你看見一個人溺水而你又是在附近的唯一能夠游泳而救他的人，那麼這些條件造成了一個你應該救這溺水者的條件性的積極義務。因此，我們必須對相干者與不相干者予以區分。一個相干者乃牽涉在特殊情境中的人，諸如貸款者，貸款必須向他歸還，又如溺水者，他的生命有待救援。所有其他的人，諸如社會中的窮人或是你所看不見或不知道的溺水者，都是不相干的。

　　我將進一步說明不相干並表明某些環境情況，諸如人們的潛在偏好滿足，係與在這環境中任何將被採取的道德行動不相干。茲考慮當事者 A 準備採取一個行動。這行動可分為二類：(1)不影響對別人或社會的效用之行動；(2)影響對別人或社會的效用之行動。

　　第一類的行動稱為非道德性的行動。A 可以依照他自己的興趣、慾望或偏好而採取任何非道德性行動，因為不影響別人，所以沒有社會的約束。普通大多數行動為例行性行動，A 常自動採取而不加考慮。有些是重要行動，那麼 A 必須小心考量而決定是否採取，而如果有幾種選擇，將採取哪一種選擇。決策理論是研究如何和為何對一非道德性行動作一理性而正確的決定的科學。它是根據於效用原則的，這效用原則係求對A自己的效用之最大化。

　　第二類行動稱為道德行動。道德行動又可分為二類：(1)吾人必須完成的義務，和(2)高道德但並無強迫性的行動，這些行動是值得鼓勵的，但並非必要的。義務包括要求人做好事的積極義務和要求人不做壞事的消極義務。高道德但無強迫性的行動包含慈善

行動和超義務行動。

現在考慮當事者 A 所處的社會、物理環境或事物狀態。社會是很少理想或完美的，經常有許多不好的事存在。例如：有很窮或無家可歸的人；有病人正在忍受肉體的痛若；有車禍使人喪生；有搶劫、詐欺、綁票和強姦，這引起物質損失和肉體及精神的傷害等。這事物狀態是一個一般性的現象，而社會普遍的成員對之並無幫助或補救的義務。若干情景是普通人所無力援助的。最多有人或許可採取慈善行動以救助少數窮人而已。如果一般的情況不好而最好做些好事予以補救，那麼這是另外一個行動，與當事者原初想採取的任何道德行動無關。

再者，改善一般性情況是政府或社會的宏觀性義務，而並非當事者個人的義務。就微觀立場言，政府和社會也難於或無法照顧到每一件個別的情況。

社會上的不良事件有其原因，諸如國家的生產和生活水準太低，政府的低效率和腐敗，社會的惡劣文化和習慣，自然災害，和人民自己的不良行為等。如果有人不公平地窮困，這是整個經濟、政治和社會制度的結果，而並非任何個人之責任。因此不能要求回顧的個人行動以糾正已經存在的不良情況或已往造成的社會不公平。易言之，不論這些不良情況的原因為何，對一個普通的社會成員而言，考慮那些受到不良情況害處的人之利益並不是一個必要的義務。

因此，當一個當事者在某種環境下或是事物狀態下而意欲為某一特定的目標採取某種道德行動時，他是完全自由而獨立地採取這一行動，無需受這環境的影響。我認為，除非有一特殊情景存在，任何環境情況對於一個想採取一個道德行動的當事者而言是

不相干的。

我現舉一例子以說明上述的論據。假定在上述借款例子中當事者和借款者所居住的城市中有一千個較當事者和借款者為窮的人。假定當事者相當寬裕但並不富有。他想資助這些窮人一些錢。既然他並非富有，他不可能幫助所有的窮人。最多他只能給一、二個窮人少許錢而已。再者，此處並無分配問題，因為他並不被要求對這一千個窮人中的哪一個予以幫助，他在選擇幫助何人時是完全自由的。

綜上所述，道德的不相干可詮釋為任何一般性環境條件情況的一種特性，即是這條件並不對任何當事者造成一特殊情景。於是，道德不相干意味著當事者有自由可以不顧這條件，可以鬆釋，可以做任何其他事情。即是說，當事者能夠保有個人中心的特權。

第六節　參考狀態

從上面幾節中所討論和分析的個人行動與公共行動間之區別，積極義務與消極義務間之區別，以及積極義務與慈善行動間之區別，可見在正常情況下，一個人是很難得處於特殊的情景中的。

當然，當有人剛巧處於積極義務的特殊情景中，例如拯救一個溺泳者的有條件情景（假定所有條件都符合），那麼當事者當然應該實行這積極義務。但通常這積極義務的情景很少發生。

於是，通常人都有不做任何事或祇在消極義務的約束下做事的自由。消極義務，作為約束，只規定何者不可違犯，但並不規定必須積極作何事。於是，在這樣一種狀態下，人至少有自由可以鬆釋和免於做事的壓力。

那麼人能夠或道德准許做的事就只有幫助別人的慈善行動或實

現自己的人生計劃之事了。於是，人就不被強迫為聖者，並不被強迫與「自己」或自己的人生計劃疏離，並不經常處於效用最大化的負擔，和並不必須想到任何效用主義的自我犧牲，我稱此狀態為「參考狀態」。

如果社會上有些不良事情，這是在宏觀上講的整個社會或政府的義務去補救這情景，而並不是在微觀上講的每個社會成員的個人義務去以個人行動作補救。當然每個社會成員都被鼓勵去幫助，但任何幫助行動都是一個慈善行動。

我們可以這樣說，當個人 P 處於參考狀態時，就 P 要做些什麼事情而論，所有社會上的不良事情都與 P 不相干。而且沒有任何有條件的積極義務和急迫的計劃性義務待 P 去完成。（但是人總不免有些長期的計劃性義務。）

順便一提，就個人道德行動而論，參考狀態的概念和上述的三個區別將效用計算簡化到如此程度，我們已不必考慮效用的人際比較和社會福利函數的選擇等問題，因為在對個人道德行動的道德判斷中我們根本不需要用到社會福利函數。如第六章第五節所討論的，在一道德行動的特殊情景下，牽涉到的相干的人只有當事者和行動的接受者，所有其他的人都是不相干的，而對他們的效用都不必考慮。舉例說，如果一個小偷 T 從一婦人 W 處竊取了一萬元，那麼相干的人，或是對他們的效用必須計算的人，就只有 T 和 W 了。再者，即使是對 T 和 W，通常我們無需知道他們的效用函數及對他們的現有效用，因為一道德行動導致對他們效用的若干改變，稱為增量（減量）效用，這些已經足夠決定哪個行動導致最大的效用了。

更尤有進者，在大多數情況下對當事者的效用也無需考慮，因

為在不道德行動的情況下，當事者通常不值得同情，而在高道德
行動的情況下，即使當事者受了損失或有所犧牲，也是自願接受
的。因此這問題簡化為我們只須計算對行動接受者的增量效用和
對整個社會的效用。

現我再考慮威爾·克姆列加還債的例子，以查看上述的三種區
別，道德不相干的概念，以及我建議的「參考狀態」如何解釋這
情境而解除效用主義的困難。這例子中引起的重要困難是「人們
所有的潛在偏好滿足」。依照我的理論，為了下列的理由，我根
本不考慮這些潛在的偏好滿足。

(1)除了我要還十元給債主外，我是處於參考狀態。

(2)我乃處於應該還債的特殊情景，但並無對其他人的特殊情景。

(3)如果我有意要幫助那些潛在偏好滿足高於我自己和債主的人
們中之任何一個，例如P，我可以給P若干錢，但是那種贈予是與
我的還債行動無關的另外的一個慈善行動。

(4)有些人們有比我和債主更高的潛在偏好滿足是一種一般的環
境情況，與我還債這行動不相干。

最後，我下這樣的結論：據於上述三種區分，參考狀態的概念
似乎是駁斥許多反對而替效用主義辯護的論據。這些反對包含效
用主義犧牲、個人中立、效用主義疏離、聖人性，以及每一時刻
對每一個行動的效用計算。不像解放策略，參考狀態供應一套說
法；也不像最大化策略，參考狀態是周延而清楚的。

註 釋

① Thomas Nagel, *The Possibility of Altruism* (Princeton: Princeton University Press, 1978) . pp. 47-48, 90-96.

② Derek Parfit, *Reasons and Persons* (New York: Oxford University Press, 1986), p. 143.

③ Thomas Nagel, *The View from Nowhere* (New York: Oxford University Press, (1986), p.152-153.

④ John Broome, *Weighing Goods: Equality, Uncertainty, and Time* (Oxford: Basil Blackwell, 1991), pp.5-6.

⑤ C. L. Sheng, "A Defense of Utilitarianism Against Right-Theory," in *The American Constitutional Experiment,* ed. David M. Speak and Creighton Peden , (Lewiston, New York: The Edwin Mellen Press,1991), pp. 269-299.

⑥ C. L. Sheng, "Utilitarianism Is Not Indifferent to Distribution," in *Rights, Justice, and Community*, ed. Creighton Peden and John Ross, (Lewiston, New York: The Edwin Mellen Press, 1992), pp. 363-377.

⑦ Geoffrey Scarre, *Utilitarianism* (London and New York: Routledge,1996), pp. 186-187.

⑧ Peter Singer, "Famine, Affluence, and Morality," in *Moral Problems*, ed. James Rachels, (New York: Harper and Row, 1979), pp. 267-270.

⑨ 參見註⑦。

⑩ R. M. Hare, *Moral Thinking* (Oxford: Clarendon Press, 1981), p. 201.

⑪ Richard B. Brandt, "Some Merits of One Form of Rule-Utilitarianism," Daniel E. Palmer, "On the Viability of a Rule Utilitarianism," *The Journal of Value Inquiry*, Vol. 33, No.1 (March 1999), pp. 31-42.

⑫ John C. Harsanyi, "Morality and Theory of Rational Behaviour," in *Utilitarianism and Beyond*, ed. Amartya Sen and Bernard Williams (Cambridge University Press, 1982) , pp. 39-62.

John C. Harsanyi, "Game and Decision Theoretic Models in Ethics," in *The Handbook of Game Theory*, Vol. 1, ed. R. J. Aumann and S. Hart (Elsevier Science Publishers B. V., 1992), pp. 669-707.

John C. Harsanyi, "Human Nature, Economic Incentives, and Utilitarian Theory," Presented at *The University of Florida Conference in Honor of Professor Richard M. Hare*, Gainsville, FL, U. S. A., March 24-26, 1994.

⑬ Samuel Sheffler, *The Rejection of Consequentialism* (Oxford: Clarendon Press, (1982), p. 62.

⑭ 參見註⑦，第 188 頁。

⑮ Henry Sidgwick, *The Methods of Ethics* (1874), p. 439.

⑯ Will Kymlicka, *Contemporary Political Philosophy* (Oxford University Press, (1990), pp. 21-23.

⑰ C. L. Sheng, "On The Irrelevance of an Environmental Condition to a Moral Action," presented at *The 15th International Social Philosophy Conference*, North Adams, Massachusetts, U. S. A., August 7-9, 1998.

⑱ Joseph Raz, "Right-Based Moralities," in *Utility and Rights*, ed. R. G. Frey (Minneapolis, Minnesota: The University of Minnesota Press, 1984), pp. 42-60.

⑲ Robert Audi, ed. *The Cambridge Dictionary of Philosophy* (Cambridge, England: Cambridge University Press, 1995), pp. 777-778.

⑳ 同上。

㉑ Daniel Palmer, "On the Viability of a Rule Utilitarianism," *The Journal of Value Inquiry* Vol. 33, No. 1 (March 1999), pp. 31-42.

㉒ 同上。

㉓ 參見註⑰。

㉔ 參見註⑯，第 21-25 頁。

第 九 章
駁斥對效用主義之反對

第一節　反對效用主義的推理模式和正義的性質

　　在本章我將討論對效用主義之反對，並給出理由以駁斥這些反對。效用主義者對效用主義的反對中之最基本而嚴重者，即是認為效用原則與正義原則之間，有時會發生衝突。這反對之所以是基本而重要的乃是因為效用原則是效用主義的基本或終極原則，而正義原則則是任何倫理學理論都公認的道德哲學之基本原則。如果效用原則違反正義原則，那麼這原則就不能成立。如果效用原則不能成立，那麼效用主義也就無從建立了。

　　大多數反對具有這樣一種推理模式。在一個他們給出的反例子中，當事者可以有二個選擇。選擇 U 似乎比選擇 J 產生更大的效用。所以人們認為效用主義的指示將為採取選擇U。但是依照道義論的正義原則或常識，則指示是選擇J，因此發生了效用原則與正義原則間的衝突。

　　我駁斥這個推理模式的理由牽涉到另一個顯示道義論與效用主義間一個關鍵性區別的問題。這個問題是：「對的或正義與好的或效用是否具有不同的性質？」也就是說：「對的或正義與好的或效用二者是否可以相提並論而加以比較？」道義論者對正義的說法不很清楚，似乎具有二種不同的詮釋：一種詮釋是正義與效

用二者並非具有不同的性質，正義也可以用效用來量度。但是不論行動 U 的效用有多麼大，行動 J 的效用一定比行動 U 的效用更大。因此 J 這行動一定是對的。另一種詮釋是正義與效用二者基本上具有不同的性質。正義不可以用效用來量度，但是符合正義的行動，一定是對的。

對於第一種詮釋之駁斥，我的理由是這樣的。如果行動 J 是對的指示，那麼行動 J 必須也自然具有一較行動 U 者為更大的效用，因而正確的效用主義指示應該也是 J 而不是 U。不同的效用主義對這個反例子可能有不同的解答。行動效用主義可能不考慮正義的效用而選擇行動 U 為對的行動。規則效用主義和統合效用主義都考慮正義的效用而選擇行動 J 為對的行動。但是其間又有區別。規則效用主義將規則視為嚴格的或堅定的①，因而也是絕對的或具有無窮大的份量，與道義論的看法相似。統合效用主義則將規則視為不嚴格的，即是可有例外的經驗規則，所以用有限的增量社會價值（Societal value）來代表它。

非效用主義論者認為效用主義都將選擇行動 U 作為對的行動，乃是將傳統的或行動效用主義視為效用主義之唯一形式的緣故。

根據我的統合效用主義，正義本身也可用一重大的效用來表示。這種看法其實並非由我首創。黑斯汀‧拉雪但爾（Hastings Rashdall）在很久以前就有一類似的看法。他道：「當正義被給予它應有的作為對社會和其中每位個人的真善的一部分之地位時，我們可以說增進整體的利益永遠是一個義務。」②湯瑪斯‧斯肯倫（Thomas Scanlon）認為分配的平等和程序的公平作為價值乃存在於事物之狀態中。他道：

公平和平等常作為獨立的有價值的事物狀態而顯現於道德論據中。在

被這樣看待時，它們乃有異於標準的效用主義中所促進之目標，因為它們的價值並不存在於它們對特定的個人們是好的東西；公平和平等並不代表個人們可以獲得好處的方式。它們毋寧可說是事物狀態或社會制度之特殊的道德上欲求的特點。③

拉雪但爾稱這些價值為事物狀態或社會制度之特殊的「道德上」欲求的特點；吉拉特・F・高斯（Gerald F. Gaus）則指出它們不必被視為道德價值。高斯道：

> 但並無理由假定平等和公平的好處必須這樣被視為一種道德的要求；公平和平等可以視為非道德性的好處。若一個理論要求複式的好處，即包含對個人們的好處和事物狀態之優良特色，而所謂對的就是促進這複式好處之最大化，那麼，在給定好處間某種互換率的條件下，這理論是純粹目的論的。④

我完全同意高斯對複式好處的看法。事實上，要確定事物狀態的價值是道德性的或非道德性的並不是重要的事，因為在統合效用主義理論中，效用是一個單一的，所有的價值都可以投射上去的維度。所以不同種類的價值也可以主觀地予以比較。

當社會是優良的而到處都是公平和平等時，公平和平等的價值不容易被認知。但是當發生一件不公平或不平等的事故時，這不公平或不平等所造成的傷害或負效用卻很容易感受到。我們常自然而然地提升基準點到沒有不公平或不平等這一點而認為這狀態是具有零價值的正常狀態。這也許是為什麼事物狀態的價值不被計及的原因。

這也是我提出「增量社會價值」的主要理由。增量社會價值可說是代表除了對行動接受者的直接效用或負效用以外，一個道德行動所產生的額外增量效用。它包含約翰・C・哈桑伊所稱的「

期待效應」（expectation effect）⑤以及上面所討論的公平或平等的價值。在那些行動 J 應該是對的指示之反例子中，藉對行動 J 指定一個增量社會價值或對行動 U 指定一個增量社會負價值，我可以將道德指示從行動 U 改變爲行動 J。於是，當行動 J 被採取時，效用原則和正義原則二者同時被符合，也沒有衝突發生了。

因此，依照第一種詮釋，效用原則與正義原則之衝突並不成立。

對於第二種詮釋，即正義和效用具有不同的性質，從統合效用主義的立場言，是根本不合理的。道義論者一方面說對的或正義與好的或效用有性質上的不同，並說對的先於好的，意思是說對是非之判斷，乃獨立於事物之好壞以外的，或是說正義的主宰性爲絕對的而並不考慮到正義的效用。但是在另一方面，道義論者又堅持，不論好的好到如何程度，正義總是凌駕於好的之上。對的或正義如果凌駕於好的或效用之上，這一定是經過比較的結果。但是比較些什麼呢？如果是重要性或用處，那麼這就是由效用所代表的，因爲根據統合效用意義的說法，效用是一個普遍量度。若道義論者認爲正義與效用二者性質不同，除了重要性或用處以外，應該還有什麼可以比較的地方，但道義論者卻說不出來。所以這裡是道義論的無可克服的矛盾：一方面說二者性質不同，另一方面又說正義凌駕於效用之上。

退一步講，即使我們不考慮正義和效用比較的問題，只考慮正義本身的絕對性，即是問「爲什麼對的是對的？」或是問「對『對的』之證立是什麼？」道義論者似也難以回答。下一章中將討論「對的先於好的」這問題，並將指出，若正義與好的不可比較，「先於」還可以有二種不同的解釋，而道義論者選擇了錯誤的一種。我還將指出道義論對於「對的」或正義的證立，除了上帝，

似乎只有直覺和自明，這也是不夠的。

再者，依照我對道德原則之分類，正義原則是一實質原則，而效用原則則是一量度原則⑥。正義原則主張正義之重要性。效用原則並非主張效用之重要性，而是說在對任何道德行動作決策時，我們應該選擇最為重要的行動，而任何行動的重要性、份量、或有用性則是用對社會的效用，即社會效用，來衡量的。如前所述，效用係視為衡量包括正義在內的任何事物的重要性之普遍量度。因此，在效用原則與正義原則之間並不存在任何衝突。

因此，依照第二種詮釋，效用原則與正義原則之衝突也不能成立。

至於效用主義的說法，則是明確而一致的。效用是一個唯一的量度，所以正義也可以用效用來衡量。當我們比較不同性質的事物之用處時，我們把這些不同性質事物的用處都投射到效用這一維度上。注意，我們比較的不是這些不同性質的本身，而是它們的唯一的共同點，即是效用。不論對的或正義和好的或效用具有相同或不同的性質，它們在效用這唯一的維度上是可以比較的。在任何反例子中，如果選擇係依照這樣的比較而作出的，那麼這選擇將符合效用原則也符合正義原則。所以效用原則和正義原則之間將不會發生衝突。

另外還有三個問題與效用／正義間衝突之問題有關。一個問題是實然／應然鴻溝；第二個問題即是上面曾提到的「對的先於好的」。這兩個問題，將於第十章中再詳細討論。第三個問題是道德規則之嚴格性；即是道德規則究竟應該是嚴格的或非嚴格的。這個問題將於第十一章第二節中再行討論。所以這三個問題都不再在這裡討論了。

在以下二節中我將提出並討論若干這樣的反例子。這裡我先提出換內臟問題（transplant problem）以助說明，它是眾所周知的電車問題（trolley problem）之一種變化。⑦簡言之，這問題是：醫院中有五個等待換內臟的病人，他們將因缺乏可換的內臟而死亡。一個無辜的健康訪客具有五個可供取換的健全內臟。現試問：若醫生殺了這個訪客摘取其內臟以救五個病人，這樣的行動是否為對的？這個例子是假設的並且聽起來非常荒誕，但它卻是很清楚而適宜於用為說明的例子。

非效用主義者假定效用主義的指示將是採取換內臟，因為五個生命的社會效用大於一個生命者。這可能成為對傳統效用主義的強力反對，但統合效用主義卻能輕易地駁斥它。在第八章中我澄清了若干舊的概念，諸如個人行動與公共行動之區別，消極義務與積極義務之區別，以及道德義務與慈善行動之區別。我又提出道德不相干和參考狀態的新概念。在本章中我將反例子的情況分類，並說明只有在情況可詮釋為意外事件時才可允許採取某種為了救較多人而犧牲較少人的公共行動。為了換內臟的手術而殺了一個無辜的訪客這樣的行動是無論如何不能詮釋為意外事件的，因而也永遠不能被准許的。

在本章中我還要討論若干對效用主義的其他反對，即效用主義是對分配冷漠的（indifferent to distribution），效用主義是個人中立的（person-neutral），以及效用主義是一個容許替代（replacement），效用主義犧牲（utilitarian sacrifice），和抵換（trade-off）的理論。我提出偏好某個狀態和改變狀態之區別，並用此區別作為駁斥所有這些反對之主要論據。最後，我提出若干道德指示的規範和對道德行動之粗糙的分級。

我們將可以看到，雖然要替傳統行動效用主義辯護而駁斥這些反對是相當困難的事，但這些反對對統合效用主義卻不成為真正的威脅。如上一章和本章所討論，我能辯護統合效用主義是一個可以存活的倫理學理論。

第二節　若干嚴重反對及我的回應

在第八章中我曾討論道德行動之三種區分及一般性環境條件對道德行動之不相干，並表明，效用主義若適當改進，當並非要求太過或與個人中心特權衝突。我提出一個名詞「參考狀態」，指一個人所處的一般狀態，並達到這樣的結論，當一個人處於參考狀態時，他有自由依照他自己的人生計劃做任何喜歡做的事，並無效用計算之長期負擔，於是證明效用主義能夠考慮到個人中心特權。我的論據和參考狀態，作為替效用主義辯護的一套理由，並不限於說明個人中心特權，它還可被用以說明反對效用主義最烈的反例子，並基本上駁斥這些反對。

在本節中我討論三個重要的問題：(1)電車問題，(2)換內臟問題，和(3)原子彈－轉向（atom bomb-deflecting）問題。這些問題和若干類似的問題，是由裘迪・湯姆生（Judith Thomson）首先提出的。⑧我也曾詳細討論過其中若干個不影響當事者自身利益的那些問題。⑨

我現將電車問題分為稍稍不同的兩個問題，稱為「電車－旁觀者」（trolley-bystander）問題和「電車－司機」（trolley-driver）問題。前者即為原來的電車問題，而後者則是經過改造的，它與原初的問題相似，只是當事者由旁觀者改為電車司機。茲將這四個問題簡述於後。

(1)電車－旁觀者問題

一輛電車從一個坡上衝下來，而在車前的軌道上正有五個無辜的人。若電車繼續前進，這五個人都將被壓死。電車軌道有一條向右邊的分支，在這分支軌道上則有一個無辜的人。電車的煞車壞了，而你正好在軌道旁散步。你知道若撥一開關可以使電車駛向右邊的分支軌道。你是一個無辜的旁觀者，並非電車公司的雇員。你能夠撥動這開關，這樣可以救了那五個人，但也使那在分支軌道上的人死亡。或者你可不做任何事，而讓那五個人死亡。你應該怎麼樣做？

(2)電車－司機問題

這問題與上面電車－旁觀者問題一樣，除了當事者由旁觀者改為電車司機。他是假定能夠按一遙控的開關而改變軌道的。

(3)換內臟問題

設想你是一個高明的外科手術醫生，現有五個病人住院等待換內臟以維持生命。剛好有一個無辜的訪客到醫院來，你知道這訪客的內臟符合於這五個病人的需要，而你也能將訪客解剖並將他的內臟分配給五個病人。你認為沒有這訪客的同意而完成這樣的手術是可以容許的嗎？

(4)原子彈－轉向問題

哈利是總統，他剛知道某個敵國已發射一原子彈針對紐約。要這原子彈不射中紐約的唯一辦法是使其轉向，而轉向的唯一路徑是使其射向俄斯特。俄斯特的人口遠較紐約為小。假定俄斯特人口為一百萬，紐約人口為一千萬。哈利可以不作任何事，而讓紐約的人都死亡；或者他可以按一開關使原子彈轉向，並使俄斯特的人都死亡。

　　原先，有許多作者舉出很多的其他例子。這些例子的情況都大致相似，僅細節稍有不同而已。再者，若干問題牽涉到當事者自身的利益。我不考慮那些牽涉當事者利益的問題。所以我總共只考慮上述的具有代表性的四個問題。

　　我將依照統合效用主義的指示列在下面。在每一個案例中我將其特性列出，包括當事者，行動（公共行動或個人行動），當事者的利益（是否牽涉），後果 1——行動之目的，後果 2——對別人之傷害，和指示（是或否）。

　　我不考慮那些牽涉到當事者利益的案例。所以在這四個案例中當事者的利益都是不牽涉的。只有在電車——旁觀者問題中其行動是個人的慈善行動。其餘的案例中都是公共行動。

　　這四個案例的細節和我的指示列出如下。

(1)

案例：	電車－旁觀者問題
當事者：	旁觀者
行動：	個人的，慈善的
當事者的利益：	不牽涉
後果 1——行動之目的：	救了五個人
後果 2——對他人之傷害：	死了一個人
指示：	「否」

(2)

案例：	電車－司機問題
當事者：	司機
行動：	公共的
當事者的利益：	不牽涉

後果 1——行動之目的：	救了五個人
後果 2——對他人之傷害：	死了一個人
指示：	「 否 」

(3)

案例：	換內臟問題
當事者：	醫生
行動：	公共的
當事者的利益：	不牽涉
後果 1——行動之目的：	救了五個人
後果 2——對他人之傷害：	死了一個人
指示：	「 否 」

(4)

案例：	原子彈－轉向問題
當事者：	美國總統
行動：	公共的
當事者的利益：	不牽涉
後果 1——行動之目的：	救了一千萬人
後果 2——對他人之傷害：	死了一百萬人
指示：	「 否 」

我對這四個案例的指示都是「 否 」，這與以前我作的指示一樣，但是論據則稍有不同。在三個區別、道德不相干、道德的靈活性等概念被澄清和參考狀態被提出以後，對電車－旁觀者問題的指示為「 否 」應是順理成章的事了。

這指示的主要理由是在問題(1)中軌道上五個人之需要救援乃是一個由於他們自己的無知或不小心的潛在意外事件，並不是旁觀

者 B 的錯誤或是他以前所作不好行動的後果。所以這是視為一個一般性的環境情況，B對它並無義務作任何事情。對於這五個人，B的撥開關行動以救他們是一慈善行動，這不應該被用為殺害在右邊分支軌道上的另一個人的壞行動之理由。另外三個案例均為公共行動。電車司機有義務盡其所能以救援在主要軌道上的五個人，但必須在法律和道德的約束下。同樣地，醫生有替五個病人覓取內臟以便採取換臟手術的義務，但也必須在法律和道德的約束之下。哈利總統也有義務去救紐約一千萬人的生命，也必須在法律和道德的約束之下。但是，所有這些義務並不是強迫要順利完成的，因為可能有外在的客觀的無法克服的困難存在。所以所有的指示都是「否」，意指電車司機不應撥動開關殺害在旁邊軌道上的人，醫生不應為換內臟而殺訪客，而哈利總統也不應殺害俄斯特的人以使原子彈轉向。

但是我為電車－司機問題和原子彈－轉向問題設一但書。就電車－司機問題言，如果電車公司有一經過法律批准而預先公告的規定，在這種情景下電車司機被授權可以撥動開關以犧牲少數人而救多數人的生命，那麼司機的撥動開關便是對的。同樣地，就原子彈－轉向，問題言，若政府已頒佈一條法律，在這種情景下，美國總統被授權可以為了拯救一較大城市中較多人的生命而使原子彈轉向，並因此而犧牲了一較小城市中較少人的生命，那麼總統之使原子彈轉向的行動也是對的。

有這樣一種但書的主要理由是電車壓死人和原子彈殺人可以認為是一種意外事件。至於換內臟問題，則其情景並不一樣，主要之點是殺掉一個訪客而取其內臟以供手術之用是任何人都無法設想為意外事件的。這點將於下節中再詳細討論。

第三節　某類問題解釋爲意外事件

在第一節中我曾討論對效用主義最嚴重的反對之一套主要理由。在第二節中我討論這些反對之若干代表性例子。這些反對常具有倫理學詭論或兩難的形式，效用主義對它們特別難於解決，因而成爲反例子以破壞效用主義倫理學理論之基礎。我曾討論四個具有代表性的問題。它們是(1)電車－旁觀者問題，(2)電車－司機問題，(3)原子彈－轉向問題，和(4)內臟移植問題。在文獻中還有許多其他類似的問題。例如喬佛雷・斯開爾曾提出四個案例。⑩但是這些案例都與上述的四個問題相似，所以我將不討論斯開爾和文獻中的其他相似案例。

我將這四個問題分爲三類。電車－旁觀者問題爲第一類；電車－司機問題及原子彈－轉向問題屬於第二類；內臟移植問題爲第三類。第一類爲個人行動，這是決不容許或被視爲對的。所以我對它不再討論。第二、三類均爲公共行動。依照統合效用主義，通常要殺害人的公共行動是決不容許的，但是第二類的公共行動有時可詮釋爲一意外事件。在這種情況下，若有一合法的預先公佈的規定授權當事者（電車－司機問題中之司機或原子彈－轉向問題中之總統）採取一個將死亡人數降至最低的行動，那麼這行動可以被容許。至於第三類公共行動，則總是不容許的。

另有一種效用主義犧牲生命的特殊情景，這是無可避免的，但是可以導致救人的效果。我建議，如果選取犧牲者不是經由任何人的任意決定，例如警官或任何有權勢的人，而是由於自願或公平的抽籤等，使每一個人都有同等的機會成爲犧牲者，那麼這樣的效用主義犧牲也可以認爲是對的。

在本節中我將討論第二類與第三類行動間之關鍵性區別,即何以第二類行動可以被認為是意外事件而第三類則不可以。此外,我將給出一個可容許的效用主義犧牲的例子。

意外是人生中無法更改的事。有些意外是由於遭受意外者之不小心。這些意外可以預防其發生,或至少可以用小心來減少其發生之機率。另有一些意外,例如火災,係由於外在的環境原因而無可避免,或無法用小心來減低其發生之機率。不論意外的原因是什麼,它是一個無法更改的事,必須也已經實際上為大多數人所接受。即是說,雖然意外是一種發生的機會甚小的隨機性情景,仍是在大多數人的預期之中的。這是為什麼人們在乘飛機時要買意外保險的原因。發生意外是最壞的情況,但人們知道並對其有所準備。

在電車-司機問題中,意外死亡有三個原因:(1)在軌道上的人之不小心,(2)煞車之失靈,(3)司機對是否改變軌道之選擇。原因(1)是由於人們自己。原因(2),煞車之失靈,是一物理的環境事實。也許它發生的機會可以藉更小心的維護工作來予以減低,但是它是無法完全預防的,因為煞車失靈有許多難以預期的隨機原因。原因(3)看起來似有問題。有人或許會爭辯為什麼電車公司要授權司機在這種情況下作一選擇。這似乎是任意的。我承認這是任意的,但是卻有充分的理由。這是,平均或統計性地,為了使死亡者的數目最小化,因為在每一個這樣的意外情況下,死亡的人數都是最小的。再者,在這樣的意外中,誰將是死亡者是並非預先知道的,這視情景而定。所以,即使預先公告規定,在這種情況下司機被授權根據使死亡人數最小化而作是否改變軌道的選擇,這情景依然是一個隨機情景,其選擇仍是公平的且對每人都有一

相同的機會。所以，就電車－司機問題而言，我相信有一個預先公佈的規定是對的，而在有這樣一個規定下，司機改變軌道也是對的。

至於那內臟移植問題，其情景乃完全不同，因爲將無辜的訪客肢解無論如何不能詮釋爲一種意外。醫院無權也無理由預先公佈這樣一種規定，即醫生被授權可以爲了病人換內臟之目的而肢解一個無辜的訪客。再者，無人會相信這樣做是道德上或法律上對的。即使這規定已經合法化了，而預先公佈，我相信這間醫院不久就會關門了，因爲無人再敢去，甚至連陪同一個病人前去也不敢。

既然爲了內臟移植而肢解無辜訪客是這樣一件無人能接受的可怕事情，則換內臟問題永遠不能詮釋爲一意外事件。這問題乃基本上與電車－司機問題不同。

有人或許會爭辯我的論據似乎是道義論式的甚於效用主義式的，因爲我並未反駁五條人命重於一條人命這簡單數學。至於被肢解的痛苦，則有人爭辯要訪客無痛苦死亡是很容易做到的，甚至可使他不知道即將死亡。所以這一點並不與問題之中心有關而可以無需考慮。

我現將從統合效用主義的觀點說明這內臟移植問題。

第一，我先澄淸「生命之價值」這名詞之意義。某人P有二種不同的價值，一是對社會的，而另一則是對P自己的。P對社會之價值意指P對社會全體成員之價值，包括P之家屬、親戚、朋友、同事、熟人和所有其他人，以及P對整個社會之貢獻。這價值隨當事者而大有變化，決不是相等的。例如，假定 O 是一個普通人，他是單身，親友不多，終生做一個文員。又假定G是一個大人物，G有很多家人、親戚、朋友、同事、同學、學生、追隨者和熟人。

G曾在政府中有高級職位，並曾有貢獻於政府之民主化和國家之現代化。顯然，G 對社會之價值遠大於 O 者。沒有理由說他們兩個的價值是相等的。

所以我們說人的生命之價值都是相等的，乃意指個人P對自己之生命價值乃與另一個人 Q 對其自己之生命價值相等。這是根據人本身是一個目的這概念的。這原初是一個道義論的概念，但是效用主義也可以具有。在我的效用主義價值通論中，我主張每人有一人生計劃，⑪而我又主張實現人生計劃程度之平等。⑫

「生命對自己的價值」這術語中「價值」是完全主觀的。所謂「完全」我意指客體O，主體S，和判斷者J都是這個人自己。若J是另外一個人，評價將也視若干其他的考量而定，故而可能有所不同。即是說，接受這所有人的生命對自己的價值都相等的概念是一件事，而在換內臟問題中對行動之價值判斷則是另外一件事。這判斷並不完全視人的數目而定。

我現從二個不同的觀點討論這內臟移植問題，一個是從醫生的觀點，另一則是從病人的觀點。

從醫生的觀點言，「人不應殺死一個無辜的人」這道德規則是一個消極規則。依照我的道德行動的排序，消極義務的排序最高，而在消極義務中，不殺無辜的人這規則又佔有最高的優先次序。理由是生命對人有最高或差不多最高的價值（人也許會為了一崇高的原因而犧牲生命）。再者，如果沒有這條規則，人將根本沒有安全感，而會終日焦慮。例如在內臟移植問題中，假定我們沒有「人不應該殺人」這一條規則，於是每一個醫院病人的訪客都有一可能為了醫院病人內臟移植而被肢解的機會和恐懼。我想沒有一個人會認為沒有這條道德規則的情況是比有這條道德規則的

情況爲好的。

至於醫生對病人的義務，這是一個條件性的積極義務。這義務或者可以這樣說：醫生有一盡其所能爲病人內臟移植的義務，如果醫生能夠合法而道德地獲得所需的內臟。這即是說，若醫生不能合法而道德地獲得所需的內臟，那麼醫生將爲物理的環境條件所迫而放棄內臟移植的手術了。於是，醫生並未爲了條件性的內臟移植義務而被容許違犯不應該殺人的規則，用效用來表示，違犯不應該殺人的消極義務具有遠較內臟移植的積極義務爲大的負效用。

從病人的觀點言，要恢復健康是奢侈的期望。第一，要找相配的內臟以供移值並非易事。第二，移植手術不一定很成功。第三，移植手術之後，病人不一定免於排斥效應。過去移植治療尚未發生時，同樣疾病的病人也許只有等死。所以對這樣一個病人而言，其對生命的期望實遠較一正常的人者爲小。

是以從病人的觀點言，對生命的期望有不同的程度。對生命期望之減低不限於等待移植之病人，它也隨年齡之增加及健康之衰退而減少。老人對享受人生的興趣和能力都較小，不僅由於體力之衰退，還由於想像力、規劃及努力勁道之衰退。

因此，我們現在可以作這樣的結論：生命的社會效用之大小不能僅按人數來計算。從當事者的觀點言，違犯不可殺人這規則的負效用遠較救人一命的正效用爲大。從接受者的觀點言，一個將死亡的病人對生命的期望遠比一個正常的人者爲小。

除了電車－司機問題之外，我再描述另一種效用主義犧牲可以被容許的特殊情景。舉例說，假定有十二個人在一隻小的救生艇內，而這艇的容量則僅約可載十個人。故除非有二個人跳海離開，

這救生艇不久即將沈沒。這是一種效用主義犧牲的情景——犧牲
二個人的生命以拯救其他十個人者。但是誰跳到海裡去呢？這是
這個問題之關鍵點。若有二個人自願犧牲，那麼這問題就自然解
決了。但若並無自願者，我們應該怎麼辦？是否我們仍認為有效
用主義犧牲比沒有為好？我的效用主義指示是「是的」，但是決
定誰是犧牲者的程序必須公平。無人有權命令另外兩個人犧牲。
所以抽籤似乎是唯一公平的決定犧牲者的辦法，因為這是使每個
人有一相同的機率成為犧牲者的唯一辦法。除了電車－司機這類
問題之外，我認為這也是效用主義犧牲可以容許的一種情景。

第四節　偏好某一狀態與改變狀態之區別

除了上面討論過的反例子是對效用主義之主要反對外，尚有若
干其他的重要反對，它們都相互有關。這些反對為(1)效用主義是
對分配冷漠的，(2)效用主義是個人中立的，和(3)效用主義是一個
主張替代、效用主義犧牲和抵換的理論。在別處我曾爭辯效用主
義並非對分配冷漠，[13]和效用用主義並不主張替代、效用主義犧牲
和抵換的理論。[14]也許我並未提出足夠說服的論據，以致大多數非
效用主義者仍舊相信這三種反對。在本節中我企圖駁斥這些反對。
我的論據之關鍵點是「偏好某一狀態」與「改變狀態」間之區別。
「偏好某一狀態」我意指對一社會狀態之價值判斷，或在幾個狀
態中選取一特定狀態作為最好的狀態。當我說就分配而論效用主
義對分配狀態有所偏好，乃指在考量二個分配狀態S_1和S_2時，效用
主義能夠比較並說出，究竟S_1或者S_2是較好的制度。「改變狀態」
則我意指，若社會之狀態為S_1，但若我們已知狀態S_2較狀態S_1為
優，那麼效用主義就會主張採取行動將S_1改變成S_2。

　　以上所述的三種反對均相互關聯。為了方便起見我將它們分別
討論如下：

　　(1)「效用主義是對分配冷漠的」

　　我用一非常簡單的例子來說明「對分配是冷漠的」之意義。假
定一個社會只有 A 和 B 二個成員。有 10 單位的價值要分配給他
們。我並非平均主義者，並不相信所得應該平均分配。但是，為
簡單計，我假設 A 和 B 有相似的興趣、知識、能力和經驗，而努
力的程度也相若，以致平均分配似乎是理想的分配。茲以(5,5)來代
表平均分配，其他的分配方式則有(1,9)，(2,8)，……(8,2)，(9,1)等。

　　「效用主義是對分配冷漠的」可有二種不同的詮釋。一種廣被
接受的詮釋是效用主義對任何分配方式都沒有好壞之區別。這是
相當於說所有不同的分配之社會效用都是相等的。若以平均分配
作為理想，社會效用或社會福利函數可以用 A 和 B 的效用函數之
簡單算術和來表示。所以我們得

$$U_{SO} = SWF = U_A(V_A) + U_B(V_B)$$

　此處

　　U_A 為對 A 之效用，

　　U_B 為對 B 之效用，

　　V_A 為分配給 A 之價值，

　　V_B 為分配給 B 之價值，

　　U_{SO} 為社會效用，

　　SWF 為社會福利函數。

　　「效用主義對分配是冷漠的」意指

$$U_A(1) + U_B(9) = U_A(2) + U_B(8)$$

$$= \cdots\cdots$$

$$= U_A(9) + U_B(1)$$
$$= K$$

除非效用就是價值，否則上面的情況是不可能的。有些非效用主義者的確將效用視同價值。因此有這一種反對。我在別處曾詳細駁斥這種反對，此處不贅述。[15]

「效用主義對分配是冷漠的」之另一種詮釋是，若實際分配並非理想的，一個成員多分配了一個單位而另一個成員少分配了一個單位，那麼效用主義對究竟是 A 多得一個 B 少得一個，或是 A 少得一個 B 多得一個是冷漠的。以數式表示，

$$U_A(6) + U_B(4) = U_A(4) + U_B(6)$$

若這樣詮釋，那麼這裡反對就有些類似於第二個反對「效用主義是個人中立」了。這第二種詮釋較少普遍接受。通常這反對是指第一種方式，而這種反對已經被證明為不對的。

注意，我雖然已說明效用主義並非對分配是冷漠的，這說法僅表明，在兩種分配方式S_1和S_2之間，效用主義能認得出那一種分配方式是優於其他一種。這是上面所說的「偏好某一狀態」。

(2)「效用主義是個人中立的」

就我所見，「效用主義是個人中立的」這反對，即是指其不同於道義論之個人相關，也是對效用主義之誤解。有人說效用主義不考慮享利‧薛奇威克所說的「特殊關係」。[16]舉例說，你很富有，能將子女送進大學讀書並替他們付費用。你的鄰居比你窮，無力送子女進大學而只可讓他們在高中畢業後找工作做。非效用主義者將說，依照效用主義你應該對待你鄰居的孩子就如對待你自己的孩子。但這是違反常識性的道德的，所以這點就被認為是效用主義的個人中立之缺點了。

我有一論據說效用主義是並非個人中立的，而你也不必替你鄰居的子女付學費。

讓自己的子女受教育是一種個人的義務。我稱此類義務為規劃的積極義務，因為當父母生一孩子時，他們事實上已經設定了一個遙遠的義務，即是讓他將來受到適當的教育。但是人當然沒有教育別人子女的義務。

有人或許會爭辯並不是每一個人在智力上都適宜於進大學接受高等教育的，所以替孩子付讀大學的費用並不是義務。那麼，依照統合效用主義，這是一種慈善行動，如我在別處所詳細討論的。慈善行動是值得鼓勵的，但並不是強迫的。⑫人可以採取所偏好的任何慈善行動，由於父母親與子女的血緣關係，富人替他們的子女付大學的費用是很自然的事。

有時人會把個人行動與公共行動相混淆，假定有二個人溺水，其中一個是你的兒子。假定你能游泳而可以救他們。當然你會先救你的兒子，而我認為道德上說這也是對的。但若有人是沙灘的守衛者，它的責任是處理救溺水者等意外事件，那麼這救人的優先次序就不應該是血緣關係，而是根據這些如距離的遠近、救人的難易、和救人成功機會的大小等準則來決定了。這二種情況間之主要區別為前者之行動為個人的慈善行動而後者之行動則為一公共行動。

注意這個反對是對效用主義的誤解。再者，它是關於效用主義的性質的，而與改變狀態無關。

(3)「效用主義是一個主張替代、效用主義犧牲和抵換的理論」

這個反對聲稱，既然效用原則求效用之最大化，為了獲得最大效用，有時效用主義可以犧牲某一無辜的人（稱為效用主義犧牲），

或以一較大的對 B 的效用來抵換一較小的對 A 的效用，於是傷害了某個人。

我認爲這種看法也是一種對效用主義的誤解。道義論重視「自己」而每一個人自己都是目的。社會並不像一個有機體。一個人也許會爲了活命而鋸掉一條腿，但是社會並無權要求個人爲了社會而犧牲生命。既然非效用主義者了解效用主義爲個人中立的，他們認爲效用主義和集權主義一樣，會容許、鼓勵，甚至要求個人作效用主義犧牲，並將一較大的社會效用抵換一較小的對個人之效用。

在這裡可以見到偏好一個狀態和改變狀態間之區別，這兩件事基本上是不同的。前者是一價值判斷，而後者則是意味著一個行動，如前所述，即使社會係處在一不好的狀態，而效用主義承認這個事實並偏好另外一個理想狀態甚於目前的不好狀態，這並不意指效用主義就主張採取任何要將現在的狀態改變爲理想狀態的行動。

茲再考慮以上提出的分配例子。假定(5,5)爲理想分配，而實際分配則爲(6,4)。即是，成員A沒有充分理由地多接受了一個單位，而 B 則少接受了一個單位。現在的問題是：「效用主義是否指示應該從A那裡取一個單位來交給B？」我的回答是「否」。我同意效用主義承認分配(6,4)係較分配(5,5)爲劣，但是這承認並不意指要採取一行動自 A 處取一個單位來交給 B。

第一，分配是一公共行動，沒有一個人有權自 A 處取走一個單位。人只能用偷竊或搶劫來完成此事，但這不但爲道德所禁止，並且係違法的。

至於政府呢，既然一個人有財產權，而且國家有財產法來保護

個人的財產，政府也不能隨便侵占個人的財產，除非經由合法的手段。累進所得稅似乎是唯一合法的途徑以達成重分配至某種程度。

這分配問題表示了這樣一種情景，即我們知道實際分配是不好的，所以企圖用合法和合理方法來改良這情景或改變這狀態。但是有許多情景，我們明知其狀態為不好的，但是我們無法去改變它。內臟移植問題就是這樣一種情景。若這無辜的訪客突然意外死亡，那麼他的器官就可以被用於那五個病人的移植。若只比較狀態的好壞，也許發生意外而使訪客死亡的狀態會被認為比不發生意外的狀態為更好，但是道德上或法律上，我們不能被容許製造一個人為的意外以改變狀態。

將效用主義視為主張替代、效用主義犧牲和抵換的這種反對假定效用主義不區別偏好某一狀態和改變狀態。但這種假定是錯誤的，因而這反對也自然是不合理的。

第五節　各種道德行動之相對重要性

在本章和上章中我曾討論非效用主義者對效用主義之主要反對，並提出我對這些反對之駁斥。在大多數反對中，其關鍵點是，依照效用計算，具有最大社會效用的對的行動通常不是依照道義論和常識性道德的對的行動。因此認為效用主義失敗了。我駁斥這些反對之主要論據是他們的效用計算是錯誤的。他們要嘛忽略了一個重要的效用，要嘛在對某些道德行動的相對重要性上犯了錯誤。在第八章中我用一個還債的例子予以說明，而在本章中我討論了若干牽涉到生命的例子。在本章之末我現可以對駁斥這些反對作一結論。我發現關鍵之點乃在於各種行動之相對重要性。有兩種不同的相對重要性：一種是關於內容的，另一種是關於形

式的。我將依次討論之。

所謂內容，我指的是一個道德規則在一個道德行動的特定情景下之實質。通常要決定兩個選擇的內容之相對重要性是相當困難的事，因為，如我屢次強調的，同一實質的內容視情況而有變化。例如，「人不應該說謊」這規則的內容實質是「謊」，但是謊有大有小，視謊的內容而定。這是為什麼我主張在行動層次而不在規則層次作效用比較的理由。在不說謊和不毀棄承諾間的衝突中，我主張要為遵守一個大的承諾而說一個小謊，或是要避免說一個大謊而毀棄一個小的承諾。至於謊和承諾的相對大小，則是很難決定的，因為它不僅視情況而定，而且還視當事者的主觀看法而定，這是為什麼要將決定留給當事者的原因。

雖然要決定相對重要性是很困難的事，但是有一點卻是很清楚的，而可以視為一種指導原則，即是任何牽涉到生命的情況遠較不牽涉生命的的情況為重要。通常，為了要救人一命或避免殺害一個人，是會被容許違犯一條不牽涉生命的道德原則的，不論這行動是一消極義務，積極義務，或是慈善行動。舉例說，上面曾討論過的，未得到允許而擅開一個朋友的車子以送另一個得急病的朋友去醫院就是這樣一種情況，即是要救一個人的生命這條件性的積極義務凌駕了不可未經同意擅開朋友汽車的消極義務。

但在兩種可能的選擇都牽涉到生命時真的困難卻發生了。有二種不同的情景。一種是兩邊都是消極義務，都是積極義務，或都是慈善活動。另一種情景是一邊是一消極義務，但另一邊則是一積極義務。茲將這兩種情況分別討論如下。

⑴兩種選擇屬於同一形式的行動

基本上人的生命是具有相等的重要性的，不論其種族、文化、

宗教、性別、財富、智慧和社會地位等為何。因此，生命的數目有時必須計及。在只能拯救或不殺兩群人之一時，通常認為應該先考慮人比較多的這一群。但是，若干其他的因素，諸如可能的生命長度、未來對社會的貢獻、家庭的後果、在當時對別人的效用等，是否也應該計及則是一個具有爭議性的題目，我對它將不予討論。

(2)一邊是消極義務而另一邊則是積極義務或慈善行動，在這種情況下消極義務通常是主導的，不論牽涉人數的多少。

舉例說，在電車－旁觀者問題中，拯救五個人的生命是一件重要的慈善行動，而殺死一個人則是違犯一個非常重要的消極義務。我的指示是「否」。在內臟移植問題中，救五個病人的生命是一個條件性的積極義務，而殺死一個訪客則是違犯一個非常重要的消極義務。我的道德指示也是「否」。

但是，在這種情景下，人數是一引起困難或兩難的關鍵點。假如所救的人數不是五個而是一百個或一千個，那麼我們應該怎麼辦呢？這是為什麼我建議，如果可能，最好事先制定法律或規則，在諸如電車司機之改變軌道，美國總統之使原子彈轉向等情景中，將殺死人和拯救人放在一起而視為一個意外事件。但是，即使這個建議對這兩個問題看起來似乎是合理的，對於內臟移植問題而言，我仍相信沒有人會同意制定一個類似的規定的。因此，對如何詮釋一個情景的判斷是一個重要的關鍵點，也仍是一個困難的問題。

其次，我將討論道德行動的相對重要性，它將視行動之形式而定。我所謂的形式即是指這行動究竟是一個消極義務、積極義務或慈善行動。我在第八章中曾討論道德行動間之三種區別，這三

種區別都指道德行動之分類。道德行動可分類為公共行動和個人行動。公共行動都是積極義務。個人的道德行動是那些影響對他人和社會的效用之個人行動。這個區別之重要性乃在有些積極的道德行動，例如救濟最貧窮的人，當它被採取為公共行動時，它是一個義務，但當它被採取為個人行動時，卻成為慈善行動而並不是義務了。

我將個人道德行動又區分為積極的高道德行動和消極的高道德行動。積極的高道德行動再分為積極義務和慈善行動。消極高道德行動則都是消極義務。

在所有道德行動中，消極義務是最為重要並且相對地應該比較嚴格的。它們是人們不應該違犯的約束，並不是人們應該去做的事。積極義務有各種不同的性質。我將它們再分為三類，稱為規劃的積極義務、條件性的積極義務和一般性的積極義務。

規劃的積極義務也是重要的且也應該相當嚴格，因為它們有一種由一先前的行動所特意造成的特殊情景。條件性的積極義務，例如拯救一個溺水者，也是重要的而像規則的計劃義務一樣看待。至於一般性積極義務，它們比較模糊而在大多數情形下比消極義務較少嚴格和緊迫。依照我對道德的靈活性之分析，大多數積極義務屬於連續－連續情景，究竟什麼是其最低要求是頗難以決定的。在這種意義上，一般性積極義務是與慈善行動相似的。

是以積極義務與消極義務間的區別和道德的靈活性告訴我們，一般性積極義務通常並不像消極義務那樣嚴格。

至於慈善行動，像幫助窮人或捐錢給基金會那樣，並不是強迫的，因為其情景並不是與當事者有關的特殊情景，因此它被認為是一種與任何人任何道德行動不相干的一般性環境條件。這種不

相干是其關鍵點。一個很窮的人有他所以如此窮的原因,這與任何別人無關,即使這極端窮困主要是由於社會的不公平的所得分配制度。所以即使我們認爲政府對這極端貧困應該負責,但這並不是每一位個人的責任。

至於慈善行動與積極義務間的區別,並不是很明顯的。一般性的積極義務,雖然模糊而並不嚴格,但理論上仍有必要去採取,但慈善行動則只是值得鼓勵的,卻並無必要去採取的。

這三種區別顯示了各種道德行動的相對重要性。公共行動全是積極行動,它們是重要而嚴格的。政府通常並無做壞事的動機和原因,所以我們不必去考慮。但獨裁或腐敗的政府也會做壞事。其實所有的公共行動都受到法律和道德的約束,所以有些公共行動我們並不期待其一定能完成。

在個人行動中,消極義務是相對地嚴格的。在積極道德行動中,規劃的積極義務係認爲與消極義務同樣嚴格的。事實上有些規劃的義務在形式上是積極的,而在內容上則是消極的。條件性的積極義務比較罕見,因爲它們有一由條件所造成的特殊情景。一旦條件性積極義務的條件形成以後,這積極義務也被視爲嚴格的了。一般性的積極義務則並不嚴格,因爲這種義務的最低要求是什麼通常是模糊不清的。至於慈善行動,它們並不是強迫的。應否採取一慈善行動或應採取到何種程度,通常係留待當事者自己的抉擇。

於是,我們可以這樣說,道德行動的重要性之間可以有一個粗略的優先次序。消極義務和規劃的積極義務排序最先,其次爲條件性的積極義務,再其次爲一般性的積極義務,最後是慈善行動。這次序並非假定爲百分之百真實的,僅作爲一粗略的指導原則而已。

　　事實上，義務間的相對大小很早就被 W.D.勞斯（W. D. Ross）注意到並指出。例如不傷害別人之義務就一般地被認為較使別人得利的義務為強。[18]羅伯・奧迪[19]和大衛・麥諾頓（David McNaughton）[20]近來也各自主張嚴肅的承諾要比輕微的福利損失更為重要，而重大的福利損失要比輕微的承諾更為重要。

　　以上對於道德行動的相對重要性之討論可以簡單總結成為按不同種類的道德行動而排列的行動之重要性或行動所產生的效果大小遞降表如下。

　　⑴牽涉到生命之行動

　　　A.不應該殺無辜的人之消極義務

　　　B.拯救別人生命之積極義務或慈善行動

　　⑵不牽涉生命之行動

　　　A.消極義務

　　　B.積極義務和慈善行動

　　　　(a)規劃的積極義務

　　　　(b)條件性的積極義務

　　　　(c)一般性的積極義務

　　　　(d)慈善行動

　　在⑴牽涉生命的行動與⑵不牽涉生命的行動間之區別，和在⑴A不殺無辜的人之消極義務與⑴B拯救別人生命之積極義務或慈善行動間之區別是顯而易見的。

　　我現再將⑵A與⑵B間，以及⑵B(a)與⑵B(b)，⑵B(c)或⑵B(d)間之區別以例子來說明。

　　舉例說，「人不應該偷竊」是一消極義務。「人應該在規定期間歸還債款」是一規劃的積極義務。「人應該在財務上幫助窮朋

友（以支付醫藥費）」可以是一件慈善行動、一件一般性的積極
義務，或是一條件性的積極義務，視當事者與其朋友間的友誼程
度而定。若此朋友僅爲一普通朋友，則這財務幫助的行動是一慈
善行動。若這朋友是一好友，則這財務幫助的行動可視爲一般性
的積極義務。若這朋友是一位非常知己的好友，或者這朋友曾經
在財務上幫助當事者，那麼也可將對他的財務幫助視爲一條件性
的積極行動，這條件就是當事者與其朋友間的特殊友誼關係。

現在，根據上面的優先次序，我們就可以這樣說：「我們不應
該爲了還債而偷竊，我們也不應該拿準備還債的錢來幫助一個窮
朋友。」

註　釋

① John C. Harsanyi, "Human Nature, Economic Incentives, and Utilitariam The-ory," presented at *The University of Florida Conference in Honor of Professor Richard M. Hare*, Gainsville, FL, U.S.A., March 24-26, 1994.

② Hastings Rashdall, *The Theory of Good and Evil* (Oxford: Oxford University Press, 1907), Vol. 1, pp. 260.

③ Thomas Scanlon, " Rights, Goals and Fairness," *in Public* and *Private Morality*, ed. Stuart Hampshire (Cambridge University Press, 1978), pp. 99-100.

④ Gerald F. Gaus, " What is Deontology? Part One: Orthodox Views," *The Journal of Value Inquiry*, Vol.35, No.1 (March 2001), pp. 27-42.

⑤ John C Harsanyi, "Expectation Effects, Individual Utilities, and Rational Desi-res," in *Rationality Rules, and Utility*, ed. Brad Hooker (Westview Press, 1993), pp. 115-126.

⑥ C. L. Sheng, "On the Nature of Moral Principles," *The Journal of Value Inquiry*, Vol. 28, No. 4 (December 1994) , pp. 503-518.

⑦ Judith Thomson, "Killing, Letting Die, and the Trolley Problem," *The Monist* (1976).

Judith Thomson, "The Trolley Problem," *The Yale Law Journal*, Vol. 94 (1985).

⑧ 同上。

⑨ C. L. Shong, "A Suggested Solution to the Trolley Problem," *Journal of Social Philosoply*, Vol. 25, No. 1 (Spring 1995), pp. 203-217.

⑩ Geoffrey Scarre, *Utilitarianism* (London : Routledge, 1996), pp. 163-164, 166-167.

⑪ C.L.Sheng, *A Utilitarian General Theory of Value* (Amsterdam and Atlanta: Rodopi International Publisher, 1998), pp. 157-158, 161-164, 174-178..

⑫ C. L. Sheng, "On Equal Degree of Fulfillment of Life Plan," presented at *The 13th International Social Philosophy Conference*, De Pere, Wisconsin, U.S. A., August 15-18, 1996.

⑬ C. L. Sheng, "Utilitarianism Is Not Indifferent to Distribution," in *Rights, Justice, and Community*, ed. Creighton Peden and John Ross (Lewiston, New York : The Edwin Mellen Press, 1992), pp. 363-377.

⑭ C. L. Sheng, "A Defense of Utilitarianism Against Rights-Theory," in *The American Constitutional Experiment*, ed. David M. Speak and Creighton Peden (Lewiston, New York : The Edwin Mellen Press, 1991), pp. 269-299.

⑮ 參見註⑪。

⑯ Henry Sidgwick, *The Method of Ethics* (1874), p. 439.

⑰ C. L. Sheng, "On Charitable Actions," in C. L. Sheng, *Philosophical Papers* (Taipei : Tamkang University Press, 1993), pp. 131-153.

⑱ W. D. Ross, *The Right and the Good* (Oxford: Clarendon Press, 1930), p. 21.

⑲ Robert Audi, "Intuitionism, Pluralism, and the Foundation of Ethics," in *Moral Knowledge*, ed. W. Sinnott Armstrong and M. Timmons (New York: Oxford University Press, 1996), p.106.

⑳ David McNaughton, "An Unconnected Heap of Duties? " *Philosophical Quarterly*, Vol.46 (1996), pp. 433-447.

第 十 章
效用主義跨越實然／應然鴻溝①

第一節　實然／應然鴻溝，自然主義和效用主義

在本章中我將討論一個在倫理學中，尤其是效用主義中，具有爭議性的題目，即是實然／應然鴻溝（is/ought gap）的問題。對「實然」與「應然」間區別的重視是由大衛・休謨首先所提出的。②有些倫理學理論主張道德有一個科學或經驗的基礎。即是說，倫理學理論可以用自然主義（naturalism）來加以證立。但是另外有些倫理學理論則反對這點，認為經驗的事實「實然」與道德的對「應然」之間有一鴻溝，因此稱為實然／應然鴻溝。

這爭議迄今尚未解決。近來有幾篇論文討論此一題目或與其有關。約翰・萊謨士（John Lemos）從進化倫理學（evolutionary ethics）的觀點研究此一問題並曾予以詳細討論。他將進化倫理學的方法分為三類。他寫道：

> 在近來的文獻中，曾提出三種進化論倫理學的主要方式。……一種方式……建議社會生物學既不破壞證立規範說法的任務，也不充為一個證立的倫理學系統的基礎。……另一種方式……表示這樣的看法：社會生物學對道德的解釋實際上破壞了證立規範說法的任務。第三種方式……表示這樣的說法：社會生物學不但解釋了道德的存在，並且還握有對規範倫理學作證立的鎖鑰。③

　　主張進化論倫理學能跨越實然／應然鴻溝是第三種方式。萊謨士評閱了主張第三種方式的理論之大部分近期文獻，而爭辯道每人都犯了某種形式的自然主義的謬誤（naturalistic fallacy）。④即是說，萊謨士認為現有對規範倫理學作的自然主義證立都是不適切的，因此對跨越實然／應然鴻溝的可能性表示了一種負面的態度。

　　瓊‧孟德爾（Jon Mandle）是這類題目的另一作者。他將自然主義可能證立的倫理學理論縮小範圍至效用主義理論。他寫道：

　　效用主義的一持久的吸引人之點是假定它和現代的科學和世界觀相一致。確切地講，效用主義與敵對的道德理論之不同，乃在於其被設想為與某種形上學相容，這種形上學是可與任何存在於物理機械世界以外的神秘而內在的規範性質相分開的。我們可以稱這種形而上看法為自然主義之一種。……這種自然主義形成了一個重要但常不明言的背境，從這個背境效用主義獲得了它的迷人之處。⑤

　　在現有的效用主義者中，孟德爾舉出了理查‧B‧勃朗特和約翰‧C‧哈桑伊作為代表，並詳細批評了他們的規則效用主義。他的看法也是負面的。他寫道：

　　但即使是這裡，所用的善的概念要求規範性的辯護。從自然主義的觀點言，這意指效用主義像其他道德理論一樣不能被接受，要挽救效用主義只有拒斥自然主義。但這樣的拒斥將會剝奪效用主義對其他道德理論的一個重要辯護論據。⑥

　　第三個作者，佛朗西斯哥‧B‧佛迦拉（Francisco Vergara），近來駁斥了愛莉‧C‧海勒維（Elie Halevy）對效用主義之詮釋，認為這詮釋是對英國道德哲學的一種嚴重曲解。⑦佛迦拉爭辯海爾維之詮釋為效用主義乃基於心理學之「自私理論」，因為海氏將同情視為自私之偽裝而未曾適當處理心理學之「同情理論」。佛

迦拉之論文並非與實然／應然鴻溝這題目直接關聯，但卻也間接有關。所以我也附帶討論這篇論文。

在本章中我將澄清這實然／應然鴻溝問題。我持有正面的看法，即效用主義的確可以跨越實然／應然鴻溝鎮，且效用主義是與自然主義相容。但是，現有的效用主義有數種形式：傳統的或行動效用主義，理查・B・勃朗特和勃拉特・胡克爾的理想道德典規則效用主義，⑧和約翰・C・哈桑伊的偏好規則效用主義。⑨此外，我也曾發展出一種形式，稱爲統合效用主義（UUT）。⑩眾所周知，行動效用主義有太多的缺點而難以持續存在。勃朗特和胡克爾的規則效用主義曾被丹尼爾・派爾嚴厲批評。⑪所以我對效用主義的辯護，雖然大體上適用於一般的效用主義，嚴格而論它並不包含行動效用主義和理想道德典規則效用主義。

至於哈桑伊的規則效用主義，它也採用一種決策理論的方式，⑫且提出來時遠較 UUT 爲早。我的理論事實上與哈桑伊的理論有若干相似之處，雖然在這兩種理論之間也有著若干關鍵性的差異。就實然／應然鴻溝而論，我的辯護論據倒也可以應用於哈桑伊的理論的。

我將只給出一串根據於人類目的論天性的推理，而並不去駁斥萊謨士和孟德爾的論據。至於佛迦拉對海勒維的效用主義詮釋之批評，我接受佛迦拉之看法即同情是一個不可忽視的主要因素，但我仍主張在證立效用主義時，同情並不是一個必要的條件，因此，佛迦拉的看法並不推翻我認爲效用主義可以跨越實然／應然鴻溝的論據。

第二節　人類之目的論天性

我對實然／應然鴻溝持有正面的看法而不同意萊諜士和孟德爾的看法，即是說，我主張實然／應然鴻溝是可以被進化論倫理學所跨越的，而效用主義則至少係與自然主義相容。但是，我並不從駁斥萊諜士的見解來替進化論倫理學的理論辯護，也不藉駁斥孟德爾對勃朗特和哈桑伊的規則效用主義的批評來替規則效用主義辯護。我只是根據我的統合效用主義的看法來推理。既然我用決策理論的方法來研究效用主義，我的理論難免有幾處和哈桑伊的理論相似，只是他的理論是規則效用主義之一種，而我的則是行動效用主義與規則效用主義之折衷。

首先我認為所有有知覺的生物都是有目的的，這意指所有這些生物都自動地企圖生存，進步，和繁榮。這些生物中，人類是唯一具有最高層次的目的之族類。即是說，人類意識到他們的目的性。作為一個理性的人或是作為理性的行動，人總是企圖將他的生命最佳化，即是將所能享受的善最大化。這些概念如效用，價值，價值判斷和決策等都是從意識到目的之後才發生的。

於是，人類的高層次目的性引起了客觀物理世界與主觀意識到的世界間的區別。J・貝阿特・開列考脫（J. Baird Callicott）對這區別說明如下：

> 客觀物理世界是與主觀意識到的從笛卡兒開始建立的現代科學之形而上姿態截然不同的。思維、感情、知覺和價值，從科學自然主義的觀點言，自那時起已被認為限於意識的主觀領域。因此，從科學的觀點言物理世界是無價值可言的。⑬

開列考脫又強調如果沒有主觀意識那麼就根本沒有價值和價值

判斷了。他道：

> 價值是觀察者的主觀感覺對自然物體或事件之投射。如果將意識一筆
> 勾消，那麼善與惡，美與醜，是與非都將不存在了，剩下的只有無知
> 覺的現象。⑭

事實上大多數決策科學家都持有價值是主觀的這同樣的看法，例如彼得‧C‧費許朋（Peter C. Frishburn）說：「每一種決策情景都是唯一的。價值只有在關聯到當事人有一目標時才具有意義，並且是關聯於決策情景而相對於當事者而言的。」⑮在效用主義的價值通論中，我主張價值是主觀的。⑯費許朋這裡的名稱「相對的」係相當於我稱的「主觀的」。

哈利‧平斯王格（Harry Bingswanger）曾詳細討論基於生命的目的論作為倫理學的基礎，並曾提出基於生命的目的論的清楚描述，對於他的描述我完全同意。他說：

> 我的主旨是所有生物，不論有意識的或是植物，都是目標導向的
> （goal-directed），而無生物則不能具有或追求目標。我將爭辯目的
> 論是據於生物學的：生命是發生目標導向行動的存在之現象。在這種
> 看法中，意向（purpose）是較為廣大的「目標」類中之一特殊小類，
> 意向乃意識到的目標。⑰

開列考脫之事實／價值區分和對價值之投射說法或被誤解為價值中心的目的論之破壞者，但馬克‧勃陀（Mark Bedau）曾給出三個理由以否定之。⑱勃陀又給出三個理由以證明擔心目的論的價值中心理論是惡性循環這一點是並不嚴重的。⑲

勃陀進一步主張目的論的價值中心理論作為結論。我完全同意他的話。他說：

> 價值和目的論是一種概念的統合理論系統之一部分，作為一個理論組

合要嘛全部接受，要嘛不接受。理論上的統合並非缺點；許多群的概念形成類似的理論系統。每種理論本身仍有其資訊。我們可以掌握目標和意向等概念而不知道它們包含價值，我們也可以掌握價值之概念而不見其牽涉到自然的功能。一個價值中心的目的論理論和一個功能中心的價值理論兩者都可以是真的，但不一定可瑣屑地分析，以致敏感而智慧的人仍可對它們不同意。所以，即使目的論和價值都是一個相互界定的概念家族之一部分，一個價值中心的目的論理論可以是一個有意義和資訊的理論進步。⑳

瓊·孟德爾，在不滿於理查·B·勃朗特的認知心理診療或說明和約翰·C·哈桑伊的理性選擇理論之餘，下結論說：「自然主義與效用主義間之連接是表面的甚於真實的。效用主義並不能從一般定爲與自然主義的更接近的聯繫獲得比對手們更多的支持。」㉑我認爲孟德爾犯了一個錯誤──他認爲自然主義只處理完全沒有目的論的無生命的客觀物理世界。

依照我的詮釋，自然主義也處理有知覺的生物之目的論天性，因而無可避免地也牽涉到價值。我同意馬克·勃陀的看法，即目的論和價值均爲一個相互界定的概念家族之一部分。事實上，在我的效用主義價值通論中，目的論是併合在價值理論中的。㉒

於是，從以上的引文中可獲得這樣的結論：具有主觀意識的目的論是價值之來源。價值和目的論結合形成一個統合的理論系統，它可作爲決策理論和對效用主義的決策理論方法之基礎。

第三節　採取非道德行動時之理性選擇

在本節和下節中我將給一串推理以辯護實然／應然鴻溝可以被效用主義所跨越。爲了清楚和方便起見，我把這推理串分成爲二

個階段。第一階段爲非道德行動辯護：當事者所採取的對的行動
是那個對當事者自己具有最大效用的行動。第二個階段再爲道德
行動辯護：當事者所採取的對的行動是那個具有最大社會效用的
行動。第二階段將爲第一階段的延伸而辯護，因爲這樣似乎是最
簡單的方法。第一階段將於本節中討論，而第二階段則將於下節
中討論。

　　所謂非道德行動乃指與道德無關之行動。較明確地講，可說非
道德行動乃一並不直接影響別人或社會的利益之行動。因此，在
對一非道德行動作決策時，當事者只須考慮其自身的利益，而無
需考慮別人的利益。但是，在這種情景中，對當事者自身效用之
最大化其實就是對整個社會的效用或社會效用之最大化，因爲當
事者爲社會成員之一，而非道德行動係假定爲與他人之利益無關
者。因此，在非道德行動之情況下，對當事者效用之最大化可視
爲較爲一般性的道德行動之一種特殊情形。

　　決策科學研究一個理性的人在有二個以上的可行選擇中選取其
一的非道德行動時如何作一決策。在一複雜的情景中，有時人難
以抉擇，或是因爲效用的計算太過複雜，或是因爲人對自己的偏
好並不十分清楚，以致引起偏好間的不一貫。決策理論是一種科
學，它研究在有二個以上可能時一個理性的人如何選擇並說明價
值和效用之計算細節。它又包含一個期望效用理論，這理論可以
決定決策者的避險性程度和他的效用函數。所以決策理論對企業
管理中處理經濟價值之效用特別有用。

　　決策理論似乎又是描述性的，又是規範性的。描述性的是因爲
它描述了人性，或更確切說，它的基礎期望效用理論描述了當事
者對金錢的避險程度，並計算出行動對當事者的效用。規範性的

則是因爲它告訴當事者採取具有最大效用的選擇。所以，對於一個具有某種程度的避險性和擁有某些數量的金錢的人，決策理論給出這人的效用函數並且計算出任何行動中各個選擇對當事者的效用。一個理性的人是假定爲總是選取對他自己具有最佳後果或最大效用的行動的。

那麼決策理論是否已跨越實然／應然鴻溝了呢？我的回答是「尚未」。決策理論教人如何決定效用及如何找出具有最大效用的選擇，但並未說出爲什麼具有最大效用的選擇是應該採取的對的行動。

價值中心目的論說明所有生物都是目的導向的，而人類則意識到他們的目的。所以他們自然趨向於，也願意，藉採取某些行動來達成他們的目標。這些行動必須予以證立，或這些目標必須予以肯定。極大多數人對生命一般性目標之肯定是一個不爭的事實。我們很容易見到，除了那些極少數悲觀到刻意自殺者之外，幾乎所有的人都肯定人生的一般性目標。

這對人生一般性目標的肯定於是延伸到人生各層次所有的行動的目標之肯定。對於非道德性行動而言，那些對我們最爲有利或具有最大效用的行動的目標之肯定，如前所述，乃在於人類的目的性和理性。對於道德行動而言，則對其目標之肯定，乃是作爲一種倫理學理論的效用主義之任務，將在下節中討論。

因此，效用主義中的效用原則規定了那些對我們最爲有利或具有最大效用的行動爲對的行動。易言之，我們將產生最大效用的行動之集合等同於對的行動之集合。這是相當於說那些對的行動之爲對的乃是一種定義。

關於實然／應然鴻溝另有一點須加以澄清。我們現在所說的實

然／應然鴻溝的意義與大衛‧休謨原先所提出者稍有不同。休謨對實然／應然鴻溝的原初概念係指實然與應然間的純粹邏輯鴻溝。㉓在這種情況下，「是」指一事實，它是真的或是假的，而「應該」指一價值判斷，它是對的或是錯的，但並非真的或是假的。那麼這鴻溝當然會存在而無法跨越了。除了實然／應然鴻溝這名詞外，還有兩個類似的名詞：「事實／價值區分」（fact/value distinction）和「自然主義的謬誤」。裘琳‧陶特（Julian Dodd）和蘇珊‧斯特恩吉列（Suzanne Stern-Gillet）曾經從知識論的觀點予以詳細討論。㉔就我所見，事實／價值區分係與休謨對實然／應然鴻溝的原初意義相同，因為事實與價值本質上有所不同，而這區分就是休謨所指者。所以，如果有人說「自然主義意味著效用主義」，就要被批評為犯了「自然主義的謬誤」了。

　　但在效用主義作為一種倫理學理論的日常應用中，實然/應然鴻溝中的「是」係了解為指一個行動具有最大效用這一事實，而「應該」則指這行動是對的這一價值判斷。既然產生最大效用之行動是對的行動這一敘述就是效用原則所說的話，通常設想為這鴻溝已經被跨越了。但是從來沒有一個跨越實然與應然或事實與價值間邏輯鴻溝的嚴格證明。所以對這個鴻溝的辯論延續至今尚未休止。

　　為了要澄清這個複雜的情況，我對這鴻溝建議一種稍有不同的看法。「實然」仍舊指所採取的行動具有最大效用這一事實，但我令「應然」指另一事實──即這行動是被稱為、認為，或界定為對的行動這一事實──而並非指這行動是對的行動這一價值判斷。這樣，這鴻溝的應然一邊也變成事實了。所以這鴻溝也自然消失了。這是我所稱的以定義來跨越這鴻溝的意義。

此外還有二點須加以澄清。第一，這生存、進步和繁榮的一般性目的，並非，也不可能，由一個行動所達成。生命是一連串處於各種層次的行動，都是從一般性目的所導生或與其有關。所以生存、進步和繁榮這一般性目的之肯定將延伸到各種較低層次的所有行動。

第二，生存、進步和繁榮這一般性目的，意味著生命可以發展並可以達到各種不同水準或程度的品質。易言之，完成生命一般性目的之善可以量化測定並表示。大多數倫理學理論並不直接討論此點，但是效用主義卻以效用作為一普遍的量度而表達完成目的之程度。所以效用之概念乃從生命的一般性目的延伸至各種較低層面的所有行動之目的了。

於此可見決策理論的確既是描述性的又是規範性的，並且對非道德性行動而言跨越了實然／應然鴻溝。事實上，肯定人類的各種目的乃是實然／應然鴻溝問題的關鍵點。這肯定行動是一經驗的事實，但是這肯定導向指定什麼是對的行動之定義。

在採取非道德性行動時，人自然地求對自己的效用之最大化，乃經濟學家視為當然的事。例如阿門・愛爾欽（Armen Alchain）寫道：「習慣上我們假定個人在若干約束下尋求某些事物之最大化。應該提及的是，我們可以對人所努力實現的事物或情況設定數字。」[25]薩謬爾・不列登也寫道：「於是個人的效用最大化賴定義而成為真實的。每個人試圖將效用最大化；而他所試圖求其最大化的就只有效用。」[26]

第四節　從非道德行動延伸至道德行動

在本節中我將討論導向效用主義可以跨越實然／應然鴻溝的一

連串推理之第二階段，即從非道德行動向道德行動之延伸。如前所指出，道德行動乃影響別人或社會的利益或效用之行動。當一當事者處於這樣一種情景中時，即他的意圖的行動將會影響到別人或社會的效用時，他必須考慮道德。即是說，既然一個人生活在社會中，道德對他的行動施以若干社會約束。

那麼為什麼我們要有社會呢？因為有一個社會比沒有社會好。當人類進化而人口增長時，個別的人自然結合成一社會。作為社會成員而生活有其益處也有其害處。益處往往遠超出害處，否則人類也不會選擇組成一個社會了。

在社會中總是有分工，而人們必須合作。一個社會成員能夠也必須選擇一特定的角色，即是選擇一職業或專業。於是發生了人生計劃的概念。每一社會成員藉追求對他自己最大效用而使其人生計劃最佳化。

在實現其人生計劃時，每一成員必須採取行動。一個道德行為產生對別人或社會的效用或負效用，並可能引起當事者與別人或社會間之利害衝突。於是逐漸形成許多社會的規則，諸如法律、道德規則、風俗、傳統、習慣、慣例等。道德規則為這些社會規則之一主要部分。我們需要一套道德規則俾可在每一個道德情景中指示應該採取的對的行動。

一個有適當的規則之社會必較一個沒有這些規則的社會為優，因為這些規則乃為社群的益處而刻意訂制者，用效用主義的術語來說，一個有規則的社會較同一個但沒有規則的社會對每一社會成員，平均地或統計性地，具有較大的效用。

道德規則必須予以證立，而證立這些道德規則的任務就落在道德哲學或倫理學的身上。在效用主義中，社群的善係用社會效用

來表示。故問題化約爲如何證立社會效用之最大化。基本上，主要理由是社會效用乃社會每一成員所享受者。或者說，平均或統計性地，社會效用愈大，對每一個社會成員的效用也愈大。即使一個使社會效用最大化的特殊行動有時或許對採取行動的當事者並非有利，但所有這些使社會效用最大化的行動之總後果，平均或統計性地，仍舊使對每一個人的效用最大化。

一個好的道德規則有一正的社會效用並不意指這規則在每一道德情景中對每一個人有利。例如「人不應該偷竊」這道德規則對於一個竊賊而言當然並非有利的。但是這規則，平均或統計性地，仍是對每一個人都是有利的。

我用一個例子來說明這一點。舉例說，假定偷竊並不被認爲不道德或非法，而每一個人都有一個偷竊的機會，也有一個被偷的機會。再假定每個人一年中平均偷竊一萬元也被偷一萬元。依照期望效用理論和由於人類的避險天性，平均或統計性地，失去一萬元的負效用要大於獲得一萬元的正效用。

再者，若被偷的一萬元原來是計劃用於某種急需的用途，例如購買一個個人電腦或是付一筆醫藥費，那麼損失了一萬元將引起很大的不便，如果當事者別無儲蓄，那麼他必須借債以購買電腦或付清醫藥費，因此，一理性的人應該接受這理論：平均或統計性地，每人都不偷竊的情景要比每人都偷竊的情景爲好，不但對社會效用言是如此，即是對個人效用言也是如此。

有人或許會爭辯，即使一個人同意這結論：平均或統計性地，不偷竊要比偷竊好，但是在一特殊的情景中，他或能成功地偷竊而不被發覺，因而導致比不偷竊爲高的社會效用。那麼，在這種情況下，這個人的偷竊是否有足夠的理由呢？我的回答仍舊是「

否」，因為在每一種偷竊的情況下，竊賊都可用此為偷竊的藉口。
若在一個情況下可以容許偷竊，那麼其他類似情況都可以被容許，
而不應該偷竊的規則也就無法維持了。但是我們需要社會規則，
因為平均或統計性地，有這樣一條規則比沒有為好，因此從非道
德的行動延伸至道德行動，我們必須平均或統計性地來判斷。這
種說法似乎有背於行動效用主義，因為它在行動的層次比較各個
行動的效用。我同意這對行動效用主義來說是一個致命的弱點，
但對其他形式的效用主義則並不如此。現在我將討論這一點。

在我們證立了道德規則以後，其次的問題是如何處理規則。不
同的倫理學理論對規則的處理方式也有不同。（關於道德規則的
問題將於第十一章第二節中詳細討論。因其與本節的推理有關，
故在此也作一簡單的討論。）在各種倫理學理論之間有二個主要
不同點：一個是道德規則之內容，另一個是對道德規則之證立。
第一點係與主觀主義和相對主義有關。在一個正常的好社會中我
們通常無需考慮主觀主義和相對主義。現在忽略或不考慮主觀主
義和相對主義，或假設社會上有道德規範，那麼我們可以說不同
倫理學理論之主要不同處乃在於規範或道德規則集合之證立。自
然主義者和心理學家強調同情、良心和道德感。道義論者將終極
理由歸之於上帝、天、基本人權、人自己，或絕對指令等，並將
其視為理所當然的終極理由。效用主義者將社會效用視為終極理
由。是以倫理學理論處理規則的不同之根源乃在於證立之不同。

道義論和效用主義是二個主流倫理學理論。所以我要就處理道
德規則這事簡單討論之。效用主義有幾種形式，它們之處理道德
規則也稍有不同，我將討論三種不同形式之效用主義，再加上我
的統合效用主義理論。

　　道義論視許多規則爲絕對的或有一無限大之份量。易言之，規則是嚴格的，且並無例外，在一方面，此點似乎很好，因爲我們要有規則並且要維持它們。但在另一方面，嚴格規則有這樣的缺點，當兩條規則間發生衝突時，除了安排一種任意的優先次序外並無其他的合理解決方法。

　　行動效用主義也有規則，但那些規則爲經驗規則。行動效用主義之主要弱點乃在它並無一套系統的方法將規則的效應作適當的處理。例如在一窮竊賊從一富人那裡竊取錢財的情況下，偷竊行動的社會效用可能表現爲正的，但行動效用主義對此情況並無令人滿意的解釋。

　　規則效用主義在規則或道德典的層次作效用之比較，所以當然是重視規則的。這些規則，雖不像道義論中者那樣嚴格，但還是相當嚴格的。例如約翰、哈桑伊建議堅定的規則（firm rules），它們是容許有若干例外的。[27]但是我們不可能列出所有的例外，而在這些列出的例外之外，規則依舊是嚴格的，所以這道義論的缺點也可以發生於堅定的規則上。

　　在統合效用主義理論中，規則是不嚴格的。[28]例外並不列出，而一個情景是否應視爲例外乃留給當事者自己決定。所以衝突的數量比較少。即使一個衝突發生了，它仍可以用行動層次的效用比較予以解除。我提出在道德判斷時設定一增量社會價值V_s以代表規則的效應。例如在一窮人 P 偷竊一萬元的情況中，我們可以對偷竊行爲設定一個$-\$30,000$ 的增量社會價值，於是足以抵銷對這窮人 P 的正效用而有餘。

　　因此，在統合效用主義理論中，雖然效用比較是在行動的層次，規則的效應都仍被增量社會價值V_s所計及，所以具有最大社

會效用的選擇仍總是對的行動。

效用主義具有以效用作爲終極理由的獨一特色，而這特色是經驗性的，社會效用並非對當事者自己的效用，而是對整個社會的效用，但也是對當事者自己的效用之延伸或一般化。要有一套道德規則或道德典是爲了社群的好處，這即是效用主義中的社會效用。如果有一理想的道德典而每個社會成員在行動時都遵守規則，那麼社會效用自然被最大化了。

依照以上的推理，我們應該有道德規則並應該遵守道德規則而行動，猶如我們在採取非道德性行動時應該求對自己的效用最大化一樣。一旦從對當事者的效用延伸到社會效用達成以後，我們就有資格說在道德行動中實然／應然間的鴻溝之跨越也是一種定義。即是說，我們刻意把那些將社會效用最大化的行動稱爲對的行動。所以，作爲結論，我將這樣說：根據目的論的價值中心理論，效用主義是認爲能跨越實然／應然鴻溝的。

我用「對的行動」這詞以指我們應該採取的行動，不論其爲一非道德性的行動或道德行動。但在這二種情況中，「對」具有稍稍不同的意義。一個對的非道德性行動乃指一理性的行動，此處「理性的」，依照我的詮釋，是與道德無關的。一個對的道德行動則意指一個在道德上是對的行動，所以有時爲了要清楚區別這二者的緣故，在英文中我有時對非道德性的行動用「should」，而對道德的行動用「ought to」，但在中文中，卻無適當的詞來分用，只可都用「應該」了。

另外還有一點需要澄清，即一個對社群好的行動不一定是普遍地好或是對另一道德社群也是好的。舉例說，考慮某一荒野中狐狸、兔子和野草三者間的關係。兔子以野草爲食物，而狐狸則以

兔子爲食物。狐狸、兔子和野草的數量維持一個固定的平衡狀態。狐狸吃兔子乃其天性。這是無法避免的事,而且對狐狸的社群當然是好的,但是對於兔子的社群而言,這當然是不好的事。所以這「好」並不能認爲是普遍的好。

於此可見,如果實然╱應然鴻溝的「應然」係限於「理性的」,那麼目的論當然跨越這鴻溝。若「應然」延伸到「道德上對的」,但是這「道德上對的」係限於對人類的道德社群之好,那麼目的論和一個適切的倫理學理論像效用主義那樣仍舊可以認爲能跨越實然╱應然鴻溝。如果「道德上對的」意指不但是對人類的道德社群好,而且還對其他社群好或普遍地好,那麼,由於不同的道德社群間存在衝突的緣故,這實然╱應然鴻溝既非目的論也非效用主義所能跨越了。

依照我以上的推論,「實然」乃指對所採取行動的目的之肯定。這肯定是相當於認定這行動爲對的。如果所有行動的目的都是這樣肯定,即是依照最大效用之準則,那麼效用原則就成爲對的行動之定義,而效用之最大化與行動之爲對的成爲同一件事了。

因此,我說在這一種意義下,實然╱應然鴻溝可以被一種決策理論方式的效用主義所跨越。自然主義的謬誤,就我看來也應不再存在了。

第五節　海勒維對效用主義詮釋之說明

如上所指出,佛朗西斯哥‧佛迦拉駁斥海勒維對英國效用主義之詮釋爲一重要的扭曲。[29]依照佛迦拉,海勒維對效用主義之詮釋爲自私理論,而將「同情」視爲自私之一種僞裝。佛迦拉指出「海勒維已將效用原則與人是普遍自私的這心理學理論相混淆。……

」[30]佛迦拉又指出「同情理論」主張在人類的心智組織中（人性中）除了自私衝動之外，還有不自私的基本衝動導向行動者的快樂以外的事物。[31]

我同意佛迦拉自私理論和同情理論都似是可信的自然主義看法。但我不同意佛迦拉將海勒維對效用主義的詮釋視爲一種扭曲。我有四個理由：(1)海勒維對效用主義的詮釋視爲「自私理論」是有爭議性的。(2)效用主義不用同情的概念而只用效用原則作爲終極原則已經足夠。(3)要將效用主義用同情來表達有實際的困難。(4)即使人類並無同情心，效用原則仍舊可以成立。我現在依次討論這四點。

首先，考慮效用主義是否可以詮釋爲一自私理論。用於非道德性行動之決策理論，即是求對決策者自己的效用之最大化，無疑是據於自私理論的。但是將決策理論延伸到道德行動以後，求的是社會效用之最大化，它已表示了同情或利他主義。社會效用最大化最後也平均或統計性地對當事者自己有利是另外一回事。我們並無資格說這理論是僅根據於自私的，再者這也顯示了利己主義與利他主義二者間的調和。

第二，考慮效用原則只用效用而不依賴同情之足夠性。注意效用主義是一自足的周延理論。同情和其餘利他的情緒事實上都被社會效用這詞所蘊含，但並無必要將同情明顯地引入於基本原則中。

第三，考慮將同情引入基本原則之實際困難。在邊沁和米爾的時代，效用的概念並沒有目前那樣清楚，但是我們現在已經有一充分發展的期望效用理論和一個清楚的效用概念，所以我們可以量化處理效用和社會效用。至於同情，它只是一個心理學的概念。要測量或決定同情已經很困難，更不用說量化處理了。

在統合效用主義的道德行動決策理論模式中，我已經考量了道德滿足感的價值，它事實上已包含了同情。㉜但是，即使這模式是量化的，我們還最多只能求出道德滿足感價值的下限或上限，但無法求得其確切的價值。作為一個現象，道德滿足感的價值隨人及行動而大為有異。我們很難指定，在某種道德情況下一個人應該有多少同情，更不用說要將同情的概念量化地併入倫理學理論的基本原則中了。

第四，考慮一假設的情況，即人類都是自私的而並無同情。在這種情況下，我們仍舊需要社會規則以解決社會成員間之衝突。既然效用原則或社會效用之最大化，平均或統計性地最後對每人有利，即使所有的人都是自私而並無同情，我們若將效用原則作為效用主義的基本原則仍是合理的事。

在以上的討論中，我的主要目的並非只為海勒維辯護，實則我在辯護效用主義為一有效的倫理學理論。不論人類是否具有同情心，效用主義都是可以證立的。依照自然主義，人類是自私的也是有同情心的，但要證立效用主義，只根據自私心已經足夠。同情並非要證立效用主義為一倫理學理論之必要條件。這也許是海勒維用自私詮釋效用主義的意義所在。

因此，我結論佛朗西斯哥·佛迦拉對海勒維對效用主義詮釋之批評並不傷害我的主張，即效用主義跨越了實然/應然鴻溝，和自然主義證立了效用主義，或至少效用主義可與自然主義相容。

第六節　好的與對的

在倫理學的許多理論中，另有一個與實然／應然鴻溝間問題相關之爭辯，即是究竟「好的」（the good）是否即是「對的」（the right），如效用主義者所堅持的那樣，還是對的係先於好的，如道義論者所主張的那樣。這一點實為效用主義與道義論間之關鍵性差異。這個課題，乃是討論「對的」與「好的」間之關係。它可以用另外一種不同的問句來表達：「正義是否也可以用效用來量度？還是正義具有一種非效用所能表達的性質，因而不能用效用來量度，也不能與其他可以用效用來量度的事物作比較？」

與這個課題密切相關的，還有另外一個問題：正義是否有絕對性？因而道德原則和規則應該是嚴格的而不容許例外？抑或正義並無絕對性，因而道德原則和規則應該是不嚴格的而容許例外？這個關於正義的絕對性問題已經於第九章第一節中討論，而原則和規則的嚴格性問題則將再於第十一章的第一節和第二節中討論。至於對的與好的間關係之問題，則因其與實然／應然間鴻溝問題之爭議密切相關，故在本章中予以討論。

效用主義者認為好的就是對的。因此效用原則主張社會效用的最大化或促進好的。這基本、終極原則之證立在於人類之目的性。人類需要也意欲生存、進步和繁榮。這一般性的目標是被經驗地肯定的。一般性原則之肯定導致了以社會效用的最大化或好處的促進作為基本原則，這原則我認為也是效用主義對「對的」之定義。㉝

道義論者，相反地，並不認為好的就是對的，因為他們堅持，至少在若干情景中，當事者並非為促進好的而採取行動。因此，對的被認為不一定是好的。一個被廣泛接受的對好的並非等同於對的或不一定就是對的這說法之證立是「對的係先於好的」。即是說，對的，或由道德原則或規則所指示為對的行動，係產生於對的行動所產生的後果之前，因而應該被認為並非等同於好的。

很多道義論者認為對的係先於好的，如麥可‧商代爾（Michael Sandel）所描述：「對於道義論者，……對的乃先於好的。」㉞ H. A. 普列查特（H. A. Prichard）也說：「……我們的是非感並不是我們對好的或其他任何事物的了解之結論。」㉟

這裡我企圖從我的統合效用主義觀點澄清這好的與對的間之爭議。我從「先於」這術語之意義開始。我認為「先於」有二個不同的意義。一個意義是優先，即是對的可以與好的比較，而且比較的結果是對的優先於任何好的，即是比任何好的事物更好。這個意義相應於第九章第一節所提到的道義論者對正義的另一種詮釋，即是正義與效用二者並非具有不同的性質，正義也可以用效用來量度。在第九章第一節中，我曾說明效用原則與正義原則間之衝突並不成立。進一步說，這可以解釋為「對的一定具有最大的社會效用」。這也可以稱為「用效用主義來詮釋道義論」。根據這樣的詮釋，對的先於好的這樣的說法就不合理，或至少不適宜了。

第二個意義是時間上的先後，即是對的發生在好的之前，因為好的是由後果來判定的。我認為這時間上的先於，還可有二種不同的意義。一個意義是某個特定的對的行動之發生與對的行動所產生的好的後果之發生這二者間的時間上的先後次序，這我稱之為「事實上的先於」；另一個意義是行動後果是好的這知識和行動是對的這知識之先後次序，這我稱之為「知識上的先於」。注意這第二個意義並非從一特定行動之觀點言，也不是從一特定個人之觀點言，而是從整個社會或所有人類之觀點言。

無疑的，道義論者對「先於」的概念是這裡的第一種意義。一個行動產生後果。所以一個對的行動發生在其後果或好的發生之

前。這樣的先於概念不限於單一的行動，也可以推展到一個人的整個人生計劃。人生活在一個已經有道德原則和規則存在的社會中。這些原則和規則告訴人什麼是該做的對的事或什麼是指導人建立人生計劃的約束。於是，在人建立其人生計劃之前，對的這概念就已經在那裡了。因此，對的這概念被認爲先於好的這概念。

我認爲道義論採取「先於」的第一個意義是一個錯誤。在考慮對的與好的這二者間的關係所採用的「先於」的意義應該是它的第二種意義，即是從社會的觀點之意義，或是從好的和對的這些概念之發展的觀點之意義，即是知識上的先於。

眾所周知，效用主義是後果論的，因而與新自然主義相容。依照哈利・平斯王格的說法，人類不但是目的論的，並且是最高水準的目的論的，即是他們意識到他們的目標。㊱好的意指人類所追求之各種價值。因此，即使一原始未開化的人也感知到好的事物，而具有關於「好的」之知識。但是關於「對的」或是關於道德之知識，則是在社會組成以後才產生的。爲了要解決社會成員間的利益衝突，才有必要建立一套社會規則，而道德原則和規則僅是社會規則集合中的一個次集合。所以對的這概念是確切地產生在好的這概念之後的。

以上說明對的先於好的之不合理。但即使對的並不先於好的，也並不一定就是好的。效用主義主張好的就是對的，也需要證立。道義論主張對的不一定是好的，則需要說明「什麼」是對的，並且證立爲什麼這「什麼」是對的。

站在效用主義的立場，我認爲道德原則和規則的來源都是經驗的。對的這概念係由道德原則和規則所傳達，而這些原則和規則是歷史上逐漸發展出來的共識和概括。我相信所有道德規則都是

如約翰·勞爾斯所說的概括規則（summary rule），而並非他所提出的另一種，即慣例規則（practice rule）。㉗我的意見是，慣例規則是任意的。它們僅適用於遊戲，卻不適用於道德。這裡所謂的任意的並不是說遊戲規則是完全隨便決定的，而是說它們並不一定是最適宜或合理的。它們的決定不一定要最佳化。

茲舉一個籃球遊戲籃子位置高度的例子以說明籃子高度這規定的任意性。籃球的籃係置於某種高度。當人類的平均高度逐漸增長時，將籃球投入於籃中的機率也逐漸增大。目前籃球比賽的記錄常在一百點以上，遠高於多年以前的平均紀錄。假如把籃的位置提高二呎，我相信要將籃球投入籃內將遠較目前為困難，而比賽的紀錄也將遠比目前者為低。這樣的遊戲也許更為有趣，而比目前還高二呎的高度也許更為合理。但是目前我們並未改變籃的高度，也沒有人對目前的高度抱怨或認為這種高度是錯的，或許就是因為籃球是一種遊戲，其規則是任意的之緣故。

至於道德規則，則並不是任意建立的。它們的建立必須有足夠的理由，即是所謂的證立。這裡是效用主義與道義論間的主要區別之所在。我認為道義論的證立則是模糊而非確切界定的。傳統上，西方道德概念中的證立是上帝，而儒家道德概念中的證立是天道。目前大多數哲學家不再用宗教信仰來作為道義論道德的證立，而由直覺來取代並成為主要的證立。但直覺並非是終極的理由，它還是需要進一步的證立。自明（self-evidence）似乎是終極的證立。例如，在道義論者中，H.A.普列查特和 W.D.勞斯似乎相信直覺之自明性。普列查特道：「我們應該做某件事情的感覺在非反射性的意識中產生，這是一個由我們所身處的各種情景所造成的道德思索活動。」㉘勞斯道：「一個行動……之為自明的乃是

顯而易見的；它並不是指從我們生命的開始或當我們第一次注意
命題時就自明的這意義，而是指另一意義，即當我們已經足夠成
熟或對命題已有足夠的注意時，才自明而無需證明的。」[39]

　　如吉拉特‧F‧高斯所指出，勞斯之「原則，雖然是自明的，
但並非先驗的。」[40]照我的意見，這些原則在人類的經歷中有一經
驗的基礎，不僅是當事者作為個人的經歷，且又是社會或所有人
類的經歷。這樣，直覺之根源存在於經歷之概括和情感、知覺，
以及價值判斷之共識中。所以原則和規則一定是概括規則而並非
絕對的慣例規則。這是與道義論者一般所相信者相反的。

　　直覺原初是主觀的。它們隨人而不同。即使有一共識或規範，
它仍不是真正客觀的。因此在我的效用主義的價值通論中，我稱
之為「準客觀」。[41]一條準客觀的原則或規則不應視為絕對的。我
同意吉拉特‧F‧高斯對道德直覺（moral intuition）的看法。他道：
「道德直覺可了解為具有原初的最小的可信度，乃自行證立至一
最小的程度。這可保持它們作為根本直覺的身份，但它們距離自
明的真理則仍是太遠了。」[42]

　　也許是由於「自明直覺」的證立之不足或不完全，興起了若干
高斯稱之為「對的為優先之薄弱詮釋」。[43] 例如大衛‧高泰爾
（David Gauthier）之因「同意而道德」[44]和約翰‧勞爾斯之正義的
契約理論[45]俱係屬此一範疇。就我所見，這些對於對的優先之薄弱
詮釋並不對其證立有多少幫助，因為若自明的直覺可以用於薄弱
詮釋，它也可以用於正常的詮釋；而若它不可用於正常詮釋，它
也一樣不可以用於薄弱詮釋。正常詮釋的推理與薄弱詮釋的推理
之間，似乎並沒有區別。這些理論將不再在這裡討論。

　　吉拉特‧F‧高斯建議一種論據以支持對的先於好的之看法，

稱爲以原則爲基礎的價值。高斯道：「這個道義論方法始於這樣一種觀察，即我們的許多價值，就價值之預設道德原則之證立而言，係奠基於道德原則的。……是以友誼之價值在概念上係預設誠實爲道德所需要者。」⑯我的意見則認爲高斯剛好將好的和對的之次序顛倒了。人類在他們建立人應該誠實這道原則之前先感知並享受友誼之好處（價值）。如上面所述，優先次序不應限於一個特定個人的經歷，而應該擴展至全人類或社會之經歷。對一特定的個人而言，在他感知到任何好的事物之前，即出生於一個有道德原則的社會中。所以我認爲高斯也混淆了我上面討論的先於之兩種意義，而採用了錯誤的意義。

薩謬爾・佛利門（Samuel Freeman）在他對勞爾斯理論中對的概念之詮釋中也犯了同樣的錯誤。佛利門道：「像這樣，對的之優先界定了可准許的目的之理念和（道德上）可准許的好之理念。可准許的好之理念是那些理念其目的和行動乃依照對的之原則之要求者。」⑰

從以上的討論可見，道義論對對的或正義之主要證立是直覺，而對直覺的證立則是它的自明性。但是，如上所述，這自明性是很薄弱的，並無足夠的說服力。

其次我將說明我對對的或正義的統合效用主義的證立。我曾爭辯對的並不先於好的，但即使我爭辯得很成功並證明我這樣說是對的，這仍並不一定意味著好的就是對的。迄今爲止，傳統（行動）效用主義和規則效用主義都未明確表明這一點。這也許是爲什麼現在效用主義者不及道義論者那樣多的主要原因。但在我的統合效用主義和效用主義的價值通論中，亦即是依照我對效用主義的詮釋，好的就是對的卻可以獲得證立。

在我的效用主義的價值通論中，我用偏好來界定效用，並主張效用和價值都是主觀的。但是人類有一生存、進步和繁榮的共同一般性目標，它從個人推廣至整個社會。好的乃代表人類為了生存、進步和繁榮這一般性目標而追求之價值。任何客體對作為主體的各個個人的價值，雖然是主觀的，但是有一統計性的分布。若此分布是集中的，那麼就有一規範或共識。事實上，道德原則和規則，作為概括規則，就是這些規範和共識。於是，雖然效用和價值是主觀的，人類仍然在尋覓並建立這些規範或共識作為社會規則並將它們視為客觀的真理。我稱這些規範或共識為「準客觀的」。再者，這些規範或共識是經驗的，是經過長時期的調適而形成的。所以它們是概括規則。它們當然不是絕對的，並且可以隨時間而改變。

　　非道德性行動並不影響對別人和社會的效用，所以任何能使對當事者的效用最大化的行動自然是當事者應該採取的行動，如決策理論所指示者。就道德行動而言，因為它們影響對別人和社會的效用，所以我們必須也考慮對別人和社會的效用。因此，我們建立一套作為指導綱領和約束的道德原則和規則用以指示何者為我們應該採取的對的行動。

　　問題之癥結乃在如何從非道德行動推廣至道德性的行動，或從對當事者個人之效用推廣至社會效用。它就是跨越實然／應然間的鴻溝。米爾的效用原則之證明企圖跨越這個鴻溝，但是有很多哲學家對這個證明持保留態度。我在上面已經提出跨越這個鴻溝的方法。簡言之，我認為一個能使社會最大化的行動也能，平均地或統計地，使社會每一個成員的效用最大化，雖然在一特定的情況中，一個對的道德行動並不一定使對當事者的效用最大化（當

道德滿足感的效用並未計及時）。舉例說，我們有一條道德規則：
「我們不應該偷竊」。現在假定有一小偷，他的道德滿足感很低，
意欲採取一偷竊行動。但是他實際上採取了對的不偷竊行動，這
行動自然對他自己並不產生最大的效用。所以，「平均地或統計
性地」是一必要的關鍵點，它完成了好的（社會效用）就是對的
（行動）這命題的證立。

於是，我們可以得出這樣的結論：依照效用主義好的就是對
的。這並不是一個巧合。它是一個定義。❸效用主義特意界定那些
產生最大社會效用的行動為對的行動，因為增進好處的行動達成
了人類的一般性目標，為常識所普遍接受，並且平均地或統計性
地間接對社會每一成員產生了最大的效用。

註　釋

① 本章第一、二、三、四節之材料係大部分取自我的一篇論文〈實然／應然
鴻溝：自然主義和效用主義〉，《華南師範大學學報》，總第 137 期
（2002 年 6 月），第 16-25 頁。

② David Hume, *A Treatise of Human Nature*, p. 469.

③ John Lemos, "Bridging the Is/ought Gap with Evolutionary Biology: Is This a
Bridge Too Far?" *The Southern Journal of Philosophy*, Vol. 37, No. 4 (Winter
1999), pp. 559-577。

④ 同上。

⑤ Jon Mandle, "Does Naturalism Imply Utilitarianism?" *The Journal of Value
Inquiry*, Vol. 33, No. 4. (December 1999), pp. 537-553.

⑥ 同上。

⑦ Francisco Vergara, "A Critique of Elie Halevy", *Philosophy*, Vol. 73, No. 1 (January 1998), pp. 97-111.

⑧ Richard Brandt, *A Theory of the Good and the Right* (Oxford: Calrendon Press, 1979).

Brad Hooker, "Rule-Consequentialism," *Mind*, Vol. 99, No. 393 (January 1990), pp. 67-77.

⑨ John Harsanyi, "Morality and the Theory of Rational Behaviour," in *Utilitarianism and Beyond*, eds. Amartys Sen and Berinard Williams (Cambridge, England: Cambridge University Press, 1982), pp. 39-62.

John C. Harsanyi, "Game and Decision Theoretic Models in Ethics," in *Handbook of Game Theory* Vol. 1, ed. R. J. Aumann and S. Hart (Elsevier, 1992), pp. 671-707.

⑩ 盛慶琜著，顧建光譯，《功利主義新論：統合效用主義理論及其在公平分配上的應用》（上海交通大學出版社，1996）。

⑪ Daniel E. Palmer, "On The Viability of a Rule Utilitarianism," *The Journal of Value Inquiry*, Vol. 33, (1999), pp. 31-42.

Daniel E. Palmer, "Rule Utilitarianism and Decision Procedure," presented at *The International Society of Utilitarian Studies Conference*, Winston-Salem, North Carolina, U. S. A., March 24-26, 2000.

⑫ 參見註⑨。

⑬ J. Baird Callicott, "On the Intrinsic Value of Nonhuman Species," in J. Baird Callicott, *In Defense of the Land Ethic: Essays in Environmental Philosophy* (Albanyy, N.Y.:State University of New York Press, 1986), pp. 132-147.

⑭ 同上。

⑮ Peter C. Frishburn, *Decision and Value Theory* (New York: John Wiley and Sons, 1964), p. 39-40.

⑯ C. L. Sheng, *A Utilitarian General Theory of Value* (Amsterdam and Atlanta: Rodopi International Publisher, 1998), pp. 24-29.

⑰ Harry Bingswanger, : "Life-Based Teleology and the Foundations of Ethics," *The Monist*, Vol.75, No. 1 (January 1992), pp. 84-103.

⑱ Mark Bedau, "Goal-Directed Systems and the Good," *The Monist*, Vol. 75, No. 1 (January 1992), pp. 31-54.

⑲ 同上。

⑳ 同上。

㉑ 參見註⑤。

㉒ 參見註⑯，第 149-161, 164-167 頁。

㉓ 參見註③。

㉔ Julian Dodd and Suzanne Stern-Gillet, "The Is/Ought Gap, The Fact/Value Distinction and The Naturalistic Fallacy, " *Dialogue*, Vol. 34, (1995), pp. 727-745.

㉕ Armen Alchain, "The Meaning of Utility Measurement," in Harry E. Townsend (ed.), *Price Theory* (Penguin, 1971), pp. 123-154.

㉖ Samuel Britten, "Choice and Utility." In Lincoln Allison (ed.), *The Utilitarian Response: The Contemporary Viability of Utilitarian Political Philosophy* (London: Sage Pablications, 1990), pp. 74-97.

㉗ 參見註⑨。

㉘ C. L. Sheng, "On the Nature of Moral Principles," *The Journal of Value Inquiry*, Vol. 28, No. 4 (December 1994), pp. 503-518.

㉙ 參見註⑦。

㉚ 同上。

㉛ 同上。

㉜ 道德滿足感已在第五章中討論。又參見註⑩，第 175-185, 223-228 頁有一更為詳盡的討論。

㉝ 參見註①。

㉞ Michael Sandel, *Liberalism and the Limits of Justice* (Cambridge, England: Cambridge University Press, 1982), p. 7.

㉟ H.A Prichard, "Does Morality Rest on a Mistake?" in *Moral Obbligations: Essays and Lectures* (Oxford: Clarendon Press, 1949), pp. 9.

㊱ 參見註⑰。

㊲ John Rawls, "Two Concepts of Rules," *The Philosophical Review*, Vol. 64 (1955), pp. 3-32.

㊳ 參見註㉟，第 16 頁。

㊴ W. D. Ross, *The Right and The Good* (Oxford: Oxford University Press, 1930), p. 29-30.

㊵ Gerald F. Gaus, "What is Deontology? Part One; Orthodox Views," *The Journal of Value Inquiry*, Vol. 35, No. 1 (March 2001), pp. 27-42.

㊶ 參見註⑯，第 33-34 頁。在該書中我原初用「假客觀」(pseudo-objective)，其後發現「準客觀」(quasi-objective)更為適切，故改為後者。

㊷ 參見註㊴。

㊸ 同上。

㊹ David Gauthier, *Morals by Agreement* (Oxford: Oxford University Press, 1988).

㊺ John Rawls, *A Theory of Justice* (Cambridge, Mass: Harvard University Press, 1971).

㊻ 參見註㊴。

㊼ Samuel Freemen, "Utilitarianism, Deontology, and the Priority of Right," *Philosophy and Public Affairs*, Vol. 23 (Fall 1994), pp. 33-63.

㊽ 參見註①。

Michael Sandel, Liberalism and the Limits of Justice (Cambridge, England: Cambridge University Press, 1982),

H.A Prichard, "Does Moral... Rest on a Mistake?" in Moral Obligation: Essays and Lectures (Oxford: Clarendon Press, 1949) pp. ?

John Rawls, Two Concepts of Rules," The Philosophical Review, Vol. 64 (1955) pp. 3-32.

W. D. Ross, The Right and The Good (Oxford: Oxford University Press, 1930) p. 21-30.

Gerald J. Gaus, "What is Deontology? Part One, Orthodox Views," The Journal of Value Inquiry, Vol.35, No. 1 (March 2001), pp. 27-42.

David Gauthier, Morals by Agreement (Oxford: Oxford University Press, 1986)

John Rawls, A Theory of Justice (Cambridge, Mass: Harvard University Press, 1971)

Samuel Freeman, "Utilitarianism, Deontology and the Priority of Right," Philosophy and Public Affairs, Vol. 23 (Fall 1994), pp. 33-62.

第十一章
統合效用主義是一種能生存的理論

第一節　倫理學理論間之主要差異

　　在這最後一章中我意欲從各種倫理學理論間之關鍵性的差異中
找出效用主義，或至少是我的統合效用主義，是一種能生存的理
論之理由。在許多倫理學理論中，只有兩種主流，即是道義論和
效用主義。所以問題的核心成為效用主義與道義論的主要區別是
什麼。如果效用主義是優於道義論的話，那麼這優點應該可以從
這主要區別中顯現出來。

　　效用主義與道義論間之主要區別究竟是什麼呢？我認為最主要
的是證立。眾所週知，效用主義是一種目的論的理論。吉拉特・
F・高斯寫道：「若一種理論根據它促成善的事物之理由來證立『
對的』、道德理論、或義務那麼這理論就被廣泛地認為是目的論
的。」[1]

　　至於道義論，威廉・K・佛蘭克邪（William K. Frankena）寫
道：「道義論……，否定這樣的說法：即對的、義務性的，或道德
上善的乃完全是非道德性的善，或是促成對自己的、所處身之社
會的，或整個世界的善減去惡的最大淨值之函數，不論其為直接
的或間接的。他們主張，除了行動後果的非道德性的善或惡以外，
尚有其他的因素可能使一條規則或一個行動成為對的或義務性的。

……」②他又寫道：「 道義論理論否定了目的論的理論所肯定者。 」③傑佛雷‧雷門（Jeffrey Reiman）寫道：「 道義論理論認爲行動之道德狀態及其立即後果，係視立即和廣泛的所有後果之總善或惡以外的因素而定。 」④羅伯‧奧爾森（Robert Olson）寫道：「 道義論的倫理學理論是主張至少有些行動具有道德的義務性，不論其對人類禍福的後果如何。 」⑤

歸納若干關於道義論的說法，我們可以說道義論與效用主義之基本區別在於效用主義是目的論的，認爲好的就是對的，而道義論則並不是目的論的，認爲正義爲不同於好的之更重要的事物，並且對的係先於好的，而好的並不一定是對的。

正義或對的先於好的這種看法引起了另一個問題，即是正義之絕對性。道義論認爲對的或正義有其絕對性，至少有些道德原則和規則是應該嚴格的，即是沒有例外的。我的效用主義的看法則是認爲對的或正義並沒有絕對性，而道德原則和規則也應該都是非嚴格的，即是可以有例外的。

南西‧但維斯（Nancy Davis）曾清楚說明道義論者之絕對主義（absolutism）。她寫道：「 道義論者告訴我們道義論的約束是絕對的，我們有義務節制自己勿違犯道義論的約束，即使我們知道我們拒絕違犯將引起很惡劣的後果。 」⑥

很多道義論者主張絕對的原則和規則是確實的事。例如康德（Kant）的絕對主義是眾所週知的。對於完整的義務，康德認爲不論遵守這些義務的成本是多少，違犯它們總是錯的。查理‧佛拉特（Charles Fried）道：「 有些事情你無論如何一定不可以做。 」⑦愛倫‧陶乃肯（Alan Donagan）也說：「 謀殺是不准許的。在負責的人之間有自由通訊的情況下，表達一個並不持有的意見，對任

何人而言，即使是爲了一個好的目的，也是不准許的。」⑧約翰‧
勞爾斯表示正義比任何多麼大的好更爲重要，也是絕對性的意思。
他道：「每個人都有一個以正義爲基礎的不可侵犯性，雖整個社
會的利益也不能凌駕於其上。⑨

但是也有若干道義論者並不強烈堅持絕對主義。例如克特‧貝
爾（Kurt Baier）接受道德規則有例外之可能性。⑩，伯拿特‧格特
（Bernard Gert）也反對絕對主義。他說：「幾乎每個人都知道有這
樣的情況，即任何規則都可以被破壞而當事者並不被認爲做了不
道德的事。爲了自衛，即使殺人常也被認爲道德上可以證立的，
而爲了救人一命毀棄一個承諾通常也並不被任何理性的人認爲不
道德。」⑪

也許是由於證立道義論論據之困難，如吉拉特‧F‧高斯所指
出，「在當代道德理論中，對的優先之說法乃被典型地被理解爲
一種較爲溫和的說法。」⑫這可在麥可‧商代爾的證立中見到，即
是：「一種證立形式其中最初的原則是在這樣的方式下提出的，即這
方式並不預設任何人的最終目的，也無任何確定的善的概念，」⑬
這可在大衛‧高泰爾的不預設任何對善的實質的概念的「因同意
而道德」中見到，⑭也可在約翰‧勞爾斯的「善的薄理論」中見
到。⑮

道德原則和規則之絕對性係相當於說道德原則和規則爲嚴格
的。規則不僅爲道義論者所採用，規則效用主義者也採用規則，
甚至於行動效用主義者也採用規則，不過這些規則都是經驗規則。
我稱這些規則爲不嚴格規則，並且也採用它們。規則的嚴格性在
倫理學理論中尚有其他效應。除了它區別倫理學理論的一個關鍵
點之外，它還與若干其他問題相關，我把道德原則和規則的嚴格

性留在下一節中詳細討論。

除了上述的基本區別之外，道義論還有許多處與效用主義不同。如吉拉特・F・高斯所指出，對道義論的了解有許多不同的方式。他曾經考察了十條對道義論了解的方式，並發現大多數道義論者都只能在用十條中幾條的意義來解釋時才可稱爲道義論的，並沒有一個道義論者的說法是符合於全部十條的。例如，就四個眾所周知的道義論者，康德、勞斯、勞爾斯和高泰爾而論，他們只有三種共同的了解方式，即(1)道義論是一種認爲對的不一定是好的之倫理學理論，(2)道義論是一種承認考量正義的倫理學理論，和(10)道義論是一種絕對命令式的倫理學理論。⑯其實，吉拉特・F・高斯所指的了解道義論的方式(1)，(2)，和(10)就是上述的道義論與效用主義的關鍵性的基本區別。因此，雖然還有其他七種了解道義論的方式，卻難以將道義區分爲不同的派別。

至於效用主義，則明顯的至少有若干種不同的形式，即傳統效用主義（行動效用主義），規則效用主義，和我所倡導的統合效用主義。其間的區別必須加以澄清和討論。在本節中，我只扼要討論效用主義與道德論間之差異。關於道義論的絕對性這一點，我已在第九章第一節中討論過。關於好的與對的間之關係，則已於第十章第六節中討論過。在第二節中，我將致力於討論道德原則和規則之嚴格性作爲區別各種倫理學理論之一主要特色這一點。在第三節中，我將討論規則效用主義之缺點。在第四節中，我將討論統合效用主義與哈桑伊的偏好規則效用主義間之差別。最後，在第五節中，我將作一結論，認爲統合效用主義爲一能生存的倫理學理論。

第二節　論道德原則和規則的嚴格性

在上節討論了道義論的絕對主義之後，在本節中我將特別詳細討論道德原則和規則之嚴格性（strictness）以及若干相關問題。我曾在別處討論這個課題，[⑰]但這裡我將加入一些新材料。眾所周知，所有倫理學理論，包括行動效用主義在內，都採用原則和規則，而各種倫理學理論間之差異主要只存在於對原則和規則之看法和處理方式。道德規則是社會規則的一部分，後者包含法律、道德規則、傳統、習慣、風俗、宗教規則、社交規則等。若沒有道德規則，一個倫理學理論就無法執行，因為一個倫理學理論必須指示什麼是應該做的和什麼是不應該做的。因為個案的數目太大，倫理學不可能列出所有個案來加以指示，而必須將個案一般化至若干類情況。在倫理學理論中，道義論當然有道德規則。規則效用主義，如它的名詞所指，也有道德規則。非效用主義者有時假定行動效用主義並不用規則，因為效用計算係在行動的層次。效用計算的結果，係根據行動所產生的社會效用之最大化，而非一條道德規則或一個道德典的效用之最大化，作為行動是否對的之唯一準則而獲得的。我並不同意這種認為行動效用主義完全不用規則的看法。我認為在任何形式的效用主義中，規則都是用到的，只是在行動效用主義中所用的規則並不是嚴格的規則而僅是經驗規則而已。在大多數情況中，當道德指示通常是顯然的而並無爭議性時，採用一條道德規則遠較作效用計算更為簡便，因為道德規則一般被大多數人所接受並且遵守。這是一個不爭的事實，行動效用主義者除了在疑難的情況中者外，一般都用不嚴格的規則。

因此，各種倫理學理論間之差異不在其是否使用規則，而在其

如何對待規則——即是它們採用嚴格規則或不嚴格規則，規則是否可准許有例外等。本節討論道義論、規則效用主義和統合效用主義對道德規則之不同態度。

蘭辛・保祿克（Lansing Pollock）曾討論對道德理論評價之四種主要準則。⑱據我所了解，這些準則大致相當於一個普遍的道德系統能夠成立的必要條件。在這些準則中，我想一貫性是必須滿足的關鍵性要求，因爲一貫性意指沒有矛盾存在。

我將先澄清若干名詞之意義，它們包括：「矛盾」、「道德衝突」、「道德兩難」和「道德歧見」。矛盾純粹是邏輯的問題，故不常發生。但是道德衝突則時常發生，並對道德原則或規則之是否應該嚴格或不嚴格之性質有所約束。故我將根據道德原則或規則之嚴格性而討論道德衝突及其所引起的道德兩難和道德歧見。

矛盾乃普遍地意指在一組二個以上的陳述中，一個陳述說某件事實是真的，而另一個陳述則說這某件事實是假的。故矛盾乃指邏輯推理之形式或結構。例如，若一個陳述 A 是真的，則另一陳述非 A 即是假的或不是真的。或者，若 A 是假的，則非 A 是真的或不是假的。一個陳述 A 是真的與另一個陳述 A 是假的，或非 A 是真的，形成一個矛盾，姑不論 A 的內容是什麼。

所謂「道德的衝突」我意指兩條道德原則、兩個德目、兩條道德規則，或依照同一原則、德目或規則所作之兩個指示的不同的或衝突的道德判斷或要求所產生之現象。它發生於當事者不可能同時符合二個原則、德目、規則或指示之要求時。照我的看法，它源自道德原則或規則之嚴格性，因爲不嚴格規則具有靈活性，而嚴格規則則並無靈活性，不容許有例外，並對解決衝突不留餘地。

舉例說，考慮「人不應該毀棄承諾」和「人應該在別人有急需

時幫助之」這二條道德規則。假定某人 A 承諾友人 B 去打網球，但在開車赴球場的路上遇到另一個人 C 受傷倒在路旁，此外並無他人在旁。若 A 將 C 送去醫院，A 將對 B 失約。若 A 不顧 C 而仍開車去球場，則 A 將違犯應該幫助別人這規則。這是一個 A 所難以解決的道德衝突，除非他違犯這兩條規則之一。

所謂「道德兩難」我意指當事者不能決定應該採取哪一個行動的情景。典型的道德兩難的情景是這樣的：在這情景中二個不同的原則或規則指示了不同的選擇。當事者乃處於一種不知道應該遵守哪一個原則或規則的兩難。另有一種情景是一條模糊的原則或規則，或是一種與其相關的原則或規則所不能應用的例外情況。在這種情況下，當事者並無原則或規則可供遵守。若當事者自己對於此情景無意見，那麼他也將處於一種道德兩難中。

所謂的「道德歧見」我意指對一特定的道德情景，當與其相關的道德原則或規則並無一確切清楚的指示或說明時，不同當事者對此一情景之不同意見。如前所指出，若當事者自己並無意見，那麼他就將陷於一道德兩難中，若當事者有意見，那麼不同的當事者可能有不同的意見。因此發生了這種道德歧見。

道德歧見通常係由於道德原則或規則中的若干模糊性。例如對這「人不應該說謊」之道德規則，有一問題發生了：「人是否不應該說一個白謊或仁慈的謊？」一條規則有幾種例外似乎是合理的事。即是「謊」不一定必須包括所有的謊，所以白謊或仁慈的謊不一定必須也包括在內。但是，這些例外並未被清楚陳述在規則內或列為規則的但書。事實上，關於白謊或仁慈的謊之意見差異甚大。有些人嚴格到相信我們不應該說白謊或仁慈的謊，但也有些人較有靈活性而相信白謊或仁慈的謊不僅並非不道德的，而

且比不說謊還要好些。

　　既然在一正常的社會中，所有成員都假設為具有本質上相同的信仰或標準，道德歧見通常是一小問題，只發生在不重要的情景中。

　　澄清這些術語以後，我現在將討論一條道德原則或規則應該如何陳述或詮釋的主題。首先，我將道德規則（原則）依照其是否容許例外而分為二類：(1)嚴格的（strict），和(2)不嚴格的（non-strict）。哲學家對道德規則有不同的分類。例如約翰·勞爾斯將規則分為慣例的（practice）和概括的（summary）。[19]大衛·里昂（David Lyons）將規則分為實際的和理論的。[20]這些分類，雖然與我的嚴格的和不嚴格的有些相似，但卻是依照規則的內容或起源而分的。我發現我的依照形式而分為嚴格的和不嚴格的這種分類最為確定和清楚。所謂嚴格的規則我意指它根本不容許任何例外，而不嚴格的則可以容許例外。再者，由於詮釋規則所引起的複雜性，實際上可以說有三種不同的形式存在：(1)一道德原則或規則並無但書或列出的例外，而這原則或規則係了解為嚴格的。(2)一道德原則或規則係僅為普通情況而陳述，卻有但書並附一特殊情景的例外表。(3)一道德原則或規則可附有或不附容許例外的籠統但書，但並無容許的例外表，而這原則或規則則了解為不嚴格的，相當於容許有例外。

　　我們很容易看到，形式(1)易於導致道德的衝突。例如，若我們有「人不應該說謊」和「人不應該毀棄承諾」兩條道德規則，可以有這樣一種情景發生，即是我們只有這樣兩種選擇：要嘛說謊而遵守承諾，要嘛毀棄承諾而說謊。若兩條規則都成立，那麼道德衝突就發生了。

　　在形式(1)的情況下，欲解除衝突的唯一辦法是將原則或規則排

序，即是將所有原則或規則依其優先次序而排列，俾排得高的原則或規則永遠凌駕在排得低的之上。在這種情形下排得低的原則或規則，既被排得高的原則或規則所凌駕，就成為不再是嚴格或絕對的了。這也許是為什麼有些道義論者，例如斯丹雷・Ｉ・朋（Stanley I. Benn），接受單一的絕對原則，卻不接受眾多的絕對原則之緣故。[21]

即使採用了原則或規則的排序方法，這方法仍遭遇到下列二個困難。一個困難是當原則或規則的數目很大時排列本身的困難。當原則或規則很少時，排序並無嚴重的困難，但當原則或規則數目很大時，要作一個適當的排序將有嚴重的實際困難。事實上一個道德典包含許多道德規則，其數目是相當大的。

第二個困難不僅是較第一個困難更為嚴重，而且是決定性地使排序不能成立。由於道德的靈活性，我們可以在各種不同程度遵守或違犯一條道德原則、德目或道德規則。[22]例如再考慮「人不應該毀棄承諾」和「人不應該說謊」這二條規則。假定某人處於這樣一種情景中，他不可能同時遵守承諾而又不說謊。即是說他必須要嘛毀棄諾言，要嘛說謊。可能在某種情況下，毀棄一個小承諾而不說大謊比較好；而在另一種情況下，說一個小謊而遵守一個大諾言要比較好。於是，基本上不可能將兩條規則排列一個優先次序。再者，即使一種次序已經排定，假定「不毀棄承諾」要比「不說謊」更為重要，但當在一個小承諾與一個大謊間發生衝突時，這衝突的解除就成為不合理了。在這種情況下當事者可能會懷疑這排序之對否而不一定會盲目遵照這次序。因此，形式(1)是不適切的。

承諾之有大小和有時有理由可以毀棄一個小承諾也為規則效用

主義者勃拉特·胡克爾所接受。他說：

> 茲說明如下：假定人們遭遇這樣一種情況，毀棄一個承諾是避免受到
> 福利損失的唯一辦法。他們會不會毀棄承諾呢？若選擇是在一重大損
> 失與遵守一小承諾之間，他們會毀棄的。但若選擇是在一小損失與遵
> 守一關於重要事件之嚴肅承諾，則他們就不會毀棄了。[23]

胡克爾又承認不同的環境會導致義務間衝突之不同解除方法。
他又寫道：

> 規則後果主義者及勞斯式多元論者同意一普通義務之嚴屬及其相應的
> 厭避視環境而定。既然普通的義務是有限的而非絕對的，對二個義務
> 間衝突的正確解決在某些情況下會不同於在另外一些情況下者。有無
> 數的情況可以發生普通義務間的衝突。所以事實上也有無數的普通義
> 務間的衝突。[24]

形式(2)將例外列出使其不包含在規律所指的範圍之內。這是留
給當事者在遭遇到這樣一種例外情況時決定怎樣去做的。嚴格而
論，這倫理學理論已不再是周延的了，因爲這理論不涵蓋這些例
外情況。但是這問題並不嚴重，因爲任何在這種情況中所採取的
行動可視爲非道德性的行動。舉例說，若白謊或仁慈的謊被認爲
是我們所不應該說的普通的謊言之例外，那麼在這種我們是否應
該說白謊或仁慈的謊言之情況中，不論我們是否說了這樣一個謊，
這行動並不被認爲是不道德的。所以這倫理學理論仍可視爲周延
的，意思是其所涵蓋的範圍稍爲縮小，將例外的情況和人們有道
德歧見的情況不算在內了。但是現在發生這些基本問題：「誰來
決定何者是例外和何者不是？」和「這種決定之證立何在？」要
決定某種情景是否應該認爲是例外與一條規則是否應該列於道德
典之內具有同樣的困難。再者，雖然在一正常的社會中所有社會

成員對於道德規則的意見大致相近而可有一規範，但他們對於例外的意見則可能較為分歧。例如，我們大多數人同意我們不應該說謊，但是對於白謊是否應該認為是例外這一問題則一定是有爭議性的。

再者，即使範圍不引起嚴重問題，仍有一實際的困難存在於形式(2)中。要列出所有道德規則的所有例外情況將是一件了不起的難事。即使一部道德典已經建立起來，它將如法律一樣複雜，故很少有人能讀完並學到整個道德典。法律與道德之間有一顯著的不同。在法律事務中，有專業人才，諸如警察、檢察官、法官和律師等了解、詮釋、應用和執行法律。因此，一個普通人不需要學習、查考和使用法律，除非他被牽涉在一件訴訟案件之中。但在道德事務中，並沒有專業的道德人才。那麼誰去學習、記憶和使用道德典呢？最多我們只能像查字典、百科全書或電話簿一樣去查考道德典而已。但是我們或許會在任何地方任何時間遭遇到一種道德情景，那我們又怎能在所有時間帶一部道德典到所有地方呢？因此，形式(2)也似乎是不實際可行的。

所以只剩下形式(3)了，在這形式中，道德原則或規則或者有一籠統的容許例外的但書，或者並無但書卻詮釋為不嚴格的，了解為容許例外的。於是，對一道德情景之詮釋，即是一道德原則或規則是否適用於某一情景，或這情景是否為一例外，係留待當事者去裁決。但是我們又如何去判斷某一情景是否為一容許的例外呢？由於是否例外具有高度的爭議性，我相信對於這樣的一種決策沒有一種倫理學理論曾經，或能夠給出一個確切的準則。

我所能建議的唯一指示原則是準備一個對牽涉在某一情景中的各種因素的份量之量度，俾使決定這原則或規則是否可以應用，

即是這情景是否爲一個可容許的例外。例如，在「不毀棄承諾」和「不說謊」間的選擇中，在那情景中的毀棄承諾所產生的傷害和在那情景中的說謊所產生的傷害可以去量度，或者至少可以去估計，並予以比較。「效用」恰恰是選出、採用和界定以作爲普遍的量度者之唯一事物。於是，在這樣一種情景中，仍舊可以依照效用之份量而作出決策，並且這決策仍舊必須在行動的層次。這是我的詮釋與規則效用主義的詮釋判然不同的地方。既然關於哪一個是對的行動之決策已留給當事者，不同的當事者或許會作不同的選擇和採取不同的行動。對於這樣的例外情景之不同態度或意見即是我們所稱的道德歧見。

關於規則之嚴格性，林肯・愛列生有一相似的看法。他說：「效用主義能將對個人行爲之倫理學評釋涵蓋於一個經驗規則的疏鬆系統中，包括接受利己是適宜的說法。」㉕顯然地，他的經驗規則的疏鬆系統相應於我的不嚴格原則或規則。

第三節　規則效用主義之缺點

以上所述，乃我企圖形成一套理由以駁斥非效用主義者對效用主義之反對及指控而爲效用主義辯護。雖然我所用的論據主要係根據我的統合效用主義理論，但我並未強調統合效用主義以與效用主義之其他形式區別。現在我將從事這件工作。現存的近年來最爲普遍討論的效用主義形式無疑是規則效用主義，尤其是理想道德典理論。這理論最初由理查・B・勃朗特在二十世紀的六〇年代所提出。㉖它在那時起的二十年中曾受到嚴厲的反對。其後這辯論衰退了，但在最近的十幾年中這辯護似乎又恢復了，除了勃朗特自己替這理論辯護外，㉗勃拉特・胡克爾不但爲它辯護，並且還

將它加以發揮。[28]「局部遵守」曾經是一個強力的反對。勃朗特[29]
和胡克爾[30]都接受這個反對，並曾企圖藉引入一個稱為防止災害規
則的第二層次的規則（secondary rule）以答覆這個反對。但是，這
種形式的規則效用主義仍舊有若干缺點。最近丹尼爾·派滿曾對
這理論強力批評。派滿道：

> 但是，像勃朗特那樣的看法另外有些困擾的特色。這種規則效用主義
> 所引起的情景有二類在號稱規範性理論的約束中發生問題。第一種情
> 景是勃朗特式規則效用主義所用的準則對一特定的行動之是否為對的
> 提供了一個反直覺的回答。在第二種情景中，勃朗特式規則效用主義
> 對一特定行動之是否為對的無法提供一個清楚的答案。在這二種情況
> 中，這種困難係內在於規則效用主義的任何形式的，因而規則效用主
> 義的概念中有些深具問題的事物。[31]

就我所看到的而言，這些對規則效用主義的批評倒不算是特別
嚴厲的，因為派滿所提出的作為駁斥規則效用主義的論據之兩個
反例子並不適切。說明第一種情景的例子是捐款。在統合效用主
義理論中，捐款係認為慈善行動，它並不是強迫的。沒有一種倫
理學理論能夠並應該指示財富中應該捐款的百分比。說明第二種
情景的例子是考試時的作弊。在這例子中，作弊為社會大多數成
員所接受。這是非常惡劣的慣例或文化的一部分。這問題其實是
一個所有倫理學理論共有的普遍問題，並不只限於效用主義。這
問題需要特殊處理，不應該視為包含在一般的倫理學之內。我對
這問題的判斷是不作弊依然是對的行為，但是作弊的錯誤並不像
當其他學生都不作弊時那樣嚴重。這問題是非常特殊的，所以本
書中不再加以討論。

在另一篇論文中，丹尼爾·派滿批評了勃拉特·胡克爾的理想

道德典理論。㉜胡克爾的理論與勃朗特的理論沒有什麼太大的不同，除了胡克爾者可以普遍地應用，而勃朗特者則是在應用時受到文化的限制。實際上派滿認為胡克爾的理論是規則效用主義之代表。

派滿曾指出並反對規則效用主義三個嚴重的缺點。一個普通的當事者不能知道三件關鍵性的事物：(1)道德規則集合中究竟是些什麼；(2)一個行動是否可以歸屬於這集合中的某一規則；(3)避免災害或解除衝突的規則究竟是什麼，以及何時和何處可以應用它。

關於第(1)和第(2)二點，派滿寫道：

> 那麼看起來規則效用主義在指導行動方面並不比行動效用主義更為失敗。規則效用主義告訴當事者對的行動是那個遵守那些若被普遍接受即可產生最佳後果的規則之行動。但是，我們已經看到有理由認為當事者的意志常不能決定不僅那道德規則集合是什麼，而且也無法決定他們的行動是否歸屬於這些規則。事實上規則效用主義在制訂對的行動之雙層準則時看起來比行動效用主義使道德當事者的情況有更大的困難。㉝

關於第(3)點，派滿寫道：

> 第三，我們看到的這個「解除災害」或「解除衝突」規則對任何值得讚美的規則效用主義是必需的。雖然是必需的而且是不可思議地簡單，然而這規則的確切內容都是遠非容易決定的。……若規則效用主義之擁護者果真承認這規則之內容極難決定，那麼看起來普通的道德當事者並無足夠的理由知道這樣的規則究竟是什麼，因而也不知道他們是否在依照它而作適當的行動。㉞

派滿又說，「從來沒有一個規則效用主義支持者曾表明過任何接近於究竟其中實際包含些什麼的說法。這是不足為奇的。」㉟

就派滿所提出的三點而論，我完全同意。僅這三點就已嚴重到足以使規則效用主義無法作爲一個倫理學理論而生存了。

　　除了理想道德典理論之外，約翰·C·哈桑伊之偏好規則效用主義也是一種相當普遍的規則效用主義。㊱就我看來，就其規則而言，它們與理想道德典理論並無太多的差異。哈桑伊採取決策理論的方法，深入到效用理論和人際效用比較，這些我都表同意。但是他主張採用雖非絕對嚴格，卻仍是堅定的道德規則。㊲對這一點我並不同意。這實際上也是我不主張規則效用主義的一個主要原因。

　　在第二節中我曾詳細討論道德原則和規則之嚴格性。我發現規則之嚴格性可用以解釋道義論，規則效用主義，和統合效用主義理論間之差異。道義論用形上學推論和直覺去證立道德規則。許多規則，例如康德之完全義務，係嚴格的。規則效用主義用規則或一套規則的效用最大化去證立道德規則，而規則是堅定的但並非嚴格的。統合效用主義用行動後果的效用最大化去證立行動，而規則是不嚴格的，僅是經驗規則而已。

　　如前第二節中所詳細討論，嚴格的規則行不通，因爲在發生規則間衝突的情況下將無法解除衝突。這是用嚴格規則的倫理學理論如道義論那樣之致命的弱點。

　　那麼堅定但並不嚴格的規則又如何呢？依照約翰·C·哈桑伊的說法，堅定規則是有少數列出的例外之規則。㊳我不知道理想道德典理論中的規則是如何嚴格，但是有一條防止災害或解除衝突的第二層次的規則意味著規則並不是絕對嚴格的。所以我們不妨假定其規則係類似於哈桑伊之堅定規則。如前所述，我們不可能列出所有例外。除了列出的例外不計，這規則在這種意義上依然

是嚴格的，因爲某種可能被認爲是例外但並未被列出爲例外的情景仍不被認爲是例外，即是說，這種可能的例外將被忽視而道德指示仍將依照這規則。

再者，隨時光之流逝和社會之發展，經常會發生新的例外情景。我們不可能想到所有未來的例外情景。而且，我們又將如何來決定某一情景應否被認爲例外呢？舉例說，我們應否將白謊視爲我們所不應該說的普通謊之例外呢？若將其視爲例外，則其證立是什麼？有人或許會答以白謊是例外，因爲它對謊的接受者並無傷害。但是傷害是一種負效用，所以這個證立回歸到行動層次的效用比較，而這理論也無可避免地相當於行動效用主義了。

因此，我下這樣的結論：像哈桑伊所建議的堅定規則也是行不通的。

第四節　統合效用主義與哈桑伊的規則效用主義間的差別

統合效用主義理論與約翰·C·哈桑伊之偏好規則效用主義有幾點相似：⑴它們都用決策理論的方法，⑵它們都是根據期望效用理論的，和⑶它們都採用一個社會福利函數作爲目標函數以代表社會效用，這是要被最大化的量。

但是，統合效用主義仍有若干關鍵性特色與哈桑伊之規則效用主義不同。它們是：⑴對規則之處理，⑵對偏好之概念，和⑶效用計算和社會福利函數。現在將這三點簡單討論於後。

⑴對道德規則之處理

就道德規則之處理而言，有二點需要澄淸。一點是規則是否爲嚴格的。另一點是如何證立和代表規則之效應。

　　規則之嚴格性已於第二節中討論。我已說明絕對嚴格的規則是行不通的，因為在規則間發生衝突時除了安排規則間的優先次序外別無解除的方法，而規則間的優先次序不但是難於安排，並且是任意而不合理的。因此，我曾結論說絕對嚴格的規則是不實際的且不應該採用。⑳

　　哈桑伊的效用主義是一種規則效用主義。他採用堅定的規則，容許少數例外。哈桑伊的堅定規則有些靈活性，但仍有困難存在。第一，一個情景之是否為例外是難於決定的，因為對例外的意見變化甚大。第二，我們不可能列出所有的例外。第三，隨時光的流逝，常有新的例外發生。

　　因此，為避免這種困難，統合效用主義採用不嚴格的規則作為經驗規則，在行動的層次將各種選擇的效用作比較，並將一種情景之是否應視為例外留給當事者去作決策。但是，規則之效應仍用增量社會價值來予以計及。增量社會價值在決策時係任由當事者設定，而在道德判斷時，則由判斷者設定。增量社會價值已於第六章中討論，此處不贅述。

　　至於規則之證立和代表，道義論將它們經由形上學的推理併合在具有無限大份量的嚴格規則的概念中。哈桑伊則將「期望效應」作為規則的證立，⑳這是非常精妙的概念。他又道：

> 另一類重要的社會效應為一道德典或道德規則的期望效應——迄今為止倫理學的文獻中把它忽略掉了。人們將不僅自己會遵守接受的道德典或道德規則至某種程度，並且還期望別人也這樣遵守。這裡期望會給他們一些保證，他們的合法利益會被大多數人們所尊重。這又予他們以從事許多社會上需要的活動之激勵，這些活動若無激勵他們是不會去做的。因此，我將把期望效應再分類為保證效應和激勵效應。⑳

就哈桑伊對期望效應的看法言，我完全同意。但是，如前面所述，我與他在處理期望效應的方式有所不同。哈桑伊採用有少些例外的堅定規則。但是當某種情景不包含在所列出的例外中時，這規則依然是嚴格的並具有無限大的份量。所以嚴格規則所遭遇到的困難也出現於哈桑伊的堅定規則中了。

在統合效用主義理論中，既然所有規則都是不嚴格規則或經驗規則，它們不需要證立。我用一有限的增量社會價值去代表一個行動例示（或違犯）規則所產生的增量價值（或負價值）。這增量社會價值並不是固定的，它隨行動而不同。在道德決策時，它是由當事者設定的，在道德指示時，則是由判斷者設定的。事實上，這增量社會價值粗略地代表了道德規則的期望效應。

(2)偏好的概念

哈桑伊曾將偏好分類為顯示的（manifest）或錯誤的偏好和真正的（true）或熟慮的偏好。⑫威爾·克姆列加也曾列出過偏好的其他分類，諸如非法的和合法的、自私的和不自私的、外在的和個人的等。⑬這些分類在本質上與哈桑伊的分類相似。粗略言之，顯現的、非法的、自私的和外在的偏好都是不適切的，故而它們是不應該被承認或接受的，而真正的合法的、不自私的和個人的偏好則是好的或是適切的而應被承認或接受的。所以我這裡只討論哈桑伊的分類為顯示的和真正的。

將偏好分類是對偏好概念的精鍊，當然是一件好事。但要區別這兩類偏好是一件難事，遑論要對它們作量化處理了。茲以對抽香煙的偏好為例。我們一般都知道抽煙害多於利。但是還是有許多人抽煙。這對抽煙的偏好究竟是顯示的偏好還是真正的偏好呢？根據一般的價值判斷和依照哈桑伊的說法，這是一種顯示的偏好，

但我相信很少吸煙者會同意這種說法。

我拿我自己吸煙的經驗為例。我現在不吸煙,但是我以前抽的,直到五年以前才完全戒掉。當我還抽煙時,我抽品質較好的煙,這是指較低的煙油和尼古丁含量之香煙。每天抽的香煙數量也不太多——約為每天一包。我並未感到不舒服或毛病。那時我已經知道香煙的害處——像目前一樣多——但是我相信我抽煙的害處還是很小而遙遠,而抽煙之樂趣則遠甚於其害處。因此,我並不同意我以前對抽煙的偏好是顯示的偏好。

約五年以前,我開始時常咳嗽。早晨起來,要吐一大堆痰。咳嗽的次數和吐痰的量似乎在逐漸增加,除了生理上的不舒服之外,我產生了逐漸增加的心理上的恐懼和擔心。所以,在幾個月之後,我決定了戒煙,依照我自己的分析,在戒煙前香煙對我的害處已經超過了抽煙的樂趣。

我的抽煙和戒煙的例子顯示,雖然抽煙一般而論是有害的,但是有些人知道抽煙的害處卻仍舊喜愛抽煙,因為他們相信,在他們的特殊情況下,抽煙的樂趣或效用還是超越了抽煙的害處或負效用。我們沒有資格說那些抽煙的人是非理性的或他們的偏好是顯示的而非真正的。

於是,從這抽煙的例子可見,將偏好分類為顯示的和真正的不僅是困難的,而且是不必要和不切實際的。

在統合效用主義中,我用獨特的方式來詮釋偏好。我認為偏好是內在的事物,有異於外在的行動。一個主體S偏好一個客體O並不意指S一定要採取行動以獲得O,因為S還有其他的道德和非道德性的考慮要顧到。我用偏好來界定效用,或是說偏好是效用之來源。但是,除非主體S採取一行動以獲得客體O,O對S的效用

和 S 對 O 的興趣乃稱為假設的。在主體 S 偏好客體 O 這狀態與 S 採取一行動以獲得 O 這狀態間有一鴻溝存在。欲跨越這鴻溝需要道德的證立。因此，我就不考慮假設的偏好而僅考慮能導致獲得所偏好客體的實際行動之實際偏好。那麼我們只需考慮行動作為研究倫理學之主要客體。通常，當事者先有道德決策並採取行動，然後一判斷者對這行動予以道德判斷，而並非對當事者的偏好予以判斷，除非當事者在決定並採取行動之前先表達他的偏好。所以顯示的偏好和真正的偏好之區別不僅是困難的事，而且似乎無處可以應用。

假定所有當事者都是理性的。那麼，就非道德性的行動言，任何當事者都將自然而然依照真正的偏好而行動。就道德行動言，當事者都將依照其知識和道德水準而作道德決策。

(3)效用計算和社會福利函數

哈桑伊將社會福利函數用於任何人的任何行動。所以他把社會福利函數區別為特殊函數和普通函數，並加一結論：「行動效用主義道德會造成有難以忍受的負擔之負面執行效應。」[44]在那種情況下人會無時無刻不感到社會效用最大化之壓力。

我將個人行動與公共行動加以區別，又將積極的高道德行動區分為積極義務和慈善行動。我發現幫助窮人的慈善行動，如一般慈善目標的捐款行動，或一般的積極義務，都不是特殊的情景。其餘的積極義務，即規劃的和條件性的積極義務，則為特殊的情景，與其相關者只有當事者和行動接受者。因此，社會上有許多需要幫助的窮人這一般性狀態與一個當事者意圖採取的任何道德行動是不相干的。

通常積極義務難得發生。當沒有積極義務時，任何人有自由不

做任何事，採取一個慈善行動，或對自己的人生計劃採取任何個
人的行動，只受到消極義務的約束。因此，我認爲有些極貧困的
人需要幫助這事實，以及其他相似的社會上的許多不良現象都是
一般性的環境現象，這是與任何當事者要採取的任何道德行動不
相干的。要作效用計算，只需計算被行動牽涉的人們和社會的效
用就夠了，即是只須考慮當事者自己、行動接受者和整個社會。
在統合效用主義中，我引進了增量社會價值，這是一個道德行動
因例示（或違犯）一道德規則而產生的價值。這價值是對整個社
會的，並非對任何個人，但是應該包含在代表社會效用的社會福
利函數之內的。於是，對當事者和行動接受者的總效用就根本不
必考慮，而效用計算的程序也可以大爲簡化。

再者，如前所述，效用計算還可以藉只考慮行動所產生的增量
效用而更爲簡化。在行動之前對當事者和行動接受者的效用也不
必考慮，而當事者和行動接受者的效用函數也無需知道了。

是以，在統合效用主義中，就個人道德行動言，社會福利函數
是根本不必用到的，故社會福利函數是怎麼樣的也無關緊要。社
會福利函數只用於公共行動，尤其是所得分配這公共行動。

如果我的關於特殊情景、道德不相干、效用計算和效用最大化
等概念都被採用的話，那麼那些所謂的效用主義的困難，諸如聖
人理想、個人中立、效用主義犧牲和經常的效用計算負擔等，都
將被解除了。

第五節　統合效用主義是一可行的倫理學理論

在第一章中我討論效用主義中之困難，並指出在我以前所討論
的五個困難中，只有二個還繼續存在。這二個都與效用原則有關。

一個是效用原則與正義原則間之衝突。這是基本的,因爲若這個衝突真的存在,那麼效用主義就不能被認爲是可行的倫理學理論了。但是這個困難很容易被效用是一普遍的量度這概念所克服,若正義是重要的,那麼它有一很大的社會效用,而這社會效用應該在效用計算時計及。這樣衝突就可以藉對遵守正義原則或任何自正義原則導出的道德原則之行動設定一相當大的增量社會價值而被解除了。那符合依照正義原則的道義論指示的行動較之其他選擇自然會具有最大的社會效用。

另一個困難是效用原則之實際應用。這可以分成三個問題:(1)什麼是適當的社會福利函數?(2)何時、何地和如何作效用計算?(3)我們對人們的偏好應該怎樣處理?我將依次討論這三個問題。

(1)社會福利函數

社會效用常被一社會福利函數所代表。但是社會福利函數並不是唯一的,而有許多種不同的形式。例如約翰‧哈桑伊主張用社會成員的個人效用函數的簡單算術和作爲社會福利函數。⑮我主張依貢獻而作所得分配,並且爲了符合這種分配範本,建議了一種社會成員個人效用函數之特殊的加權和作爲社會福利函數。⑯當然還可以有其他形式的社會福利函數。那麼哪一個社會福利函數是最好的呢?或是唯一的正確的呢?我想這個問題對哲學家是不重要的,因爲這問題是技術性的而非哲學性的。社會效用是個人效用之延伸,而且是大多數人所樂於關切而予以最大化的事物。應該有這麼一件可用以代表社會效用的事物或函數。也許我們已經找到了它。也許所有現存的社會福利函數的形式都不夠好,而另一個更好的尚有待於追尋。但是,目前的社會福利函數並不理想這事實並不影響作爲倫理學理論的效用主義。

(2)效用計算

效用原則是一基本的、一般性的和終極的原則。雖然這原則和其實際應用是兩回事，但應該有方法使這原則可以實際應用。即是說，要使效用主義成為一種可以實用的倫理學理論，必須具備效用計算的方法。事實上，本書相當大的部分在討論這個問題。我想我已經獲得了下列的若干結論。

A. 慈善行動並不是強迫的。該做些什麼和如何去做是留給當事者去決定的。

B. 一般性的積極義務通常是模糊而難以明確規定的。因此它們是不嚴格的，在大多數情況下可以視同慈善行動而處理。

C. 若一當事者並無規劃或條件性的積極義務去執行，那麼這當事者就處於參考狀態，可以不做任何事而放鬆，或做任何想做的事，只受消極義務的約束而已。

D. 於是當事者可以保持其個人中心特權，而不受無時無地必須關心效用計算之精神負擔。

E. 各種義務有不同的相對重要性。它們已在第九章中被列為價值判斷之指導原則。

F. 道德不相干的情景已予以說明。環境條件係認為與違犯消極義務不相干的，故不應該被用為違犯消極義務的藉口。

G. 效用計算可以大為簡化。在個人行動中，沒有計算社會福利函數之必要。所需計算的只是對行動接受者、社會和當事者的增量效用。有時對當事者的增量效用都並不需要。所以，在道德指示或判斷的最簡單情況中，只需計算行動後果對社會之價值，即是後果對接受者的價值加上增量社會價值，即已足夠。

因此，就我所見，效用計算這問題也已被解決了，或至少它已

不再像有些作者所設想那樣嚴重了。

(3)個人的偏好

如上節中所討論，約翰·哈桑伊將偏好區別為顯示的和真正的。這區分對他而言是重要的，因為他和大多數人一樣，相信人必須無時無地不作效用計算，而且為了要使計算準確，必須排除那些顯示的偏好。

但是依照統合效用主義，在個人道德行動中，並無必要知道行動接受者和行動者以外其他人的效用和偏好。即使對當事者自己的效用有時也不需要知道，以致根本不發生人際效用比較的事。在統合效用主義中，社會福利函數只用於所得分配的公共行動，其所分配者僅限於金錢。一位作者曾提出二個顯示偏好問題的困難之例子。在一個例子中，某人P有一張多餘的音樂會票子。他有二個朋友F_1和F_2都對古典音樂有興趣。P 並不知道F_1和F_2興趣的確切大小，因而感到難於決定究竟應將票子送給F_1或F_2。在另一個例子中某人M要送一生日禮物給他的妻子W，但是M不知道送衣服好還是送花好，因為M不知道W究竟偏好衣服或花作為生日禮物。就我看來，這兩個例子並非道德問題，或至多認為慈善行動而已。但即使算是慈善行動，如何選擇是當事者的事，而不論這選擇為何，它並不影響當事者的道德。

因此，這偏好問題並不困擾我，而我在替效用主義作為倫理學理論的辯護中也不想深入討論它。

我已用了不少例子以說明在統合效用主義中如何處理某些困難的情景。在查考這些例子以後，我發現在大多數情況中，統合效用主義的道德指示係與道義論和常識所指示者相同。只在少數案例中我提出了充分的證立。現在將這些案例列出並再簡單討論如下。

A. 慈善行動和一般性的積極義務

我認爲慈善行動是非強迫性的，故對任何慈善行動不作指示。一般性積極義務，雖然稱爲義務，但常爲模糊的，難於確切規定應該做些什麼或如何實現這樣一種義務。因此，我對它們的處理同於對慈善行動者。慈善行動和一般性積極義務，依照我的道德靈活性之概念多屬於連續－不連續或連續－連續類的情景，而很容易用這概念來解釋。

B. 二條均不涉及生命的道德規則間之衝突

例如在「不說謊」和「不毀棄承諾」間之選擇就是這樣一種衝突。在統合效用主義理論中我主張比較這行動的二種選擇之效用。我將增量社會價值之設定，效用之比較，以及決策留給當事者，因爲這二種選擇的相對重要性祗有當事者知道得最清楚。

C. 爲拯救生命而違犯嚴重的規則

最嚴重的規則是「人不應該殺死一無辜的人」。懲罰無辜者問題、電車問題、內臟移植問題等都是這種違犯的例子。一般而論，統合效用主義的指示是「不可違犯」。但在某些非常特殊的情況下，可以有一容許違犯的但書。這已在第九章討論過，不再贅述。

在這些困難解除以後，效用主義不僅表現爲一可行的倫理學理論，更顯得比道義論還容易被大多數人所接受，因爲效用主義是目的論的和經驗的，不需要憑直覺來跨越形而上的鴻溝。再者，「大多數人的最大的善」這名詞，雖然有些模糊和缺乏數學的嚴格性，⑩是很容易被接受的。

最後，我願借用約翰‧C‧哈桑伊曾經說過的一段話作爲本書的結束：

我已經努力顯示古典效用主義的一個合乎潮流的版本，是一個既與理

性行為的現代理論又與對公平同情的人本道德之充分承諾相一致的，
唯一的倫理學理論。㊽

註　釋

① Gerald F. Gaus, "What is Deontology? Pat One: Orthodox Views," *The Journal of Value Inquiry*, Vol.35, No.1 (March 2001), pp. 27-42.

② William K. Frankena, *Ethics*, 2nd edition (Englewood Cliffs, New Jersey: Prentice-Hall, 1973), p. 15.

③ 同上，第 30 頁。

④ Jeffrey Reiman, *Justice and Modern Moral Philosophy* (New Haven, Connecticut: Yale University Press, 1990), p. 191.

⑤ Robert Olson, "Deontological Ethics," in *The Encyclopedia of Philosophy*, ed. Paul Edwards (London: Macmillan, 1967), p. 343.

⑥ Nancy (Ann) Davis, "Contemporary Deontology," in *A Companion to Ethics*, ed. Peter Singer (Oxford: Blackwell, 1991). p. 213.

⑦ Charles Fried, *Right and Wrong* (Cambridge, Mass: Harvard University Press, 1978), p. 9.

⑧ Alan Donagan, *The Theory of Morality* (Chicago: Chicago University Press, 1977), p. 88.

⑨ John Rawls, *A Theory of Justice* (Cambridge, Mass.: Harvard University Press, 1971), p. 3.

⑩ Kurt Baier, "The Point of View of Morality," *Australasian Journal of Philosophy*, Vol.32 (1954), p. 117.

⑪　Bernard Gert, *Morality: A New Justification of the Moral Rules* (Oxford: Oxford University Press, 1988), p. 70.

⑫　參見註①。

⑬　Michael Sandel, *Liberalism and the Limits of Justice* (Cambridge, England: Cambridge University Press, 1982), p. 7.

⑭　David Gauthier, *Morals by Agreement* (Oxford: Oxford University Press, 1988), p. 341.

⑮　參見註⑨，第 395-399 頁。

⑯　Gerald F. Gaus, "What Is Deontology? Part Two: Reasons to Act", *The Journal of Value Inquiry*, Vol. 35, No. 2 (June 2001), pp. 179-193.

⑰　C. L. Sheng, "On The Nature of Moral Principles," *The Journal of Value Inquiry*, Vol. 28, No. 4 (December 1994), pp. 503-578.

⑱　Lansing Pollock, "Evaluating Moral Theories," *American Philosophical Quarterly*, Vol. 25, No. 3 (July 1988), pp. 229-240.

⑲　John Rawls, "Two Concepts of Rule," *The Philosophical Review*, Vol. 64 (1955), pp. 3-32.

⑳　David Lyons, *Forms and Limits of Utilitarianism* (Oxford: Oxford University Press, 1965), p. 145.

㉑　Stanley I. Benn, *A Theory of Freedom* (Cambridge, England: Cambridge University Press, 1988), p. 59.

㉒　C. L. Sheng, "On The Flexible Nature of Morality", *Philosophy Research Archives*, Vol. 12 (1986-87), pp. 125-142.

㉓　Brad Hooker, "Ross-Style Pluralism versus Rule-Utilitarianism," *Mind*, Vol. 105, No. 420 (October 1996), pp. 531-552.

㉔　同上。

㉕　Lincoln Allison, "Utilitarianism: What Is It and Why Should It Respond?" in *The Utilitarian Response: The Contemporary Viability of Utilitarian Political*

Philosophy, ed. Lincoln Allison (London: Sage Publications, 1990), pp. 1-8.

㉖ Richard B. Brandt, "Some Merits of One Form of Rule-Utilitarianism," *University of Colorado Studies Series in Philosophy*, No. 3 (1965), pp. 39-56.

Richard B. Brandt, "Towards a Credible Form of Utilitarianism, in *Contemporary Utilitarianism*, ed. Michael D. Bayles (Gloucester, Mass: Peter Smith, 1978), pp. 143-186.

㉗ Richard B. Brandt, "Fairness to Indirect optimistic Theories in Ethics," *Ethics*, Vol. 98, No. 2 (1988), pp. 341-360.

Richard B. Brandt, "Morality and Its Critics," *American Philosophical Quarterly*, Vol. 26, No. 2 (1989), pp. 89-100.

Richard B. Brandt, *Morality, Utilitarianism, and Rights* (New York: Cambridge University Press, 1992).

㉘ Brad Hooker, "Rule-Consequentialism," *Mind*, Vol. 99, No. 393 (January 1990), pp. 67-77.

Brad Hooker, "Rule-Consequentialism and Demandingness: A Reply to Carson," *Mind*, 100, (1991), pp. 270-276.

Brad Hooker, "Brink, Kagan, Utilitarianism and Self-Sacrifice," *Utilitas*, Vol. 3 (1991), pp. 263-273.

Brad Hooker, "Rule-Consequentialism, Incoherence Fairness," Meeting of The Aristotlian Society, London, Oct. 31, 1994.

Brad Hooker, "Ross-Style Pluralism Versus Rule- Consequentialism," *Mind*, Vol. 105, No. 420 (October 1996), pp. 531-546.

㉙ 參見註㉗。

㉚ 參見註㉘。

㉛ Daniel E. Palmer, "On the Viability of a Rule Utilitarianism," *The Journal of Value Inquiry*, Vol. 33, (1999), pp. 31-42.

㉜ Daniel E. Palmer, "Rule Utilitarianism and Decision Procedure," presented at the International Society for Utilitarian Studies Conference, Winston-Salem, NC, USA, March 24-26, 2000.

㉝ 同上。

㉞ 同上。

㉟ 同上。

㊱ John C. Harsanyi has written quite a few papers on or related to   utilitarianism. The following two papers seem most comprehensive and representative in supporting rule utilitarianism.

John C. Harsanyi, "Morality and The Theory of Rational Behaviour," *Social Research*, Vol. 44, No. 4 (Winter 1977).

John C. Harsanyi, "Human Nature, Economic Incentive, and Utilitarian Theory," presented at the University of Florida Conference in Honor of Professor Richard M. Hare, Gainsville, FL, USA, March 24-26, 1994.

㊲ 同上, Harsanyi 1994, 又參見 John C. Harsanyi, "Rule Utilitariansim, Equality, and Justice," presented at the Conference on Philosophy, Economics, and Justice, *Water100*, Ontario, Canada, May 22-24, 1983.

㊳ 同上。

㊴ 參見註⑯。

㊵ John C. Harsanyi, "Expectation Effects, Individual Utilities, and Rational Desires," in *Rationality, Rules, and Utility*, ed. Brad Hooker. (West view Press, 1993), pp. 115-126.

See also note ㊱，Harsanyi 1994。

㊶ 參見註㊱，Harsanyi 1994。

㊷ 參見註㊱，Harsanyi 1977. Also see John C. Harsanyi, "Game and Decision Theoretic Models in Ethics," in *Hand book of Game Theory*, Vol. 1, ed. R. J. Aumann and S. Hart (Elsevier, 1992), pp. 671-707.

㊸ Will Kymlicka, *Contemporary Political Philosophy* (Oxford University Press,

1990), pp. 25-30, 36-44.

㊹ 參見註㊷，Harsanyi 1992。

㊺ 參見註㊷。

㊻ 盛慶琜著，顧建光譯，《功利主義新論：一種統合效用主義及其在公平分配上的應用》（上海交通大學出版社，1996）第 448-452, 618-630 頁。

㊼ John Troyer, "Utilitarianism and The Distribution of Happiness," presented at *The Conference of International Society for Utilitarian Studies*, Winston-Salem, NC, U.S.A., March 24-26, 2000.

㊽ 參見註㊱，Harsanyi 1977。

參考文獻

Adams, E. M. "Rationality and Morality," *Review of Metaphysics*, Vol. 46, No. 4 (June 1993), pp. 681-697.

Alchain, Armen. "The Meaning of Utility Measurement," in *Price Theory*, ed. Harry E. Townsend (Penguin, 1971), pp. 123-154.

Allison, Lincoln, "Utilitarianism: What Is It and Why Should It Respond?" in *The Utilitarian Response: The Contemporary Viability of Utilitarian Political Philosophy*, ed. Lincoln Allison (London: Sage Publications, 1990), pp. 1-8.

Arrow, K. J. *Social Choice and Individual Values* (New York: John Wiley and Sons, 1963).

Audi, Robert. ed. *The Cambridge Dictionary of Philosophy* (Cambridge, England: Cambridge University Press, 1995), pp. 777-778.

_____. "Intuitionism, Pluralism, and the Foundation of Ethics," in *Moral Knowledge*, ed. W. Sinnott Armstrong and M. Timmons (New York: Oxford University Press, 1996), p.106.

Baier, Kurt. "The point of View of Morality," *Australasiam Journal of Philosophy*, Vol. 32, (1954), p. 117.

Bales, Eugene. "Act-Utilitarianism: Account of Right-Making Characteristics or Decision-Making Procedures?" *American Philosophical Quarterly*, Vol. 8, No. (July 1971), pp. 257-265.

Bedau, Mark. "Goal-Directed Systems and the Good," *The Monist*, Vol. 75, No. (January 1992), pp. 31-54.

Benn, Stanley I. *A Theory of Freedom* (Cambridge, England: Cambridge University

Press, 1988), p. 59.

Bentham, Jeremy. (1789) "An Introduction to the Principles of Morals and Legisla-
tion," *Ethical Theories: A Book of Readings*, ed. A. I. Melden (Englewood Cliffs,
New Jersey: Prentice-Hall, 1955), pp. 341-364.

Bergson, A. *Wefare, Planning and Employment: Selected Essays in Economic The-
ory* (Cambridge, Massachusetts: The MIT Press, 1982).

Bingswanger, Harry. "Life-Based Teleology and the Foundations of Ethics," *The
Monist*, Vol. 75, No. 1 (January 1992), pp. 84-103.

Blanshard, Brand. *Reason and Goodness* (New York: Macmillan, 1961).

Brandt, Richard. B. "Some Merits of One Form of Rule-Utilitarianism," *University
of Colorado Studies Series in Philosophy*, No. 3 (1965), pp. 39-56, also in *Mill:
Utilitarianism*, ed. Samuel Gorovitz (Indianapolis, Indiana: the Bobbs-Merrill
Company, 1971), pp. 324-344.

_____. "Towards a Credible Form of Utilitarianism, in *Contemporary Utilitaria-
nism*, ed Michael D. Bayles (Gloucester, Mass: Peter Smith, 1978), pp. 143-186.

_____. *A Theory of the Good and the Right* (Oxford: Clarendon Press, 1979).

_____. "Problems of Contemporary: Read and Alleged," in *Ethical Theory in the
Last Quarter of the Twentieth Century*, ed. N. Bowie (Indianapolis: Hackett,
1983), pp. 81-105.

_____. "Fairness to Indirect Optimistic Theories in Ethics," *Ethics*, Vol. 92, No.2
(January 1988), pp. 341-360.

_____. "Morality and Its Critics," *American Philosophical Quarterly*, Vol. 26, No.
2 (April 1989), pp. 89-100.

_____. *Morality, Utilitarianism, and Rights* (New York: Cambridge University
Press, 1992).

Britton, Samuel. "Choice and Utility," in *The Utilitarian Response. The Contempo-
rary Viability of Utilitarian Political Philosophy*, ed. Lincoln Allison (London,

Sage Publications, 1990), pp. 74-97.

Broome, John. *Weighing Goods: Equality, Uncertainty, and Time* (Oxford: Basil Blackwell, 1991).

Brown, D. G. "Mill's Criterion of Wrong Conduct," *Dialogue*, Vol. 21 (1982), pp. 27-44.

_____. "What is Mill's Principle of Utility?" in *Mill's Utilitarianism: Critical Essays*, ed. David Lyons (Lanham, Maryland: Rowman & Littlefield Publishers, 1997), pp. 9-24.

Callicott, J. Baird. "On the Intrinsic Value of Nonhuman Species," in *In Defense of the Land Ethic: Essays in Environmental Philosophy*, ed. J. Baird Callicott (Albany, N. Y.: State University of New York Press, 1986), pp. 132-147.

Copp, David. "The Iterated-Utilitarianism of J. S. Mill," in *New Essays on John Stuart Mill and Utilitarianism*, ed. Wesley E. Cooper, Kai Nielsen and Steven C. Patten (Guelph, Ontario: Canadian Association for Publishing in Philosophy, 1979), pp. 75-98.

Davis, Nancy. "Contemporary Deontology," in *A Companion to Ethics*, ed. Peter Singer (Oxford: Blackswll, 1991). P. 213.

Den Uyl, Douglas and Machan, Tibor R. "Recent Work on the Concept of Happiness," *American Philosophical Quarterly*, Vol. 20 (April 1983), pp. 115-134.

Dodd, Julian and Suzanne Stern-Gillet, "The Is/Ought Gap, The Fact/Value Distinction and The Naturalistic Fallacy," *Dialogue*, Vol. 34, (1995), pp. 727-745.

Donagan, Alan. *The Theory of Morality* (Chicago: Chicago University Press, 1977).

Edwards, Rem. B. *Pleasures and Pains: A Theory of Qualitative Hedonism* (Cornell University Press, 1979).

Elliot, Robert and Jamieson, Dale. "Progressive Consequentialism," Presented at *The International Society for Utilitarian Studues 2000 Conference*, Winston-Selam, NC, USA, March 24-26, 2000.

Feldman, Fred. *Introductory Ethics* (Englewood Cliffs, New Jersey: Prentice-Hall, 1978).

_____. *Utilitarianism, Hedonism, and Desert: Essays in Moral Philosophy* (1996).

Fishburn, Peter. C. *Decision and Value Theory* (New York: John Wiley and Son, 1964).

Frankena, K. William. *Ethics*, 2nd edition. (Englewood Cliffs, New Jersey: Prentice-Hall, 1973).

Freemen, Samuel. "Utilitarianism, deontology, and the Priority of Right," *Philosophy and Public Affairs*, Vol. 23 (Fall 1994), pp. 33-63.

Frey, R. G. "Introduction: Utilitarianism and Persons," in *Utility and Rights*, ed R. G. Frey (Minneapolis, Minnesota: The University of Minnesota Press, 1984), pp. 3-19.

Fried, Charles. *Right and Wrong* (Cambridge, Mass: Harvard University Press, 1978).

Gaus, F. Gerald. "What is Deontology? Part One: Orthodox Views" *The Journal of Value Inquiry*, Vol. 35, No. 1 (March 2001), pp. 27-42.

_____. "What is Deontology? Part Two: Reasons to Act," *The Journal of Value Inquiry*, Vol. 35, No. 1 (March 2001), pp. 179-193.

Gauthier, David. *Morals by Agreement* (Oxford: Oxford University Press, 1988).

Gert, Bernard. *Morality: A New Justification of the Moral rules* (Oxford: Oxford University Press, 1988), p.70.

Godwin, William (1793) *Enquiry Concerning Political Justice*, ed. K. Codell Carter, (Oxford: Clarendon Press, 1971), p. 106.

Hare, R. M. *Moral thinking: Its Levels, Method, and Point* (Oxford: Clarendon Press, 1981).

Harrison, Jonathan "Utilitarianism, Universalization, and Our Duty to Be Just," *Pro-

ceedings of the Aristotle Society, Vol. 53 (1952-53), pp. 105-134.

_____. "Rule Utilitarianism and Cumulative-Effect Utilitarianism," *Canadian Journal of Philosophy*, Vol. 5 (1979), pp. 21-45.

Harsanyi, John C. "Morality and The Theory of Rational Behaviour," *Social Research*, Vol. 44, No. 4 (Winter 1977), also in *Utilitarianism and Beyond*, ed. Amartys Sen and Berinard Williams (Cambridge, England: Cambridge University Press, 1982), pp. 39-62.

_____. "Rule Utilitarianism, Equality, and Justice," presented at *The Conference on Philosophy, Economics, and Justice*, Water100, Ontario, Canada, May 22-24, 1983.

_____. "Game and Decision Theoretic Models in Ethics," in *The Handbook of Game Theory*, Vol. 1, ed. R. J. Aumann and S. Hart (Elsevier Science Publishers B. V., 1992), pp. 669-707.

_____. "Expectation Effects, Individual Utilities, and Rational Desires," in *Rationality Rules, and Utility*, ed. Brad Hooker: (Westivew Press, 1993), pp. 115-126.

_____. "Human Nature, Economic Incentives, and Utilitarian Theory," presented at *The University of Florida Conference in Honor of Professor Richard M. Hare*, Gainsville, FL, U.S.A., March 24-26, 1994.

Hill, H. Perry. *Making Decisions: A Multi-Disciplinary Introduction* (Reading, Massachusetts: Addison-Wesley, 1979).

Holbrock, Daniel. *Qualitative Utilitarianism* (Lanham, MD: University of America, 1988).

Hooker, Brad. "Rule-Conequentialism," *Mind*, Vol. 99, No. 393 (January 1990), pp. 67-77.

_____. "Rule-Conequentialism and Demandingness: A Reply to Carson," *Mind, 100*, (1991), pp. 270-276.

_____. "Brink, Kagan, Utilitarianism and Self-Sacrifice," *Uitilitas*, Vol. 3 (1991), pp. 263-273.

_____. "Is Rule-Consequentialism a Rubber Duck?" *Analysis*, Vol. 54, No. 2 (April 1994), pp. 92-97.

_____. "Rule-Consequentialism, Incoherence, Fairness," *Proceedings of the Meeting of the Aristotle Society*, London, October 31, 1994, pp. 19-35.

_____. "Ross-Style Pluralism Versus Rule-Consequentialism," *Mind*, Vol. 105, No. 420 (October 1996), pp. 531-546.

Hume, David. (1739) *A Treatise of Human Nature*, ed. L. A. Aelby-Bigge (Oxford: Clarendon Press, 1888).

Hutcheson, Francis. (1755) *A System of Moral Philosophy*, in *Collected Works*, Vol. 5-6 (Hildesheim: Georg Olms, 1969).

Keeney, Ralph L. and Raiffa, Howard. *Decisions with Multiple Objectives: Preferences and Value Trade-offs* (New York: John Wiley and Sons, 1976).

Kymlicka, Will. *Contemporary Political Philosophy* (Oxford University Press, 1990).

Lemos, John. "Bridging the Is/ought Gap with Evolutionary Biology: Is This a Bridge Too Far?" *The Southern Journal of Philosophy*, Vol. 37, No. 4 (Winter 1999), pp. 559-577.

Lyons, David. *Forms and Limits of Utilitarianism* (Oxford: Oxford University Press, 1965).

_____. "Mill's Theory of Morality," *Nous* 10 (1976), pp. 101-120.

Mackie, J. L. "Rights, Utility, and Universalization," in *Utility and Rights*, ed. R. G. Frey (Minneapolis, Minnesota: The University of Minnesota Press, (1984), pp. 86-105.

Mandle, John. "Does Naturalism Imply Utilitarianism?" *The Journal of Value Inquiry*, Vol. 33, No. 4. (December 1999), pp. 537-553.

McCloskey, H. J. "An Examination of Restricted Utilitarianism," *The Philosophical Review*, Vol. 66 (1957), pp. 466-485.

McNaughton, David. "An Unconnected Heap of Duties?" *Philosophical Quarterly*, Vol. 46 (1996), pp. 433-447.

Mill, John Stuart. "Utilitarianism," *In Mill: Utilitarianism, with Critical Essays*, ed. Samuel Gorovitz (Indianapolis, Indiana: The Bobbe-Merrill Company, 1971), pp. 13-57.

Miller, Harlan B. and Williams, William H. eds. *The Limits of Utilitarianism* (Mineapolis, Minnesota: The University of Minnesota Press, 1982).

Morre, G. E. (1903) *Principia Ethica* (Cambridge: Cainbridge University Press, 1981).

Mulgan, Tim. "Combined Consequentialism," presented at *The International Society for Utilitarian Studies 2000 Conference*, Winston-Selam, NC, USA, March 24-26, 2000.

Munro, D. H. "Utilitarianism and the Individual," in *New Essays on John Stuart Mill and Utilitarianism*, ed. Wesley E. Cooper, Kai Nielsen, and Steven C. Patten (Guelph, Outario: Canadian Association for Publishing in Philosophy, 1979), pp. 47-62.

Nagel, Thomas. *The Possibility of Altruism* (Princeton: Princeton University Press, 1978).

_____. *The View From Nowhere* (New York: Oxford University Press, 1986).

Narveson, Jan. "The Desert Island Problem," *Analysis*, Vol. 23, No. 3 (January 1963), pp. 63-67.

_____. *Morality and Utility* (Baltimore, Maryland: The John Hopkins Press, 1967).

Olson, Robert. "Deontological Ethics," in *The Encyclopedia of Philosophy*, ed. Paul Edwards (London: Macmillan, 1967), p. 343.

O'Neill, John. "The Varieties of Intrinsic Value," *The Monist*, Vol. 75, No. 2 (April 1992), pp. 119-137.

Palmer, Daniel E. "On the Viability of a Rule Utilitarianism," *The Journal of Value Inquiry*, Vol. 33, No. 1 (March 1999), pp. 31-42.

_____. "Rule Utilitarianism and Decision Procedure," presented at *The International Society of Utilitarian Studies Conference*, Winston-Salem, North Carolian, U.S.A. March 24-26, 2000.

Parfit, Derek. *Reasons and Persons* (New York: Oxford University Press, 1986).

Pollock, Lansing. "Evaluating Moral Theories," *American Philosophical Quarterly*, Vol. 25, No. 3 (July 1988), pp. 229-240.

Prichard, H. A. "Does Morality Rest on a Mistake?" in *Moral Obligations: Essays and Lectures* (Oxford: Clarendon Press, 1949), p. 9.

Rashdall, Hastings. *The Theory of Good and Evil* (Oxford: Clarendon Press, 1907).

Rawls, John. "Two Concepts of Rules," *The Philosophical Review*, Vol. 64 (1955), pp. 3-32.

_____. *A Theory of Justice* (Cambridge, Mass.: Harvard University Press, 1971).

Raz, Joseph. "Right-Based Moralities," in *Utility and Rights*, ed. R. G. Frey (Minneapolis, Minnesota: The University of Minnesota Press, 1984), pp. 42-60.

_____. "Multiculturalism: A Liberal Perspective," in Joseph Raz, *Ethics in the Public Domain* (Oxford: Oxford University Press, 1994), p. 155.

Regan, Donald H. *Utilitarianism and Cooperation* (Oxford: Clarendon Press, 1980).

Regan, Tom. "Does Environmental Ethics Rest on a Mistake?", *The Monist*, Vol. 75, No.2 (April 1992), pp. 161-182.

Reiman, Jeffrey. *Justice and Modern Moral Philosophy* (New Haven, Connecticut: Yale University Press, 1990).

Ross. W. D. *The Right and The Good* (Oxford: Oxford University Press, 1930).

Sandel, Michael. *Liberalism and the Limits of Justice* (Cambridge, England: Cambridge University Press, 1982).

Sartorius, Rolf. "Utilitarianism, Rights, and Duties to Self," *American Philosophical Quarterly*, Vol. 22, No. 3 (July 1985), pp. 241-249.

Scanlon, Thomas. "Rights, Goals and Fairness," in *Public and Private Morality*, ed. Stuart Hampshire (Cambridge University Press, 1978), pp. 99-100.

Scarre, Geoffrey. *Utilitarianism* (London and New York: Routledge, 1996).

Schaber, Peter. "Value Pluralism: The Problem," *The Journal of Value Inquiry*, Vol. 33, No. 1, (March 1999), pp. 71-78.

Sen, Amartya K. "Rawls versus Bentham: An Axiomatic Examination of the Pure Distribution Problem," in *Reading Rawls: Critical Studies of A Theory of Justice*, ed. N. Daniels (Oxford: Basil Blackwell, 1978), p. 292.

Sen, Amartya and Bernard Williams. eds. *Utilitarianism and Beyond* (Cambridge: Cambridge University Press, 1982).

Sheffler, Samuel. *The Rejection of Consequentialism* (Oxford: Clarendon Press, 1982).

Sheng, C. L. "On the Flexible Nature of Morality," *Philosophy Research Archives*, Vol. XII (1986-87), pp. 125-42.

_____. "A note on Interpersonal Comparisons of Utility," *Theory and* Decision, Vol. 21, No. 1 (January 1987), pp. 1-12.

_____. *A New Approach to Utilitarianism: A unified Utilitarian Theory and Its Application to Distributive Justice* (Dordrecht, The Netherlands: Kluwer Academic Phublishers, 1991).

_____. A Defense of Utilitarianism Against Rights-Theory," in *The American Constitutional Experiment*, ed. David M. Speak and Creighton Pedon (Lewiston, New York: The Edwin Mellen Press, 1991), pp. 269-299.

_____. "Utilitarianism Is Not Indifferent to Distribution,:" in *Rights, Justice, and Community*, ed. Creignton Peden and John Roth (Lewiston, New York: The

Edwin Mellen Press, 1992), pp. 363-377.

_____. "On Charitable Actions," in C. L. Sheng, *Philosophical Papers* (Taipei: Tamkang University Press, 1993), pp. 131-153.

_____. "Rationality Versus Prudence and Morality," presented at *The International Symposium on The Vienna Circle: In Memory of Tscha Hung*, Beijing, China, October 21-24, 1994.

_____. "On the Nature of Moral Principles," *The Journal of Value Inquiry*, Vol. 28, No. 4 (December 1994), pp. 503-518.

_____. "A Suggested Solution to the Trolley Problem," *Journal of Social Philosophy*, Vol. 25, No. 1 (Spring 1995), pp. 203-217.

_____. "On Equal Degree of Fulfillment of Life Plan," presented at *The 13th International Social Philosophy Conference*, De Pere, Wisconsin, U.S.A., August 15-18, 1996.

_____. "On The Irrelevance of an Environmental Condition to a Moral Action," presented at *The 15th International Social Philosophy Conference*, North Adams, Massachusetts, U. S. A., August 7-9, 1998.

_____. *A Utilitarian General Theory of Value* (Amsterdam and Atlanta: Rodopi International Publisher, 1998).

_____. "Societal Value as a Link between Act-Utilitarianism and Rule-Utilitarianism," presented at the International Society for Utilitarian Studies Conference, Winston-Salem, NC, U.S.A., March 24-26, 2000.

盛慶琜著，顧建光譯，《功利主義新論：統合效用主義及其在公平分配上的應用》（上海：上海交通大學出版社，1996）。

_____.〈從西方道德哲學談天理、國法、和人情〉，《中國社會科學季刊》，冬季卷，總第 17 期(1996 年 11 月)，177-185 頁。

_____.〈從價值和效用觀點談簡樸生活〉，發表於中國哲學會年會，台北，1996 年 12 月 21-22 日，刊登於沈清松主編，《簡樸思想與環保哲學》中國

哲學年刊 11（台北：立緒文化公司，1997），173-181 頁。

_____.〈科學方法、實踐、和辯証法〉，《廣東社會科學》，1998 年第 4 期(總第 72 期)，57-63 頁。

_____.〈建議一種據於人生美好事物的價值分類〉，發表於全國價值會議，西安，1997 年 10 月 5-9 日，並刊登於，王玉梁、岩崎允胤主編《價值與發展》（陝西人民出版社，1999），第 226-238 頁。

_____.〈從統合效用主義談評價之特性〉，發表於中國價值會議，中國河北北戴河，1999 年 8 月。

_____.〈對羅爾斯理論之若干批評〉，《社會科學》，2000 年第 5 期（2000 年 9 月），第 113-121 頁。

_____.《統合效用主義引論》（廣州：廣東人民出版社，2000）。

_____.〈論將價值分類為內在的和工具的之缺點〉，發表於「價值研討會」，台北，2001 年 6 月 8 日，刊登於《價值哲學學術研討會論文集》。

_____.〈實然／應然鴻溝，自然主義和效用主義〉，《華南師範大學學報》，總第 137 期〈2002 年第 3 期〉，16-25 頁。

_____.〈對的與好的〉，《倫理學研究》，總第 3 期（2003 年 1 月），84-91 頁。

_____.「效用原則之解釋問題：效用主義之重大困難及其解決」，《江海學刊》。總第 224 期（2003 年第 2 期），31-38 頁

Sidgwick, Henry. (1874) *The Methods of Ethics* (Indianapolis: Hackett, 1981).

Singer, Peter. "Famine, Affluence, and Morality," in *Moral Problems*, ed. James Rachels (New York: Harper and Row, 1979), pp. 267-270.

_____. "Not for Humans Only: The Place of Nonhumans in Environmental Issues," in *Ethics and Problems of the 21ˢᵗ Century*, ed. K. E. Goodpaster and K. M. Sayre (Notre Dame, Indiana: University of Notre Dame Press, 1979), pp. 191-206.

Sumner, L. W. "The Good and the Right," in *New Essays on John Stuart Mill and*

Utilitarianism, ed. Wesley E. Cooper, Kai Nelson and Steven C. Patten (Guelph, Ontario: Canadian Association for Publishing in Philosophy, 1979), pp. 99-114.

Thomson, Judith. "Killing, Letting Die, and the Trolley Problem," *The Monist* (1976).

_____. "The Trolley Problem," *The Yale Law Journal*, Vol. 94 (1985).

Toulmin, S. E. *An Examination of the Place of Reason in Ethics* (Cambridge: University Press, 1950).

Troyer, John. "Utilitarianism and the Distribution of Happiness," presented at *The International Society for Utilitarian Studues 2000 Conference*, Winston-Selam, NC, USA, March 24-26, 2000.

Urmson, J. O. "The Interpretation of the Moral Philosophy of J. S. Mill," *The Philosophy Quarterly*, Vol. 3 (1953), pp. 33-39.

Vergara, Francisco. "A Critique of Elie Halevy," *Philosophy*, Vol. 73, No. 1 (January 1998), pp. 97-111.

Weston, Anthony. "Between Means and Ends," *The Monist*, Vol. 75, No. 2 (April 1992), pp. 236-249.

索 引

效用主義精解 ／ 盛慶琜著. --初版. --臺北市：臺
灣商務, 2003[民 92]
　　面；　公分

　　ISBN 957-05-1800-6(平裝)

　　1.功利主義

143.87　　　　　　　　　　　　92009200

效用主義精解

定價新臺幣 300 元

著　作　者　盛　慶　琜
責 任 編 輯　李俊男
美 術 設 計　吳郁婷
校　對　者　江勝月
發　行　人　王　學　哲
出　版　者
印　刷　所　臺灣商務印書館股份有限公司
　　　　　　臺北市 10036 重慶南路 1 段 37 號
　　　　　　電話：(02)23116118 · 23115538
　　　　　　傳眞：(02)23710274 · 23701091
　　　　　　讀者服務專線：0800056196
　　　　　　E-mail：cptw@ms12.hinet.net
　　　　　　郵政劃撥：0000165 － 1 號
　　　　　　出版事業
　　　　　　登 記 證：局版北市業字第 993 號

· 2003 年 7 月初版第一次印刷

版權所有 · 翻印必究

ISBN 957-05-1800-6 （平裝）　　　　　07089000

讀者回函卡

感謝您對本館的支持，為加強對您的服務，請填妥此卡，免付郵資寄回，可隨時收到本館最新出版訊息，及享受各種優惠。

姓名：＿＿＿＿＿＿＿＿＿＿＿＿＿＿＿ 性別：□男 □女

出生日期：＿＿＿年＿＿＿月＿＿＿日

職業：□學生 □公務（含軍警） □家管 □服務 □金融 □製造
　　　□資訊 □大眾傳播 □自由業 □農漁牧 □退休 □其他

學歷：□高中以下（含高中） □大專 □研究所（含以上）

地址：□□□＿＿＿＿＿＿＿＿＿＿＿＿＿＿＿＿＿＿
　　　＿＿＿＿＿＿＿＿＿＿＿＿＿＿＿＿＿＿＿＿＿＿

電話：（H）＿＿＿＿＿＿＿＿＿＿（O）＿＿＿＿＿＿＿

E-mail:＿＿＿＿＿＿＿＿＿＿＿＿＿＿＿＿＿＿＿＿

購買書名：＿＿＿＿＿＿＿＿＿＿＿＿＿＿＿＿＿＿＿

您從何處得知本書？

　　　□書店 □報紙廣告 □報紙專欄 □雜誌廣告 □DM廣告
　　　□傳單 □親友介紹 □電視廣播 □其他

您對本書的意見？（A/滿意 B/尚可 C/需改進）

　　　內容＿＿＿＿　編輯＿＿＿＿　校對＿＿＿＿　翻譯＿＿＿＿
　　　封面設計＿＿＿　價格＿＿＿＿　其他＿＿＿＿＿＿＿＿＿

您的建議：＿＿＿＿＿＿＿＿＿＿＿＿＿＿＿＿＿＿＿
　　　＿＿＿＿＿＿＿＿＿＿＿＿＿＿＿＿＿＿＿＿＿＿
　　　＿＿＿＿＿＿＿＿＿＿＿＿＿＿＿＿＿＿＿＿＿＿

臺灣商務印書館

台北市重慶南路一段三十七號　電話：（02）23116118．23115538
讀者服務專線：0800056196　傳真：（02）23710274．23701091
郵撥：0000165-1號　E-mail：cptw@ms12.hinet.net
網址：www.commercialpress.com.tw

100臺北市重慶南路一段37號

臺灣商務印書館 收

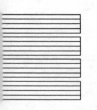

對摺寄回，謝謝！

傳統現代　並翼而翔
Flying with the wings of tradition and modernity.